泰山学院学术著作出版基金资助出版

改革开放以来
政府职能转变研究

孙明杰◎著

上海三联书店

内容提要

政府机构改革的关键是政府职能转变。

中国政府机构改革作为政治体制改革的重要内容,尽管从新中国成立以来"精简—膨胀—再精简—再膨胀"的循环圈不断重复,但是中国政府机构改革对中国现代化进程起了重要的推动作用,是深受国内外关注的一件大事。正如习近平总书记指出的那样:"改革开放以来的历次机构改革都围绕经济体制改革要求,不断推进政企分开、政资分开、政事分开、政社分开,有力推动了改革开放和社会主义现代化建设。"①本选题将中国改革开放以来政府机构改革作为研究对象,运用历史系统研究法、历史比较研究法等研究方法,通过对中国政府机构改革的规律进行研究,提出了一些看法和观点,对当今政府机构改革具有一定的借鉴意义。

本选题认为,政府机构改革从其主要内容来分析,主要是"三定"——定职能、定机构、定编制;从其应坚持的原则来分析,主要是精简、统一、效能原则、简政放权原则和依法行政原则;从其要实现的目标来分析,主要是逐步建立起与社会主义市场经济体制相适应的比较完善的中国特色社会主义行政管理体制。

本选题通过将改革开放以来政府机构改革置于不同的历史发展阶段进行纵向研究,认为,政府职能转变是政府机构改革的关键,深入推进政府职能转变,要正确处理好政府与市场、政府与企业、政府与社会中介组织的关系,合理划分政府与各类市场主体的界限;理顺中央与地方关系,

---

① 习近平:《习近平谈治国理政》(第三卷),外文出版社 2020 年版,第 172 页。

合理划分中央与地方财权事权,要调动中央与地方两个积极性;行政审批制度改革在建立有效、有限政府,保证政府职能转变方面起到了重要作用。上述几方面随着历史的发展呈现出新变化,反映出政府机构改革的基本规律。

围绕政府机构改革历史发展这一研究对象,本选题设计了如下结构:论文共分7章。第一章绪论,主要分析基本概念、基本理论及创新点;第二章对改革开放前政府机构调整的回顾,是改革开放40多年以来政府机构改革论证的背景;第三章有计划商品经济条件下政府职能转变(1978—1992),主要论述开始触及计划经济体制的政府机构改革;第四章逐步建立社会主义市场经济体制中的政府职能转变(1993—2002),主要论述计划经济体制与市场经济体制此消彼长条件下的政府机构改革,重点阐述适应市场经济要求的政府职能转变;第五章初步建立社会主义市场经济体制中的政府职能转变(2003—2012),主要论述建设服务型政府、积极推进大部制改革新理念下的政府机构改革;第六章加快完善社会主义市场经济体制中的政府职能转变(2013—2020),主要论述适应新时代发展要求下的政府机构改革;最后一部分是结语,对改革开放以来政府机构改革作总体评价并得出启示。

通过研究,本选题得出如下结论:

第一,经济基础决定上层建筑是政府机构改革的源动力,政府机构改革必须不断适应社会经济条件的新变化。政府机构改革要紧紧抓住政府职能转变这一关键。

第二,经济社会发展会产生许多新的社会问题,政府为回应这些问题,常常增加新的职能,设置新的机构,中国政府机构改革有其特定的内涵。

第三,就政府机构改革总体推进过程来讲,它在不断适应并推进经济社会发展的同时,一直存在着不彻底性,这种不彻底性遗留的问题会积重难返,成为改革的阻力。造成不彻底性的原因,一是计划经济体制及其残余的影响;二是部分政府官员个人利益对政府机构改革的阻碍;三是政府机构改革的推动者与改革的对象重合叠加;四是由于中国政治经济发展的不平衡不充分,中国政府机构改革必须从实际出发,尊重区域差异性,改革措施必须有区域差异性。

本选题由此得出如下启示：

第一，必须正确处理好政府与市场的关系。政府机构改革是由政府推动的自我革命。无论采取何种模式，都必须处理好政府与市场的关系，合理划分政府与市场的边界。从中共十四大提出使市场在国家宏观调控下对资源配置起基础性作用，到十八届三中全会确立市场对资源配置起决定性作用，期间政府与市场的关系问题始终是核心问题。习近平总书记用"新突破""新成果""新阶段"①高度概括了市场对资源配置起决定性作用的重大意义和作用。随着我国全面深化改革的推进，处理政府与市场的关系问题没有最好，只有更好，这也是建设人民满意的服务型政府的核心问题。

第二，政府职能必须实现两个根本性转变——从全能型政府向有限型政府转变，从经济建设型政府向服务型政府转变。其内涵是，新时代政府职能转变必须以推进国家治理体系与治理能力现代化为导向，以建设高水平社会主义市场经济体制为核心，以建设人民满意的服务型政府为目标。通过深化"放管服"改革，实现营商环境市场化、法治化和国际化；通过建立健全重大决策事前评估和事后评价制度，提高重大决策科学化、民主化和法制化水平；通过深化政务公开，向政务服务标准化、规范化和便利化迈进。

第三，必须坚持依法行政，建设社会主义法治政府，让权力在阳光下运行。从权力与利益的关系上讲，由于部分官员谋取个人利益的手段主要是权力寻租，所以要推进各级政府权力运行规范化、法律化，剪断权力与利益的链条，依法治权，将权力关在制度的笼子里，通过反腐清除改革阻力。

---

① 习近平：《习近平谈治国理政》，外文出版社 2014 年版，第 116 页。

序

　　改革开放以来,适应党和国家工作中心转移的需要,中共中央部门集中进行了 5 次改革,国务院机构集中进行了 8 次改革。这些机构改革,实现了从计划经济条件下的机构职能体系向社会主义市场经济条件下的机构职能体系的重大转变。党和国家机构职能不断优化、逐步适应着时代要求,推动了改革开放和社会主义现代化建设,为中国改革开放取得历史性成就提供了有力保障。

　　政府职能转变,不仅包括政府职能内容的转变,还包括政府行政职能方式、政府职能的重新配置以及相应政府机构的调整和改革。政府职能转变的核心是处理好政府和市场的关系,使市场在资源配置中起决定性作用和更好发挥政府作用。这既是改革开放中政治体制改革的重要内容,也对实现国家治理体系和治理能力现代化具有十分重要的现实意义。

　　中国的政治体制改革、党对政府职能的认识和定位,是随着改革开放和社会主义市场经济发展而发展的。正如习近平总书记指出的那样:"转变政府职能是深化行政体制改革的核心,实质上要解决的是政府应该做什么、不应该做什么,重点是政府、市场、社会的关系,即哪些事应该由市场、社会、政府各自分担,哪些事应该由三者共同承担。这个问题,应该说我们党在改革开放一开始就认识到了。"①改革的推进,经济基础的变化,自然会对上层建筑提出新的要求。

　　党不断深化对政府职能转变这个问题的认识,并在实践中持续推进。

---

① 习近平总书记在十八届二中全会第二次全体会议上的讲话。

为了建立权责统一、权威高效的依法行政体制,为了建设职能科学、结构优化、廉洁高效、人民满意的服务型政府,党深入推进政企分开、政资分开、政事分开、政社分开,持续推进简政放权、放管结合、优化服务。转变政府职能,朝着创造良好发展环境、提供优质公共服务、维护社会公平正义方向发展。政府职能范围界定更加科学,各级政府组织结构不断优化,部门职责分工理顺,突出强化责任,确保权责一致。政府全面正确履行经济调节、市场监管、社会管理、公共服务职能,有所为有所不为,充分发挥市场在资源配置中的决定性作用,更好发挥社会力量在管理社会事务中的作用,激发市场活力和社会创造力。政府管理方式不断创新,法治政府建设进程明显加快。

按照建立中国特色社会主义行政体制的目标,行政体制改革有序推进。转变政府职能取得了重大成就,积累了宝贵经验,有力推进了社会主义现代化建设。但是,政府职能转变也还存在不少问题,还不能完全适应新时代的新要求。习近平总书记在十八届二中全会第二次全体会议上的讲话中指出:"我们也必须看到,现在政府职能转变还不到位,政府对微观经济运行干预过多过细,宏观经济调节还不完善,市场监管问题较多,社会管理亟待加强,公共服务比较薄弱。"①

如何通过深化政府机构改革,解决好政府与市场的关系,使二者形成同向同行的发展合力?需要深入研究政府职能转变的历史过程、重要成就和主要经验,需要在认真总结其历史规律的基础上,进行理论和实践创新。

孙明杰博士《改革开放以来政府职能转变研究》一书,将改革开放以来中国政府机构改革作为研究对象,回顾和梳理了改革开放以来各阶段政府机构改革的发展历程,研究和总结了各阶段政府职能转变的成效和存在的问题,从总体上对改革开放以来政府职能转变的基本成效、主要经验和历史反思做了比较系统的分析和阐述。

该书专设一章论述改革开放前30年的政府机构改革,这对于准确地把握改革开放时期政府职能转变是很有必要、很有意义的,也是正确认识

---

① 习近平总书记在十八届二中全会第二次全体会议上的讲话。

和把握改革开放前后两个历史时期的关系的一种科学的态度。

该书遵循历史唯物主义观点,将改革开放以来的八次政府机构改革置于四个各具特色的经济社会发展阶段,将具体的政府机构改革与社会主义市场经济体制的建立与逐步完善相联系,对中国政府职能转变的基本历程、主要经验及存在问题进行了较为系统、深入的探讨。该书提出和论述了一些颇具新意的观点,比如:改革开放以来政府机构改革的阻力来自政府官员的自身利益,消除政府机构改革的阻力需加强反腐;政府机构改革必须尊重区域发展差异,等等,也都很具启发意义。

该书出版之际,遵嘱写上数语,表示祝贺,并为序。

当代中国研究所　李正华
2021 年 12 月 26 日于北京

目　录

第一章　绪论

政府职能转变是政府机构改革的关键,中国政府机构改革是组织机构、运行机制及其功能和各种关系改革的总和。世界各国均把改革塑造政府,从而使其在促进本国经济发展、政治文明、社会进步等方面发挥积极推动作用,视为政府治理研究的重要课题,对其研究的意义和价值毋庸置言。

从历史发展脉络梳理,国内外学者给予中国政府机构改革极大的关注:研究热点有政府职能转变、政企分开、党政分开、简政放权、中央和地方关系、行政审批等。如何借鉴学者已有研究成果,探讨中国政府机构改革规律? 马克思主义政府管理理论为研究确定了理论方向。以马克思主义公共管理理论为主要理论工具,借鉴国外政府管理理论,探索中国政府机构改革在适应社会主义市场经济由初步建立到加快发展历史进程中的规律,为新时代中国政府机构改革、政府职能转变的深入推进提供借鉴。在此研究思想指导下,以改革开放 40 多年来政府机构改革史为主线,构建研究框架和确立研究方法。

一、选题的缘起和意义

(一) 选题研究的缘起

政府是经济社会发展到一定历史阶段的产物,对经济社会的发展会产生促进或延缓的作用。1997 年,世界银行这样阐述政府在一国经济社会发展中的作用:"政府对一国经济和社会发展以及这种发展能否持续下去具有举足轻重的作用。在追求集体的目标上,政府对变革的影响、推动和调节方面的潜力是无可比拟的。当这种能力得到良好适度的发挥,该国经济便蒸蒸日上。但是若情况相反,发展便会止步不前。"①那么,如何通过改革塑造政府,使其在经济社会发展过程中发挥积极推动作用,这已成为世界各国政府治理研究的重要课题。

政府机构改革的目的是为了适应经济社会环境变化、提高效能,改革的主要内容是改革原有的与经济社会发展不相适应的行政管理体制与管理方式,改革的目标是建立适应经济社会发展的政府体制。中国的政府体制是组织机构、运行机制及其功能和各种关系的总和。②

改革开放以来,中国已经进行了包括 1982 年、1988 年、1993 年、1998年、2003 年、2008 年、2013 年和 2018 年在内的共 8 次政府机构改革。在整个改革的历程中,为了不断适应改革开放的需要、适应社会主义市场经济发展的需要、适应加入 WTO 面向世界的需要,政府机构改革经受了一次又一次的挑战。在这一过程中,政府机构改革始终围绕以下问题展开:如何使政府机构改革更好地适应经济发展要求,如何使政府机构改革适应全球化进程,如何使政府机构改革以人为本、不断提高人民群众的物质文化水平,如何使政府机构改革在不断解决新问题、不断被赋予新的时代内涵的同时为政治体制改革提供动力。应当说,改革开放以来的 8 次政府机构改革均以当时经济社会发展实际为切入点,在促进经济社会发展方面取得了巨大的成就。

但另一方面,也应该清醒地认识到,目前中国包括政府机构改革在内的全面深化改革进入"深水区"和"攻坚期",要继续深入推进改革,必须要有"壮士断腕的决心",改革之艰巨,可见一斑。政府机构改革难以深入推进的主要表现是:大部制改革只是"合并同类项",难以实现"职能有机统一";行政审批制度改革一定程度上受到政府权力部门的重重制约;政府规模、人员仍在膨胀;行政经费开支数额巨大;部分官员权力寻租、贪污受贿赃款之巨惊人;等等。政府机构改革在如何提高政府绩效、如何成为人

---

① 世界银行《1997 年世界发展报告》编写组编:《1997 年世界发展报告:变革世界中的政府》,蔡秋生等译,中国财政经济出版社 1997 年版,第 155 页。

② 谢庆奎:《政治改革与政府创新》,中信出版社 2003 年版,第 190 页。

民满意的政府、如何解决政府长期以来一直没有解决的问题等方面，仍需付出巨大努力。据此，政府机构改革需要科学的理论给予指导，需要用新的视角和新的思路去研究。

本书以政府职能转变为视角，将 8 次政府机构改革分别置于四个历史阶段去研究，便于从整体上把握、透视政府机构改革，以增强政府机构改革经验的普遍推广意义、教训的整体警示作用，从而使本主题研究具有一定的现实价值。

改革开放以来，中国广大学者对政府机构改革存在的前述问题进行深入研究，打下了坚实的研究基础。从研究对象上看，分为国务院机构改革或地方政府机构改革；从研究阶段上看，主要集中在从改革开放以来到 2020 年 40 多年的政府机构改革；从研究主题上看，主要集中在政府职能转变、中央与地方纵向关系的调整、政府治理理论和模式、服务型政府以及大部制改革；从研究的具体问题来看，主要有政府与社会、市场的关系——"大社会与小政府"关系问题、政党与政府关系问题等等。学者们通过研究，得出了有价值的结论：

一是计划经济管理体制以及与其相适应的行政管理体制使政府职能囿于计划管理体制内，致使计划经济体制下的政府机构改革难破瓶颈，只能在原地打转；二是行政法制建设没有及时跟进，政府机构改革成果没有依法巩固以及缺乏有效的监督制约机制；三是用人机制僵化，干部能进不能出，能上不能下；四是改革措施不配套，政府机构改革"单兵突进"；等等。其中，没有进行政府职能转变或职能转变不彻底是"精简—膨胀—再精简—再膨胀"循环圈产生或者一直是政府机构改革不能深入推进的根本原因。①

学者们的研究成果对如何有效发挥政府作用，挖掘市场潜力，提高政府绩效，建设有效、有限政府，提高中国国际竞争力起到了积极的促进作用，也弥补了相关理论的不足。但是，以 2007 年以来政府机构改革为研究对象的成果为数较少，并且对每次政府机构改革主要是进行个别研究。

---

① 刘智峰编：《第七次革命——1998—2003 中国政府机构改革问题报告》，中国社会科学出版社 2003 年版，第 99 页。

本选题将研究的历史阶段延长至 2020 年,将从 1978 年到 2020 年的政府机构改革作为研究对象,深入探讨政府职能转变的规律,并将每次政府机构改革置于特定的经济社会历史发展阶段中展开研究,力图在学者已有研究成果的基础上,做更为深入的研究。这将对目前正在进行的政府机构改革具有重要的理论意义和现实意义。

(二) 选题研究的意义

1. 选题的理论意义

(1) 有利于不断丰富和发展马克思主义公共管理理论和党的治国理政理论

马克思主义政府治理理论的主要内容包括人民主权的观点、政府公共职能的观点和政府管理方式的观点等。当代中国的马克思主义——中国特色社会主义理论体系中关于政府管理和改革的理论直接来源于马克思主义国家理论。改革开放以来的史实证明,中国政府机构改革的成果无一不是在马克思主义政府管理理论指导下进行的。

但是,由于历史的局限性,马克思主义经典作家关于社会主义的国家学说不可能对现实社会主义国家政府管理进程中所遇到的问题提出解决办法。马克思主义最重要的法宝就是实事求是。当中国共产党没有解决问题的现成答案时,就只能运用马克思主义的立场、观点和方法去面对新环境、解决新问题、总结新经验,不断丰富和发展马克思主义国家治理理论。改革开放以来,在中共十二大围绕以经济建设为中心、全面深化经济体制改革和中共十三大总结近十年社会主义建设经验,阐述中国共产党基本路线的基础上,中共十四大提出"三个不动摇"、十五大提出"三个建设"、十六大在总结归纳"十个坚持"治国经验基础上确立"三个代表"重要思想、十七大提出"十个结合"、十八大提出"八项坚持"以及十九大确立的"十四条坚持",都是在中国特色社会主义理论体系指导下形成的发展中国特色社会主义的鲜活的经验。本选题在对政府机构改革的研究中,将侧重研究中国共产党在治国理政方略中是如何通过政府机构改革和政府职能转变推进政治体制改革的。

在目前改革处于攻坚克难的新时期,中国的政府机构改革与管理理论研究承载着新的历史重任。这一历史重任还由于党和国家期盼理论上的突破，能够为中国的政府改革、服务型政府建设提供科学的理念、思想和方法而倍加沉重。因此，追溯历史，深刻研究中国 40 多年政府机构改革历程，尤为迫切。本书力求在探索解决现实问题的规律和管理理论方面有所创新，为丰富和发展马克思主义国家理论和党的治国理政理论尽绵薄之力。

（2）有利于丰富和完善中国政治体制改革理论

政府机构改革是政治体制改革的内容，它与政治体制改革是相辅相成的。40 多年来随着政府机构改革的深化，在每一个历史时期内政府机构改革都被赋予新的政治体制改革的时代内涵，在一定程度上促进了政治体制改革的发展，不仅使中国共产党的领导制度和执政方式、人民当家作主、民主政治建设、依法治国方略等政治体制方面的改革全面启动，而且逐步促进了中国特色的社会主义政治体制改革理论的研究。如：从中国特色社会主义政治发展道路的开辟、发展到拓展；从政治体制改革任务的提出到社会主义民主政治制度的坚持和逐步完善；从全面推进党的建设新的伟大工程到全面加强中国共产党的执政能力建设；从 1982 年宪法修订实施、法制建设重新起步到中国特色社会主义法律体系的初步形成；从扩大基层群众民主权利到完善司法保障，都在政治体制改革理论方面做了有益的探索并积累了丰硕的成果。对改革开放以来政府机构改革历程进行梳理，同时也是对长期以来政治体制改革理论的反思与归纳，会更加进一步阐明政府机构改革是如何在不同的历史时期以不同的时代内涵启动并推动政治体制改革的，这无疑会进一步丰富和完善中国政治体制改革理论。

（3）有利于进一步增强中国特色政治发展道路话语权

本选题将通过对改革开放以来政府机构改革不断赋予新的时代内涵的历史研究，揭示中国走出一条自己的具有中国特色的政治发展道路。如从党和国家领导体制改革到国家公务员制度的建立，从精简机构到废除专业经济部门，从党政分开到依法使中国共产党的主张成为国家意志、发挥人大监督作用，从人民行使民主权利到人民当家作主是社会主义民主政治的本质和核心，从规范政府权力到决策权、执行权、监督权既相互制约又相互协调机制的建立，从"尊重和保障人权"写入宪法到中国特色社会主义法律体系形成，从修改选举法实现"同票同权"到民主法治观念深入人心,等等。上述政治发展道路无一不与政府机构改革相联系或被政府机构改革直接引起。可以说,改革开放以来政府机构改革的历史,伴随着中国政治发展话语权的进步史,揭示了中国特色政治发展道路所特有的坚实的政治基础、深厚的文化底蕴和广泛的社会共识。这些凝聚其中的特色要素就是中国特色政治发展道路的内在规定性,它决定了中国政治发展道路话语权。

(4) 有利于当代中国政治史的深化研究

当代中国政治史是研究新中国成立以来,中国政治领域演进的历史,国家政权的阶级属性以及与之相适应的国家权力、组织结构形式和运行机制的建立与健全、改革与发展的规律。在实践层面,主要包括社会变革时期新旧阶级之间的政治斗争,社会相对稳定时期政治制度的运用,政治体制的改革、发展,政治决策的实施,以及公民的政治参与行为等。[1] 政府机构改革是行政管理体制改革的核心内容,行政管理体制改革从属于政治体制改革,改革过程反映了中国共产党的领导、人民当家作主和依法治国的核心内容。因此,本选题将以中华人民共和国史为背景,遵循中华人民共和国政治史规律,以政府机构改革研究为入口,对与之相关的行政管理思想、行政管理制度、行政管理体制方面进行历史与现实相统一的研究,从而在中华人民共和国政治史现有研究成果的指导下实现本选题研究的目标,并在行政管理体制方面进一步加深研究。所取得的研究成果同样是中国当代政治史的部分内容。

2. 选题的实践意义

(1) 有利于进一步推进中国政府机构改革

中国改革已经进入攻坚期和深水区,碰上了"硬骨头"和险滩。体制性机制性障碍是贯彻落实习近平新时代中国特色社会主义思想、全面深化改革过程中遇到的一个最突出的问题。行政管理体制的问题已成为制约发展的瓶颈,其中最大的问题就是政府机构存在的弊端。由于长期以来政府职能错位、越位、缺位和不到位,使政府在与社会权利主体的关系

[1] 李正华、张金才主编:《中华人民共和国政治史(1949—2019)》,当代中国出版社 2019 年版,第 2 页。

上、政府机构自身存在的问题上、公权力行使的价值追求上遇到的问题以及应对资源能源环境问题时,虽不是积重难返,但也可以说是坚硬的冻土层;或者说是遇到了困境:改什么,怎么改,改到何种程度,如何更加尊重市场规律、更好发挥政府作用以及以开放的最大优势谋求更大发展空间,是目前需要苦苦思索的重大问题。本选题将通过对改革开放以来政府机构改革的纵向研究,揭示在每个发展阶段政府机构改革的背景、任务、内容、目标、特点、经验教训及其成因,并总结规律性认识;同时本选题也对发达国家政府管理经验进行比较,摒弃其特定的价值观和理论局限性,取其精华,去其糟粕,吸收和借鉴国外先进经验。通过纵向的总结和横向的比较,试图为政府机构改革摆脱困境提供历史经验与现实依据,为中国政府机构改革建立可参照视阈,使改革既有明确的渐进性方向,又有明晰的参照系。

(2) 有利于进一步深化行政管理体制改革

政府机构改革的成败关系着行政管理体制改革的成败。因此,能够顺利推进政府机构改革向纵深发展,对行政管理体制改革、政治体制改革、经济体制改革都具有积极的推动作用。目前政府机构改革出现的问题既有历史原因也有现实原因,既有国际因素也有国内因素,既有主观因素也有客观因素。但主要的是计划经济体制的思想和体制残余影响、部分政府官员个人利益阻碍、区域经济社会发展的不平衡、政府部门固有的帕金森定律等类似问题。本选题将对上述阻碍政府机构改革的因素进行分析,并通过揭示这些因素对政府机构改革发生阻碍作用的机理,深刻剖析政府机构改革的阻力,探讨在推动政府机构改革的同时深化行政管理体制改革的规律。

(3) 有利于解决中国经济社会发展中深层次问题及矛盾

长期以来,中国经济社会生活中存在的一些阻碍社会发展的问题,如收入差距、权力寻租、城乡差别、社会治安问题等。这些矛盾和问题之所以存在且不断发展,重要原因之一是行政管理体制存在问题,而政府职能界限不明确,政府机构设置不合理、不科学则是其中的主要原因。要遏制并最终解决这些问题和矛盾,就必须转变政府职能,科学设置政府机构,加快推进政府机构改革。通过行政体制改革建设服务型政府、建立行政权力监督制约机制等,逐步解决深层次社会矛盾和问题。

二、主要概念阐述

(一) 国务院机构改革

宪法规定,国务院即中央人民政府,是最高国家权力机关的执行机关,是最高国家行政机关。

国务院机构改革是深化行政管理体制改革的重要组成部分。[①] 国务院机构改革即国务院职能配备、机构设置和人员编制及其组合方式的改革,改革的主要形式是国务院机构的设立、撤销和合并。

(二) 政府机构改革

国家机构意义上的政府是国家机器的主要组成部分,是阶级斗争的工具,也是经济、社会、文化的公共管理机关。[②] 其有广义和狭义之分,广义上的政府是指国家的立法机关、行政机关以及司法机关。如赵宝煦的《政治学概论》、仇晓的《政治学词典》以及贾湛的《行政管理学大辞典》均持这一观点。狭义上的政府是指中央与地方各级国家权力机关的执行机关或国家行政机关。如《辞海》:"政府,即国家行政机关。国家机构的组成部分。"罗豪才教授认为:"国家行政机关是一个国家的统治阶级运用国家权力,组织和管理国家行政事务的机关。国家行政机关又称国家管理机关,简称政府。"[③]

本选题所称政府机构改革,仅指狭义上的政府机构改革。政府机构改革的含义就是指国家政府职能配置、机构设置和人员配备及其组合方式的改革。

(三) 行政管理体制改革

制度是以定制的方式确立的个人或组织行为方式的规范,它既可

---

① 国务院办公厅秘书局、中央机构编制委员会办公室综合司:《中央政府组织机构2008》,党建读物出版社2009年版,第30页。
② 谢庆奎:《政府学概论》,中国社会科学出版社2005年版,第7页。
③ 罗豪才编:《行政法论》,光明日报出版社1988年版,第44页。

以限制也可以凸显某种行为模式,而这取决于此种行为模式含有的价值量。制度一旦制定,就必须得到遵守并有一定的稳定性。因此,"制度就是稳定的、受珍视的和周期性发生的行为模式"①。体制则是体现这种行为模式的具体运行机制。张国庆教授认为:"体制即是以一定的具有公信力和权威性的制度(在国家现象中,这一制度是以一定的政治思想、法律思想和管理思想的原则为前提的)所规定的组织形态及其关系模式。"②

所谓行政,是指国家的政务推行与管理,即国家和社会公共事务的组织与管理活动。《辞海》释义:广义的行政是指一切社会机构进行的组织管理活动;狭义的行政是指各种国家机关的组织管理活动;最狭义的含义是指国家行政机关及其他有法律授权的组织的行政管理活动。管理是行政的同义词。最狭义的行政即行政法所说的行政。本选题所讲的行政是最狭义上的行政——以政府为中心的行政。

行政管理是一种组织管理活动,是国家行政机构对社会公共事务以及对自身事务的组织管理。国家行政管理以国家政权为基础,以国家行政职能为内容,以国家有关法律为依据。③

行政管理体制,是指国家行政机关为进行行政管理而建立的权责体系、组织结构体系、行政运行机制和若干规章制度的总称。就其作用对象和范畴来讲,主要是具体的国家管理和社会管理,如养老、教育、住房、就业、医疗、交通、安全等问题,它处于一定社会的上层建筑中较低的运作层面。

依据上述三个概念的内涵,可以自然得出它们之间的逻辑关系:国务院机构改革隶属于政府机构改革,而政府机构改革的属概念又是行政体制改革。

---

① [美]塞缪尔·P·亨廷顿:《变化社会中的政治秩序》,王冠华、刘伟译,沈宗美校,上海人民出版社 2008 年版,第 10 页。
② 张国庆:《行政管理体制改革及其与政治体制改革的异同》,《中国行政管理》1994 年第 4 期,第 36 页。
③ 王邦佐编:《新政治学概要》,复旦大学出版社 2006 年版,第 175 页。

三、国内外研究现状

(一) 国内外研究现状综述

为了从宏观上对改革开放以来相关学术成果进行综述,借助读秀中文学术搜索主要做了如下工作:一是按政治体制改革、行政体制改革和国务院机构改革同一种属概念进行搜索,可最大限度地涵盖此范畴的研究成果;二是进行统计时,大体上按每隔 5 年为一个时间段,这样既可以根据中国共产党代表大会制定的机构改革方略开展研究,也可以对所检索到的文献进行比较细微的观察和分析,便于综述;三是检索方法,对于书籍和期刊论文分别采用精确匹配全字段检索和关键词精确匹配的方法,这样既能保证文献数量又不至于太杂乱,便于阐明问题(见表 1-1);四是对于政府机构改革的热点问题进行检索时,考虑到热点问题主要通过期刊论文的方式出现,因此对所列举的热点理论问题采用精确匹配标题的方法(见表 1-3);五是对国外相关文献的梳理情况。中国政府机构改革虽然深受国内外学者关注,但是鲜见国外学者直接将中国政府机构改革作为研究对象。即便如此,本选题仍通过国内学者论著进行搜集,对国外相关文献研究成果梳理不惜着墨,力图拓展更加广阔的学术视野。

1. 国内研究现状综述

表 1-1 表明:

第一,在第一阶段的 1978 年到 1985 年相关学术成果不多。原因之一是,从国家政治生活上讲,党确立正确的政治路线、思想路线和组织路线执行伊始,各条战线上的拨乱反正工作进展不一,政治体制改革的任务在"文革"结束后首次提上日程;之二是从国家经济生活上讲,把工作重点转移到经济建设上来,改革开放事业尚未大规模铺开,围绕经济建设所进行的政治体制方面的改革问题尚未凸现出来;之三是从国民精神状态上讲,全国人民深深反思"文化大革命",渴望海晏河清的社会发展环境,关注改革的意识尚不具备。

在第一阶段的 1986 年到 1992 年,出现了研究成果高峰期,学术成果量从 45 件剧烈增至 345 件。这一阶段国家政治、经济、社会文化生活空

表 1 - 1　政治体制改革相关学术成果统计表(1978—2019)

内容 年代	政府机构改革		行政体制改革		国务院机构改革		合计	
	著作 (部)	论文 (篇)	著作 (部)	论文 (篇)	著作 (部)	论文 (篇)		
第一阶段 1978－1985	8	7	9	7	14	0	45	390
第一阶段 1986－1992	105	89	77	34	33	7	345	
第二阶段 1993－1997	128	125	63	78	46	19	419	2124
第二阶段 1998－2002	325	886	112	145	145	91	1705	
第三阶段 2003－2007	351	175	271	321	61	57	986	2711
第三阶段 2008－2012	391	354	371	481	51	77	1725	
第四阶段 2013－2017	182 / 206	141 / 43	372 / 465	560 / 661	68 / 84	83 / 229	1406	1888
第四阶段 2018－2019	24	102	93	101	16	146	482	

来源:依据"读秀中文学术搜索成果数据"自绘(时间:2020 年 10 月)

前活跃,蒸蒸日上、百废俱兴的良好形势鼓舞了人民群众建设社会主义投身改革开放事业的积极性,激发了人民群众关心国家大事的主动性和责任感,人民思想空前活跃。围绕中共十二届三中全会提出的"社会主义经济是有计划的商品经济"这一马克思主义政治经济学论断,政治体制改革向深度铺开。这一时期人们关注的焦点是政府机构改革。

　　第二,在第二阶段的 1993 年到 1997 年,与政府机构改革有关的学术成果达到 253 件,学者仍然关注政府机构改革,国务院机构改革开始进入研究视野,对行政管理体制改革的关注度略有提升。在这一时期为适应社会主义市场经济体制的建立,深化国有企业改革,实行政企分开,推行分税制改革,国家在政治体制改革方面迈出新步伐。政府机构改革在前几次改革基础上深入推进。

　　在第二阶段的 1998 年到 2002 年,人们对国务院机构改革、政府机构改革和行政管理体制改革普遍关注,学术成果从前一阶段的 419 件猛增到 1705 件,出现改革开放以来第一次高峰。这一时期,政府机构改革将政企分开作为政府职能转变的根本途径,政府机构改革力度加大。如 1998 年进行的政府机构改革被当时的理论界誉为"第七次革命"。这场机构改革是自建国以来在改革力度、涉及人员、改革规模和改革决心方面都是最大、最多、最坚定的。因为这次改革一是会使数百万干部下岗分流,直接关系其切身利益;二是通过改革欲使中国经济挣脱权力束缚的羁绊而按市场经济的要求迅速发展,因而为全国人民所关注,为国际社会所瞩目;三是关系到中国政府能否走出机构庞大、官僚主义作风严重、腐败现象比较严重的泥淖,建造出一个廉洁、高效、法治、有权威、有能力的政府。所以,这一时期的政府机构改革是国内外相关研究的重点。

第三,在第三阶段的 2003 年到 2007 年,人们对行政体制改革关注度高,研究成果达到 592 件,明显超过前一阶段成果数量。这一时期的研究成果反映的主要内容:一是 2001 年底,中国加入 WTO。这一重大事件对中国行政管理体制现状提出了严峻的挑战,相当程度上是考验中国政府管理水平和能力。中国政府必须加快行政管理体制改革,以便与国际管理规则接轨,因此这一阶段的行政管理体制改革很受关注;二是 2003 年"防治非典"事件。这一事件使人们对行政管理体制改革产生了思考并进行了探讨和建议:政府应建立对突发性大型公共事件的公开透明的回应机制;政府部门条块分割、职责交叉问题严重,应打破按行业设置政府机构的传统模式,设立综合机构,建立高效、精干的政府管理体制,建设服务型政府;三是中共十六大提出建设小康社会目标,但面临很多矛盾和问题:经济持续快速发展以资源环境的破坏为代价、社会转型与体制转型快速推进与大量的社会矛盾和冲突并存;等等。这些现象促使人们对政府自身存在的问题、对行政体制存在的问题、政府运行机制及其管理方式存在的问题等方面进行了深入探讨和思考。四是从关注政府机构改革转向关注行政管理体制改革。学术研究的视野拓宽至政治体制层面,试图从政治体制构建这一视角探索政府机构改革的规律。

在第三阶段的 2008 年到 2012 年,人们对国务院机构改革、政府机构改革的关注度明显增高,特别是在 2008 年实行的大部制改革,更是成为学者研究的焦点。学者以大部制改革为切入点,深度探讨行政体制改革,因此,这一时间段的行政管理体制改革的研究成果要比政府机构改革和国务院机构改革丰富。

第四,在第四阶段,中共十八届三中全会提出使市场在资源配置中起决定性作用和更好发挥政府作用,以"放管服"改革措施深化行政审批制度改革。学者关注的焦点是行政审批制度改革、简政放权政府职能转变等(见表1-3),对政府机构改革、行政体制改革和国务院机构改革关注度下降。

通过对相关主题的博士学位论文的研读,能够较清晰地考察学术深度。通过读秀学术搜索,将"政府机构改革"作为标题检索,相关博士论文有4篇:胡熙华(2008)《当代中国县级政府机构改革问题探索》、王秦丰(2003)《中国政府机构改革》和池垠妸(2003)《中国共产党与中国政府机构改革》及杨甲镛(2007)《中国政府体制改革研究:以国务院机构改革为中心》。其中,杨甲镛的论文与本选题密切度高。

从研究内容上看,上述研究成果一是把与政府机构改革或与政府机构改革有密切联系的内容——如政府职能转变、简政放权、行政法制建设以及关系理顺作为研究重点。阐述了这些内容在政府机构改革中的必要性、重要性以及存在的问题,并分析了原因。二是对中国共产党在政府机构改革中的领导、决定作用,作了一分为二的评价,并对如何改革党政关系进行探讨。三是将政府机构改革研究置于建设社会主义市场经济的大背景下进行。紧密结合国家政治、经济体制改革和构建社会管理型、服务型政府实际,探讨政府机构改革的规律,具有一定的理论意义和实践意义,对中国政府机构改革具有重要的借鉴意义。但在如下方面略显不足:一是没有将政府机构改革需要解决的自身问题及其成因划分清楚,往往把造成政府机构问题的原因当成机构问题去研究;二是在研究方法上没有将改革开放以来历次政府机构改革置于特定的历史阶段去分析,仍是单独地分别地研究某次机构改革;三是政府机构改革的阻力因素分析尚需深入。本书希望在前述研究成果的基础上,对政府机构改革、政府职能转变研究有所突破。

2. 国外研究现状综述

通过读秀学术搜索显示,国外学者直接将中国政府机构改革作为学术研究的成果相对较少,但对政治体制改革、经济体制改革、民主政治建设、中国特色社会主义理论、政党制度、政府利益、政府管理理论等与政府机构改革相关的主题的研究,成果相当丰富(见表1-2)。

表 1-2 相关研究成果一览

类别	作品名	作者	版本
编著类	《海外当代中国研究丛书》（四卷本）	吕增奎	中央编译出版社 2011 年版
著作类	《中国政党政府与市场》	[韩]咸台炅	经济日报出版社 2002 年出版
	《邓小平时代》	[美]傅高义著，冯克利译	三联书店出版发行，2013 年版
	《中国的"行为联邦制"——中央地方关系的变革与动力》	[新加坡]郑永年著，邱道荣译	东方出版社，2013 年版
	《中国共产党——收缩与调适》	[美]沈大伟著，吕增奎译	中央编译出版社，2012 年版
	《变革中国——市场经济的中国之路》	[英]罗纳德·哈里·科斯、王宁著，徐尧译	中信出版社，2013 年版
对中国改革有直接重要启示意义的成果	《来自上层的革命——苏联体制的终结》	[美]大卫·科兹著，曹荣湘译	中国人民大学出版社，2008 年版

来源：依据国外相关研究成果自绘（时间：2020 年 10 月）

另外，国外媒体类。从 1998 年中国政府机构改革力度加大特别是 2008 年政府机构开始大部门制改革以来，国外媒体对中国的改革高密度关注，报道和评述很多。通过对上述论著进行研读和对这些媒体类相关文献进行综览，国外的主要研究现状是：

关于中国共产党作为执政党，要不断加强自身改革，积极推进政府机构改革，以适应新的环境研究。这类研究成果的相关论述是：吸收和借鉴前苏联和东欧国家共产党执政的经验教训，有选择地借鉴、采纳并转化为本国的制度和实践；必须有效地满足民众越来越多的对善治和公共产品的需求，以巩固执政地位；在理论上进行一系列的创新，这些理论创新成为中国共产党提高执政能力的理论基础，为扩大党的执政基础，中国共产党吸收新的社会阶层加入党组织，并加强党纪建设，严格党纪，强化廉政勤政，坚决肃清腐败，加强党内民主。试行竞争性的地方党委选举，中国共产党通过自身改革从而改革其与政府关系，提高治国理政的能力。这些观点在《邓小平时代》、《来自上层的革命——苏联体制的终结》以及《中国共产党——收缩与调适》中均有论述。又如沈大伟(美)认为，这些政治改革的意义和作用并不像西方许多学者和记者所认为的那样"太小"、"太迟"，而是"相当有效地应对了(党所面对的)许多挑战……从而维持了中国共产党的政治合法性和权力"[①]。

关于简政放权，中央与地方关系的研究。郑永年先生以其对中国问题的独到见解和透彻分析，在中国许多读者中颇获赞誉。他在其《中国的"行为联邦制"——中央地方关系的变革与动力》一书中阐述了中央与地方之间的权力与利益划分问题。本书主要论点是：政府与市场之间要有恰当的边界，即"政府要足够大，在市场中执行法律法规，保护经济秩序；政府又不能过分强大，不能强大到能在市场上任意占有财富"[②]。在改革开放以来中央与地方政府的几次权力收放中，虽然促进了经济发展，但是没有处理好权力与责任的关系。收权，造成了部门集权，形成了既得利益势力；放权，造成地方政府的权力滥用，出现腐败。郑永年先生的解决方法是，中央政府多集中事权，地方政府多行使经济活动权，利于形成中央、地方和社会的良性关系，以破除既得利益势力。对于解决腐败问题，不但要向地方政府下放权力，也要向社会下放权力，"社会的参与会给地方政府造成有效的压力，增加地方政府的透明度，使得地方政府对其下辖的人民负责。在这个意义上，向社会放权实际上是有利于中央权力

---

① David Shambaugh, *China's Communist Party：Atrophy and Adaptation*, Woodrow Wilson Center Press, 2008, p. 9.
② ［新加坡］郑永年：《中国的"行为联邦制"——中央地方关系的变革与动力》，邱道隆译，东方出版社 2013 年版，第 5 页。

的。"①还提出了省直管县的行政体制扁平化设想。郑永年先生作为爱国的海外学者,其设想是温厚和负责的,对中国政府机构改革具有重要的参考价值。

关于执政党、政府和市场的关系的研究。韩国学者咸灵炅认为,政府与市场要有合理的边界,政府对市场的干预是一个动态的过程,要随着市场的不同发育阶段进行力度不同的干预,否则市场要么失灵,要么失控,政府要么越位,要么错位,要么缺位;新型的党政关系不是简单的党政职能分开,而是要有一系列的体制创新;党和政府的关系是互助、互补和互动的关系;政府与市场的关系是约束、激励和制衡的关系。② 咸台炅关于政党与市场的关系观点为本书的研究留下了思考的空间。

关于当代行政改革的主导理论的研究。当代国外最具影响力的政府治理理论是公共选择理论和公共管理理论。公共选择理论关注的中心是政府与社会的关系,此理论的哲学基础是以英国学者哈耶克为代表的新自由主义。公共选择理论极力排斥政府作用,主张重新发现和利用市场的价值,将原本属于市场的职能还给市场。对待新自由主义理论关于反对或减少政府对市场的干预的观点要理性地思考与借鉴。公共管理理论以"政府再造"为依据,"相信公共组织和私营组织的管理在本质上是相似的"③,认为公共部门可以借鉴私营部门的管理策略来重塑政府,在创新能力、效率、质量和服务水平等各方面有所提高。这两种理论对中国建立服务型政府具有重要的指导意义。

最后,关于国外报刊等媒体对于中国政府机构改革的实时报道,多以信息传递为主,学术价值不是很大,在此不做赘述。

(二)政府机构改革相关热点问题评述

目前,有关政府机构改革的热点问题有政府职能转变、政企分开、党政分开、简政放权、中央和地方政府关系、行政审批、政府与市场关系等。从纵向上进行分析更能观测到对热点问题的关注度。

---

① ［新加坡］郑永年:《中国的"行为联邦制"——中央地方关系的变革与动力》,邱道荣译,东方出版社 2013 年版,第 12 页。

② ［韩］咸台炅:《中国政党政府与市场》,经济日报出版社 2002 年版,第 260 页。

③ ［美］盖·彼得斯:《欧洲的行政现代化:一种北美视角的分析》,国家行政学院国际合作交流部编译《西方国家行政改革述评》,国家行政学院出版社 1998 年版,第 76 页。

表 1-3 政府机构改革热点问题学术成果统计表(1978—2019)(单位:篇)

内容		政府职能转变		政企分开		党政分开		简政放权		中央与地方关系		行政审批		政府与市场关系	
第一阶段	1978-1985	0		56		19		79		10		0		0	
	1986-1992	101		88		723		87		46		1		0	
第二阶段	1993-1997	295		385		14		29		127		1		9	
	1998-2002	571		280		14		16		112		758		53	
第三阶段	2003-2007	935		90		17		15		551		1435		85	
	2008-2012	748		39		21		23		208		1059		126	
第四阶段	2013-2017	1365	1156	91	80	13	12	1900	1747	198	168	4083	3461	818	671
	2018-2019		209		11		1		153		30		622		147
合计		7315		1029		816		2149		1253		7337		1091	

来源:依据"读秀中文学术搜索成果数据"自绘(时间:2020 年 10 月)

政府职能转变。从表 1-3 可以清楚地看出,从 1986 年以来政府职能转变的受关注程度增强并呈上升趋势。这是因为中共十三大报告提出政府职能转变是政府机构改革的关键,这一论断便进入理论及学术视野。1992 年邓小平南方谈话后,中国确立了社会主义市场经济体制改革的方向,《中共中央关于建立社会主义市场经济体制若干问题的决定》于 1993 年 11 月颁布,对加快政府职能转变和与之相呼应的政府机构改革等问题的讨论变得热烈起来并持续增温。关于政府职能转变的研究出现两次尖峰:一是在 2003 年至 2007 年期间,中国加入 WTO 和"非典"疫情对中国政府职能转变的影响最深刻,中国将加快服务型政府建设作为新时期行政管理体制改革的重要目标,这成为学界研究的热点问题;二是从 2013 年至 2017 年间,中共十八届三中全会提出使市场在资源配置中起决定性作用和更好发挥政府作用的决定,为此,政府职能必须实现向创造良好发展环境、提供优质公共服务、维护社会公平正义的根本转变,以此为研究对象,政府职能转变研究成果达到顶峰。

关于政府职能转变的学术观点,一是如何处理政府与市场的关系,也就是合理划分二者的边界问题;二是关于政府职能转变和机构改革所坚持的方向,采取的方法、方式和策略问题。可以预见,关于政府职能转变的讨论将随着中国经济体制改革和政治体制改革的推进,还将倍受关注。

行政审批。表1-3显示,在1997年以前,行政审批问题尚未进入学术研究视野。因为虽然在1988年和1992年两次政府机构改革中,取消了一些经济管理部门和专业经济部门,但是在国家经济生活中计划经济体制依然存在并起重要作用,而行政审批是计划经济必需的调控手段,所以行政审批的弊端尚未凸显并成为改革对象。从1997至2002年,中国建立社会主义市场经济体制的步伐加快,加入WTO的要求迫切,所实行的计划经济体制下的行政审批弊端已阻碍改革的深入,遂受到强烈关注,学术研究成果猛增到758份。中国加入WTO之后,行政审批问题又一次受到强烈关注,研究成果骤增至1435份。原因是中国加入WTO,社会主义市场经济体制构建步伐加快,行政审批制度存在的弊端越发阻碍国家经济战略的发展。热点探索主要集中在:一是行政审批被认为是计划经济体制的象征和最后一处堡垒,应该成为改革的重点内容;二是行政审批改革是完善社会主义市场经济体制、建设法治政府、提高政府行政能力、根治行政腐败的关键;三是行政审批改革之所以具有长期性、艰巨性和复杂性,根本原因就是部门利益、部分官员个人利益作祟。中共十八大以来,深化行政审批制度改革,深入推进"放管服"改革,以此为研究对象的成果由3461件增至4083件。

简政放权。表1-3显示,学者对简政放权问题的关注,在第四阶段(2013—2019)发生熔断式提高,研究成果锐增至1900件,是前三个阶段总量249件的7.5倍强。这与中共十八届三中全会以来,李克强总理提出"放管服"改革,锐意推进行政审批制度改革相关。学者关注的焦点是行政审批制度改革遇到的深层问题,尤其对简政放权与社会公共服务、简政放权与社会治理、简政放权与划分政府与市场边界等等问题进行研究。核心利益审批事项下放不彻底、权力部门化,部门利益化、部门利益个人化问题,是阻碍简政放权改革的深层原因。

表1-3显示,行政审批制度改革与政府职能转变、简政放权有密切的关联度。

政企分开。改革开放之初,政企分开就已提出。1980年代随着经济体制改革的展开,特别是随着1986年12月《国务院关于深化企业改革增强企业活力的若干规定》的出台,直到1990年代末国有企业改革的深化,政企分开就一直受到关注。从表1-3可看出,对政企分开的关注也在1993—2002年达到一个顶峰。综观研究成果,对政企分开主要有以下观点:一是政府与企业的关系——所有权与经营权分离的问题——是政企分开的实质问题;二是政企分开的途径是国家以国有股权代表的身份参与企业经营,把政府的国有资产代表者职能与行政管理职能分开,加强对企业的宏观调控手段;三是政企分开与政府职能转变的关系问题。随着中国对国有大型企业改革工作的完成,从2003年以来,研究成果急剧减少。

党政分开。党政分开一直是学术界、理论界关注、探讨的热点问题。1980年代,政治体制改革是国家政治生活中的大事。邓小平指出:"改革的内容,首先要党政分开,解决党如何善于领导的问题。这是关键,要放在第一位。第二个是权力要下放,解决中央和地方的关系,同时地方各级也有一个权力下放的问题。第三个是精简机构,这和权力下放有关。"[1]表1-3显示,党政分开是理论界、学术界探讨、研究和宣传的最热点问题,学术成果从19篇猛增至723篇。比较集中的论述是,党政分开的核心问题是改革和完善中国共产党的领导体制和工作机制,重点在于改革和完善中国共产党的执政体制和执政方式,推进党管干部的科学化,发展党内民主,也就是"解决党如何善于领导的问题"[2]。1990年代以来,随着中央对党政分开的调整,重新恢复了政府各部门的党组、纪检组,恢复已撤销的中央和地方各级政法委员会等。党政关系问题被分解,并纳入到党和国家的相关制度建设当中[3],研究的视点也随之转移。

中央与地方关系。统计显示,中央与地方的关系问题一直备受学界关注,并且从1980年代末开始升温,且持续到2012年达到第一个峰值。这与邓小平南方谈话后,全国深化社会主义市场经济体制改革、扩大地方自主权相关。特别是在本世纪初,中国加入WTO,赋予地方政府一定自

---

[1] 中共中央文献编辑委员会:《邓小平文选》第3卷,人民出版社1993年版,第177页。

[2] 中共中央文献编辑委员会:《邓小平文选》第3卷,人民出版社1993年版,第177页。

[3] 李正华、张金才主编:《中华人民共和国政治史(1949—2019)》,当代中国出版社2019年版,第221页。

主权成为亟需解决的问题。纵观 1990 年代和本世纪初的相关成果,主要在以下几方面作了探讨:中央与地方的关系问题仍属政府管理范畴,其实质就是财权和事权的划分问题,而财权与事权又是相辅相成的;中央与地方关系问题之所以难以解决,还与中央集权的领导体制有关;以及如何调动地方积极性的问题。有学者从地方自治—联邦制的路径探索中央与地方关系问题,等等。

政府与市场关系。表 1-3 显示,中共十四大提出使市场在国家宏观调控下对资源配置起基础性作用,政府与市场的关系便进入学界研究视野。中共十八届三中全会提出使市场在资源配置中起决定性作用,对这一热点的研究进入高潮。从中共十四大到十八届三中全会,中国共产党一直在根据实践拓展和认识深化,对政府与市场的关系问题寻找科学的定位,学界的关注点也遵循这一认识规律。关于政府与市场的研究成果主要包括以下内容:市场体系不完善及市场秩序不规范问题、政府与市场边界问题、服务型政府建设问题等。

四、理论分析框架

(一) 马克思主义公共管理理论

马克思主义政府管理思想是中国政府管理的基本思想,也是建立中国特色公共管理理论体系的指导思想。将马克思主义辩证唯物论作为开展研究所遵循的基础理论并自觉贯穿始终。在此基础上,正确运用马克思主义关于政府管理本质、政府公共职能、社会管理职能以及政府管理方式方法等理论观点,来分析中国政府管理中的民本思想实践、服务型政府构建以及政府社会管理方式中的行政法治建设实际。马克思主义公共管理理论体系是中国特色社会主义行政管理体系的基础,是新时代构建国家治理体系和实现执政能力现代化的指导思想。"老祖宗不能丢,丢了就丧失根本"[1]。本选题研究在坚持马克思主义公共管理理论的基础上,借鉴成熟

---

[1] 中共中央文献研究室:《十五大以来重要文献选编》(上),人民出版社 2000 年版,第 337 页。

市场经济国家和地区政府管理理论文明成果,以求用新的视角和理论观点对中国政府机构改革遇到的瓶颈进行探讨,期望取得进一步的进展。

(二)国外政府管理理论

1. 整体政府治理理论

整体政府治理理论是在 20 世纪 90 年代中后期由英国学者佩里·西科斯首创。整体政府理论针对传统官僚体制所形成的"碎片化"分割管理模式产生的弊端如部门林立、职责交叉重复、行政关系复杂等,致使部门之间协调难、整体行政效率下降等问题,提出以公民实际需求作为根本出发点和落脚点。整体政府治理理论的方法是整体运作政府内部机构和部门,其核心价值体现是协调与整合,核心内涵是注重实际结果。其根本目的是实现政府公共管理目标,途径是整合政府内部各部门、各要素,实现效率最大化,整合政府与社会契合点,整合社会共同利益。①

本选题运用整体政府治理理论,对中国自 2003 年以来大部制改革的探索过程中所遇到的诸如地方保护、条块分割、有法不依等问题进行分析,力图进一步使大部制改革能真正深入推进、取得实效。

2. 公共选择学派理论

公共选择学派理论是于 1950 年代兴起、1960 年代逐步发展起来,其创始人是美国经济学家詹姆斯·M·布坎南,其产生的实践基础是政府失败②。

政府失败,又称政府失灵,是一种政府治理失效状态,所以又叫政府失效。这种状态是由于市场配置资源失灵而引起。由于市场失灵,政府在进行市场干预,调节经济与社会生活时,由于自身存在的一些缺陷以及

---

① Perri6,Diana Leat,Kinbery Selter,Gerry Stoker. *Towards Holistic Governance:The New Reform Agenda* [M]. New York:Palgrave,2002,pp. 38 – 40.

② 政府失败理论源于(张卓元,1996)20 世纪 50—60 年代诞生形成的西方现代货币理论、理性预期学派、公共选择学派、产权经济学派,它们分别从各自的角度系统论证了政策无效命题。随着西方国家在 20 世纪 70 年代末 80 年代"滞涨"现象的严重,公共选择学派、政策分析学派对政府失败现象的研究在原来的基础上发展起来。对政府失败明确定义的一是查尔斯·沃尔夫(1988),"由政府组织的内在缺陷即政府供给与需要的特点所决定的政府活动的高成本、低效率和分配不公,就是政府失效";二是萨缪尔森(1992),"当政府或集体行动所采取的手段不能改善经济效率或道德上可接受的收入分配时,政府失效便产生了。"(http://wiki. mbalib. com/wiki/政府失效),政府失败理论是公共选择理论的核心主题。

其他客观原因的干扰,不仅没有治愈市场失灵,反而造成了新的市场失灵,使市场在对社会资源进行配置时难以达到最佳状态。国外学者已对政府失败这个问题进行了较长时间的研究,形成较为系统的"政府失败论"[①]。

公共选择学派的基本理论就是"经济人"假定,即人是自利的、理性的效用最大化者。[②] 政府失灵的重要原因之一是政府官员也可以视为"经济人",也会受"经济人"假定规律的制约。解决这一问题的途径是消除政府对社会资源的垄断状态,建立使公私之间产生竞争的机制,以便使公众在公私机构之间获取更多的自由选择的机会。

公共选择学派关于政府寻租行为和部分官员腐败的观点认为:

政府在干预市场经济活动中会造成不平等竞争环境,由此形成的利益就是"租金",而对这部分利益的寻求和窃取活动则被称为寻租行为。[③] 寻租行为是一种非生产性行为,往往造成惊人的社会资源浪费。调整政府对市场经济的干预范围和程度,是阻却和消解这一行为的关键。通常有两种路径,一是"小政府",其职责不分配任何社会资源,仅限于保护公民的生命、财产安全,保证监督公民之间忠实履行合同,这是一种理想状态的政府治理模式;二是"全能政府",政府垄断一切企业和个人的自主行为,如高度集权的计划经济体制。

公共选择理论对重塑政府理论提供了重要的理论基础。

对重塑政府理论的理解,要从三个方面把握。首先,重新界定政府的作用。政府要将"划桨"和"掌舵"分离,重点做好决策性工作,而将具体服务性职能转移给社会。通过转变政府职能,将精力集中在提供公共物品和公共服务上,为市场构建良好的制度和法制环境,做好战略规划,扮演好自己的角色。其次,用市场观念取代政府管理理念。把公众作为其服务的顾客,以增强政府执政的合法性基础。政府要始终计算行政成本,提高行政绩效。最后,是通过引入竞争机制完善政府运行机制。

本选题主要运用公共选择学派关于"经济人"假设观点,分析政府机

---

① 陈振明编:《公共管理学》,中国人民大学出版社 2003 年版,第 202 页。

② Dennis C. Mueller, *Public Choice II*, Cambridge: Cambridge University Press, 1989, pp. 1-2.

③ 孙学玉:《公共行政学论稿》,人民出版社 2013 年版,第 51—52 页。

构改革的阻力问题,认为政府机构改革的阻力主要来自部分官员对私人利益的谋取,进而提出解决这一问题的构想。对于重塑政府理论,则主要运用关于"划桨"和"掌舵"分离的观点来分析政府与市场的关系问题,运用"有限"政府而不是"小政府"理论,来分析政府职能"错位""越位"问题。

五、研究思路和框架

本研究从剖析处于不同经济社会发展特点的社会阶段的政府机构改革,揭示政府职能转变作为政府机构改革的关键,在改革开放以来不同发展阶段的转变状况、转变的内涵及历史作用。以此为目标设计研究框架。

(一) 研究思路

首先,对改革开放前政府机构改革基本状况做简要回顾,阐释改革开放后政府机构改革的艰难是有其久远的历史原因的——就是受长期实行的计划经济体制的影响。同时,这一回顾给改革开放以来政府机构改革研究作了一个铺垫,使选题研究主体部分的出现具有了必要性,能长远地看清政府职能转变历史发展的脉络和走向。

其次,将选题研究主体部分改革开放以来8次比较大的政府机构改革置于四个不同的经济社会发展阶段。这样分段研究,既有利于将具体的政府机构改革与特定的经济社会历史发展阶段联系起来,便于总体把握政府机构改革的规律,总结经验教训和启示,也改变了长期以来将每次政府机构改革、国务院机构改革分割开来单独研究的传统研究方法,在一定程度上避免了片面性。

最后,在对改革开放以来政府机构改革作深入研究的基础上,梳理、总结机构改革取得的成效、经验、教训以及存在的问题,并得出对当今政府机构改革的启示。

(二) 研究框架

1. 主要概念和理论分析框架阐述

一是对国务院机构改革、政府机构改革和行政管理体制改革的概念界定清楚,以便于展开论证;二是对选题中所使用的理论工具主要是马克思主义国家治理理论和国外政府治理理论作简要阐明。这一部分主要在第一章绪论中展开。

2. 政府机构改革主要内容研究

此部分为本选题研究的主体部分,对政府机构改革的重要方面,如政府职能转变、简政放权、行政法制建设、服务型政府等内容,以及改革的理念,如精简统一效能、有效有限政府等作了纵向的梳理。

第二章的主要内容是回顾改革开放前国务院机构调整。通过对建国后 30 年政府机构调整的分析,揭示出在计划经济体制下政府机构调整必然会出现"膨胀与精简"循环的现象,根本原因是计划经济条件下,政府职能不会也不可能转变。本章的内容可视为改革开放以来政府职能转变研究的历史背景。

第三章有计划商品经济条件下政府职能转变(1978—1992),主要论述从 1978 年 12 月到 1992 年期间的政府机构改革以及发生其间的 1982 年和 1988 年国务院机构改革。这一阶段的政府机构改革具有明显的过渡性特点——由计划经济体制下政府机构改革向社会主义市场经济体制下的过渡。

第四章逐步建立社会主义市场经济体制中的政府职能转变(1993—2002),主要阐述这一时期的政府机构改革是在计划经济体制逐渐退出,市场经济体制逐渐建立的过程中进行的,以 1993 年和 1998 年国务院机构改革为引擎的中国政府机构改革逐渐从计划经济体制下转向适应社会主义市场经济体制,这个过程是艰难的然而也是必然的。

第五章初步建立社会主义市场经济体制中的政府职能转变(2003—2012),主要以从 2003 年到 2012 年期间的政府机构改革和 2003 年、2008 年国务院机构改革为论述内容。本部分内容运用政府整体理论阐明中国政府职能转变逐渐适应初步建立的社会主义市场经济的要求,探讨大部制改革规律及其存在的问题。

第六章加快完善社会主义市场经济体制中的政府职能转变(2013—2020)。研究中国政府为适应新时代高水平社会主义市场经济发展要求,紧紧围绕推进国家治理体系和治理能力现代化和建设人民满意的服务型政府,紧紧扭住行政审批制度改革这一"牛鼻子",加快促进政府职能转变的过程。这一时期的改革,是在奔向社会主义现代化强国奋斗目标的引领下,在中国改革开放以来积累了丰富的改革经验基础上进行的。

六、研究方法、创新点及存在的不足

(一) 研究方法

1. 文献研究法

理论界、学界和政府管理实务界对行政管理体制的研究逐渐重视起来,因此积累了丰富的历史文献,这给本选题的研究提供了坚实的史料支撑。如前所述,通过对电子资源、互联网和图书数据库关于政府机构改革的文献进行检索和梳理,获取了大量有价值的相关信息资料,并通过广泛涉猎其他学科相关理论和观点,形成比较完整的研究材料体系。

2. 实证研究法

政府机构改革研究具有很强的实践性,因此必须坚持理论与实践的统一。本选题在主要梳理历史资料的基础上,深入实际,使史料与调研、考察相互印证,做实选题研究的理论基础。通过与国家发改委、山东省泰安市和莱芜市政府相关部门离退休老干部和在职官员以及大型国企下岗职工座谈,掌握了大量的一手资料。在对此进行甄别、提炼基础上,成为本选题研究的支撑材料。

3. 历史系统研究法

改革开放以来政府机构改革的历史是一个包含层级和结构形成的复杂的逻辑演进历史过程。历史系统研究法的优势,就是从纵向上整体上把握发展态势,揭示政府机构改革政府治理能力的发展本质和规律,从而得出有价值的结论。每一阶段的政府机构改革、国务院机构改革都是受当时特定的经济社会发展历史阶段、甚至受当时国际政治经济态势影响的政治体制改革,都与当时国内其他领域的改革相一致与协调。因此,必须坚持马克思主义唯物辩证法,反对用孤立、静止、片面的观点就机构改革单方面研究。这也是本选题将政府机构改革研究划分为四个阶段的理论依据。

4. 历史比较研究法

中国政府机构改革离不开对发达国家先进管理经验的借鉴,但前提是尊重中外存在的差异。这就必须进行比较研究,在中外历史、传统、文化、根本政治制度甚至人文地理环境存在诸多差异的前提下,找出最大公约数,以确定借鉴的契合点。

(二) 主要创新点

1. 对改革开放以来政府机构改革分"四个阶段"研究

按照计划经济体制与社会主义市场经济体制的发展变化规律对政府机构改革的影响为依据,将政府机构改革分四个阶段进行研究,特别是重点考察各阶段中国务院机构改革状况,以国务院机构改革为视角论述政府机构改革,改变了以往单纯将某次(年)国务院机构改革分割研究的惯用方法。本选题采取的"四个阶段"研究的最大优点就是更能够比较准确、全面地总结政府机构改革的经验教训、揭示内在规律。

2. 通过反腐败斗争的深入开展,消解政府机构改革的阻力

政府机构改革的阻力来自部分政府官员的个人利益,个人利益的满足往往通过官员掌握的权力寻租。当改革要重组、调整官员掌握的权力,触及其利益时,他们就会阻碍改革的进行。权力寻租还往往容易形成既得利益集团或权贵利益集团,使改革的阻力做大固化,从而形成深化改革的障碍。本选题提出,通过中国共产党内"打虎拍蝇"反腐败斗争的深入开展,切断权力与利益的链条,剪除阻碍改革的障碍,顺利推进政府机构改革。

3. 全国人民代表大会应承担政府机构改革的重任

政府机构改革是刀刃向内的自我革命。改革中暴露的问题说明这种自我革命必然会产生不彻底性,这是改革的主体与改革的客体为同一体的背反结果。在政府不能克服自身改革痼疾的情况下,一个更权威的、更超然的改革主体的确认就成为必然,全国人民代表大会就是适格的主体。因为作为最高国家权力机关的全国人民代表大会,产生了其执行机关——国务院,国务院对全国人民代表大会负责。因此,全国人民代表大会能够而且应当承担政府机构改革的重任。全国人民代表大会对国家机关还具有监督权。中国共产党对政府机构改革的领导可以通过全国人民代表大会来实现。所以,全国人民代表大会有法理、责任、权能承担起对

政府机构的改革重任。

(三) 研究存在的不足

1. 对资料归纳、提炼不足

广大学者关于政府机构改革的研究成果颇丰,见地也颇深,但本选题在对选取的较为丰富的资料进行归纳、提炼时,略显不足,对材料的整体把握不是很透彻。

2. 实证研究不足

本选题拟在占有丰富的史料及现实资料基础上,力争结合实地考察,寻求实证材料,支撑论证。但由于客观条件的极大限制,只对山东省几个地市做了实地调研,对省政府、国务院的实地调研困难重重,故而实证研究不足。

3. 知识体系欠完整

政府机构改革涉及政治学、历史学、管理学、社会学等学科领域,需要深厚的理论和学术功底,在这些方面著者尚需努力,因此论证略显单薄。

第二章 改革开放前政府机构调整的回顾

新中国成立初期,在当时特定的历史条件下,我国所建立的计划经济体制及其行政管理体制,特点是高度集权。3 年经济恢复和社会主义改造基本结束后,经济体制中过度集权、统得过死、政府机构臃肿、行政效率低下以及官僚主义问题严重等阻碍生产力发展的矛盾日益突出。高度集权的管理体制,对地方自主权和积极性也产生了限制和约束,不利于经济的发展。中国共产党为改变这种状况,对以国务院机构为核心的行政管理体制进行调整,但是始终未能改变机构精简之后又膨胀的状况。马克思主义唯物史观认为,经济基础决定上层建筑,上层建筑对经济基础具有反作用。要改革政府机构存在的弊端,必须转变政府职能,改革高度集权的计划经济体制。

一、建国初期政府机构设置及职能执行

建国之初,中国共产党围绕建立和巩固政权、恢复国民经济、肃清国民党残余武装以及抗美援朝战争,突出政权的民主专政职能。在中国共产党"一元化"领导体制下,建立了中央人民政府委员会暂行最高国家权力、最高国家行政权力的国家权力结构体制,中央与地方两级政府体制与大行政区制度的国家行政管理体制。这一政府体制是在全国人大作为最高国家权力机关尚未正式产生之前所采取的一种必要的过渡形式。

（一）新中国成立前中国共产党政府建设的探索

中国共产党自成立以来，注重政权建设，先后建立了工农民主政权、抗日民主政权和人民民主政权，积累了一定的政权建设经验，特别是解放战争时期建立的华北人民政府，直接为解放后建立新中国政权机构奠定了基础。

1. 工农民主时期

全国第一个县级革命政权是 1927 年 9 月成立仅存三天的湖南醴陵县革命委员会。1928 年 6—7 月间，中共六大在莫斯科召开，通过的《关于苏维埃政权组织问题决议案》，成为各根据地制定各种苏维埃组织法的依据。1934 年 1 月，按照当时苏维埃政权的模式，正式建立了中央工农民主政府，实行工农兵代表大会。中国历史上第一次有了真正代表人民利益的政府。

2. 抗日民主时期

抗日战争时期，共产党领导的八路军、新四军在抗日根据地建立起抗日民主政府，它是在土地革命战争时期建立的工农民主政府基础上建立的。名义上虽为国民政府的地方政权，但是完全执行中国共产党的施政纲领和政策。陕甘宁边区政府组织实行民主集中制，政权实行"三三制"，实行彻底的民主政治，同时精兵简政，建立廉洁政府，为新中国政权建设积累了宝贵经验。

3. 人民民主时期

人民民主政府是在抗日战争时期建立的抗日民主政府基础上建立的。这一时期民主政府的中心任务是组织人民打倒蒋介石，解放全中国，建立新中国。政府构成中工人、农民和中农的比重增加。1946 年，陕甘宁边区政府第三届会议第一次大会通过《陕甘宁边区宪法原则》，确定了人民民主政府体制。

（二）建国之初政府机构设置及特点

1949 年 9 月，中国人民政治协商会议第一届全体会议通过了《中华人民共和国中央人民政府组织法》和《中国人民政治协商会议共同纲领》，对中央人民政府性质、整个组织系统及各部分职能，都作出了明确规定。21 日，周恩来主持召开政务院第一次扩大会议，宣布政务院正式成立。

1. 政府机构的设置

一是中央人民政府的设立。依据《中华人民共和国中央人民政府组织法》设立政府机构。《中华人民共和国中央人民政府组织法》规定："中央人民政府委员会组织政务院,以为国家政务的最高执行机关。"设置 4 个委员会分管 30 个部门、秘书厅。

二是地方各级人民政府的设立。新中国成立初期,对旧中国的行政区划、基层建制进行了调整。在城市改变了市、区、坊、闾、邻等行政区划的层级设置,开始对城乡基层政权进行系统地改造,废除了保甲制度。在城乡先后通过人民代表会议选举建立市人民政府,下设街道办事处作为其派出机关,一些城市还建立了群众自治性组织——居民委员会,协助街道办事处工作。在乡村通过乡农民协会会员大会或农民代表会议选举产生乡人民政府。1950 年 12 月,政务院颁布《乡(行政村)人民政府组织通则》,将乡确定为我国最基层的政权。到 1951 年,全国共设立 5 个大行政区人民政府(军政委员会)、29 个省人民政府、1 个自治区人民政府、8 个省级行署、13 个直辖市人民政府,140 个市人民政府及 2283 个县(旗)级人民政府。初步形成了上下贯通、集中高效、便于发挥高度组织动员功能的国家行政体系。这是中国社会政治结构的一次重大变革,为新中国的发展和进步奠定了坚实的群众基础和组织基础。[1]

2. 政府机构设置的主要特点

一是基本延续了革命战争年代形成的政府体制格局,实行民主集中制和人民代表会议选举制;二是建立了集权的中央人民政府;三是党的工作重心由乡村转移到城市,政府工作重点是经济建设和城市管理;四是按产品或行业设置经济管理部门,并按部门实行条条管理,政企合一。

二、改革开放前政府机构调整的主要历程

改革开放以前,中国政府机构调整经历了几次精简、膨胀、再精简、再膨胀的反复,呈现出计划经济体制下政府机构调整的特点。改革开放前

---

[1] 《中华人民共和国史》编写组编:《中华人民共和国史》,高等教育出版社、人民出版社 2013 年版,第 21 页。

中国政府机构调整的简要历程可以分为三个历史阶段。

（一）从新中国成立到 1959 年底的机构调整

1. 1952 年政府机构调整

依据《中华人民共和国中央人民政府组织法》规定，政务院为国家政务的最高执行机关，设置 4 个委员会分管 30 个部门、秘书厅。1950 年设立人事部，撤销食品工业部。至此，政务院共有 34 个工作部门管理国家行政工作。

中央人民政府委员会于 1952 年 11 月召开第 19 次会议，通过《关于增设中央人民政府机构的决议》，决定成立中央人民政府国家计划委员会等机构。政务院工作部门到 1953 年底具有 42 个，含 4 个委，34 个部、院、会，3 个行、署、局和 1 个秘书厅。

1952 年的政府机构增加是为适应大规模的经济建设需要而进行的，有利的一面是使中央能够集中全国的人力、物力和财力进行经济建设，对"一五"计划的顺利实施具有巨大保证作用；不利的一面是开始出现以党代政的现象。1953 年 3 月 10 日，中共中央为加强对中央人民政府各部门的直接领导和使政府工作避免脱离中央领导，发出《关于加强中央人民政府系统各部门向中央请示报告制度及加强中央对于政府工作领导的决定》，要求今后政府工作中一切主要的和重要的方针、政策、计划和重大事项，必须经过党中央的讨论和决定或批准。从此，党政不分、以党代政的现象出现，以致成为以后历次政府机构精简的难点和重点问题。[1]

2. 1954 年政府机构调整

1954 年 9 月第一届全国人民代表大会第一次会议颁布了《中华人民共和国宪法》，成立国务院[2]，并同时颁布《中华人民共和国国务院组织法》。国务院设立 64 个部门，包括 35 个部委机构，8 个办公室，19 个直属机构，以及 1 个国务院秘书厅。国务院机构出现大的膨胀。

---

[1] 乌杰编：《中国政府与机构改革》，国家行政学院出版社 1998 年版，第 310 页。

[2] 1954 年 9 月，一届全国人大颁布的《宪法》规定，中华人民共和国国务院，即中央人民政府，是最高国家权力机关的执行机关，是最高国家行政机关。它同中华人民共和国中央人民政府（1949 年 10 月 1 日中华人民共和国建立到 1954 年 9 月 15 日第一届全国人民代表大会第一次会议召开前）在性质、组织、职权、作用和在国家机构体系中的地位等方面有很大差别。

由于社会主义改造和工农业生产迅速发展,社会分工越发细微,产品门类迅速增加,以产品和行业为管理目标的部门管理的产业远远超过部门的管理能力,业务超负荷,难以全面兼顾。因此,必须按更细化的产业重新划分管理系统并增加管理机构,以便于管理国家经济生活。国务院机构在1956年底增加到81个,含48个部、委,24个直属机构,8个办公机构和1个办公厅。国务院机构再次出现膨胀。

3. 1956年后政府机构调整

毛泽东在《论十大关系》中指出:"必须反对官僚主义,反对机构庞大。在'一不死人二不废事'的条件下,我建议党政机构进行大精简,砍掉它三分之二。"①中央所属的9300个企事业单位,在1958年降低到1200个,下放了80%;中央直属企业在1958年从占比整个工业总产值39.7%下降为13.8%。1958年2月,一届全国人大五次会议作出了《关于调整国务院所属机构组织的决定》,撤并了20个工业部门。

这次精简一直持续到1960年才结束,重点是中央部门,目的是扩大地方自主权,途径是由"条条管理"向"块块管理"转移。到1959年,调整后的国务院组成部门包括39个部、委,14个直属机构,1个秘书厅和6个办公室,共60个,比原来的81个减少了21个。

从新中国成立时政务院所属机构35个,到1956年底增加到81个。经过1957年、1958年、1960年三次机构精简,国务院所属机构降至60个。

(二) 从1960年到1970年的机构调整

1. 1965年中央收回1956年机构调整下放给地方的权力并恢复被撤销的机构

为克服经济困难,中央着手解决权力过于分散的问题。中共中央在1961年提出"调整、巩固、充实、提高"的八字方针,在贯彻统一政策、计划和制度的要求下,大幅度调整分级管理的财政体制,由中央对财力、物力和人力做统一调配。重新强调权力集中统一,强化中央集权,对计划、基建、信贷、物资和财政等方面工作集中统一管理。中央为纠正财权过于分

---

① 中共中央文献研究室:《毛泽东文集》第7卷,人民出版社1999年版,第36页。

散的现象,决定把财权集中于中央、大区和省级政府三级,对先前下放给地方的权力也基本收回。由于权力集中,国务院工作部门又迅速增加,到1965年增加至79个,包括49个部委、22个直属机构、7个办公机构和1个秘书厅,与1956年国务院设置的机构相当。政府机构又一次膨胀。

2. 1967年5月重要部门实行军管,机构发生非正常大变动

中共中央、国务院、中央军委、中央"文革"小组于1967年1月23日联合发出《关于人民解放军坚决支持左派群众的决定》。中共中央于5月先后决定对国务院所属的45个部门实行军管或划归军队领导。

3. 1970年国务院所属部委大裁并

"文革""一月风暴"后,大部分政府机构已陷于瘫痪状态,机构形同虚设。1970年初,国务院对所属79个部委进行大裁并,裁减到32个部门,除去划归军事办事组管辖的,划归总参、海军、空军领导的13个部门外,国务院直接领导的只有外交部、国家计划委员会、公安部等19个部门。

国务院机构数从1960年的60个增加到1965年底的79个,经1970年合并,降至32个部门。

(三) 从1971年到1978年的机构持续膨胀时期

1. 1971年9月周恩来主持中央日常工作,相继恢复重建了部分部门

从1971年到1973年逐步撤销了军委办事组和在一些部门和地区的"三支两军"人员。对被毁掉、裁撤的部门进行了恢复并重建。到1973年底,国务院所属机构增加到45个。

2. 1975年邓小平主持中央日常工作,提出对包括农业、工业、文艺等领域的全面整顿工作

国务院机构也做了相应调整,恢复增加了2个部、7个直属机关和1个办公机构,其中主要以经济管理部门为主。到1975年底,国务院所属部委29个、直属机构19个、办公机构4个,共计52个部门。

3. 国务院机构持续膨胀

1978年3月五届全国人大一次会议确定国务院设置部委37个,直属机构32个,办公机构7个,共计76个。[①] 之后,国务院又先后恢复和增设

---

① 张文寿编:《中国行政管理体制改革——研究与思考》,当代中国出版社1994年版,第88页。

了 48 个部门,国务院机构持续膨胀。

三、改革开放前政府机构调整的历史启示

改革开放前的政府机构调整,目的是服务于计划经济体制,这种调整仅仅局限于简单的机构和人员增减,断不具有改革的意义。只有抓住政府职能转变这一环节,触及权力高度集中的计划经济体制时,才具有改革的意义,也才能逐步消除行政管理体制中存在的种种弊端。

(一) 行政管理模式存在的弊端是由高度集权的计划经济体制产生的

1954 年一届全国人大第一次会议通过了《中华人民共和国宪法》和《中华人民共和国国务院组织法》。在 1949 年 10 月,参照苏联政府体制模式建立的政府机构并经 1951 年和 1952 年的调整,基本成就了中国政府体制的格局。中国政府体制以中国共产党的领导为核心,构成了一个比较稳固的组织结构和规范体系。受制于计划经济体制,它具有高度集权、计划管理的特点。[①] 高度集权主要表现在:从中央与地方关系来讲,权力主要集中在中央,地方基本没有自主权;从政府与企业关系来讲,存在严重的政企不分问题,政府掌管企业的经营管理权,企业没有自主权;从国家与社会、公民关系来讲,国家意志即为社会意志,个人思想、个人利益以国家利益为转移;从个人与领导集体关系来讲,不论哪个层次的权力机构,权力集中于个人,往往出现个人权力凌驾于集体领导之上。计划管理主要表现在:在国家经济生活中,政府实行指令性计划,否定价值规律,不重视商品经济和市场作用,甚至视价值规律与资产阶级同样是应该埋葬的东西。

建国初,中国的这种政府机构设置模式有其合理性,也有其弊端。一方面,就当时的国内、国际形势来讲,这种集中的中央集权模式是所能采取的唯一正确的模式,这已为历史事实所证实;另一方面,这种集权的模

① 刘智峰编:《第七次革命——1998—2003 中国政府机构改革问题报告》,中国社会科学出版社 2003 年版,第 91 页。

式,随着大规模经济建设的到来,产品和行业设置分工越来越细,出现了进一步要求集中、机构进一步膨胀的趋势。而当权力进一步集中、管理机构进一步膨胀时,又出现了新问题:一方面,中央的集权抑制了地方的积极性,另一方面,各部门又有扩大自主权、加强互动的固有的需求。因此,这个矛盾的客观表现,一是要求放权和分权或增加新的综合性协调机构,二是计划经济的特点又必须集权,这种状况会不断地反复出现,本质是违背价值规律。计划经济体制决定了机构设置和行政管理模式的弊端。

（二）改革开放前政府机构调整没有触及高度集权的体制,尚不具有改革的意义

如前所述,这几次机构调整和人员精简,都是为了适应当时政治、经济形势的需要,对解决当时存在的政治、经济、社会问题均起了重要作用。但这种调整,尚不具有改革的性质,因为它没有触及高度集权的领导体制和以"条条分割"及"块块分割"为基本格局的行政管理体制。所以,改革开放前进行的政府机构调整所表现出来的"循环圈"现象不过是人员、机构和权力在整个权力管理系统中的位移而已,没有根本改变管理职能与管理方式。

（三）计划经济体制下不可能进行政府职能转变

计划经济本身是一种人治的权力经济,与计划经济相适应的政府机构数量的变化,有着很大的随意性和弹性。[①] 计划经济模式是以指令性计划为基本特征的产品经济模式,它需要高度集权的政府管理模式与其相适应。政府划分主管部门的依据是产品门类和行业类别,政府主管部门通过行政手段直接插手企业经营,使企业失去经营独立权。这种政企不分的状况,产生的后果就是政府各经济主管部门既是政府管理企业的代表,也是该企业的发言人。必然的结果就是,这些政府部门总是从所管企业或行业的利益着想,难于着眼大局,从国家层面整体上客观地考虑和处理问题,这就是权力"一放就乱"的根源。随着生产的发展、产品门类的逐步齐全、社会事务的复杂化、社会分工的精细化,政府必须设置相应的部

---

① 刘智峰编:《第七次革命——1998—2003 中国政府机构改革问题报告》,中国社会科学出版社 2003 年版,第 119 页。

门对口管理,于是管物资、管投资、管建筑、管人事、管粮食、管手工业的部门建立起来。1956 年底国务院部门猛增到 81 个就是例子。计划经济体制在建国初的机构设置中就产生了政企不分,1953 年又形成党政不分,并在 1970 年得到强化。因为计划经济的经济属性具有政府职能扩张的内在要求,它不允许政府经济职能转向社会服务而只能服务于计划经济本身,从而传统的政府机构调整也没有政府职能转变的取向。传统的计划经济是不可能提出政府职能转变要求的,只有市场经济才能对政府职能转变提出相应的要求。

在当时高度集中的计划经济体制的影响下,政府机构改革不会也不可能触及计划经济体制,不可能改变专业经济管理部门的职能,更不会产生政府职能转变的改革理念。只有解放思想,冲破传统计划经济体制的束缚,探索实行新型的经济体制,并实行全方位改革,才能逐步消除前述各种弊端。这是改革开放新的历史时期所承载的历史重任。

第三章 有计划商品经济条件下政府职能转变(1978—1992)

中国共产党始终把马克思主义普遍真理与中国具体实际相结合,走自己的路,不断总结经验,解放思想,加深对社会主义现代化建设规律的探索和认识,建立了有计划商品经济新的经济体制。为适应这一新的经济体制的逐步建立和不断完善,中国共产党提出了政府职能转变这一命题,并将其作为政府机构改革的关键,提高政府对宏观经济活动的调节控制能力。在改革实践探索中,进行了以扩大企业经营自主权为重点的政企职责分开,同时还进行了以党政分开、理顺中央与地方关系为主要内容的政治体制改革。国务院于1982年和1988年分别进行了以服务于经济体制改革、裁撤行政机构为重点和以转变政府职能为重点的机构改革,有力地推动了整个国家的政府机构改革。

一、政府机构改革的背景

中共十一届三中全会提出了把"全党工作的重点转移到社会主义现代化建设上来"的战略决策,并提出"多方面地改变同生产力发展不适应的生产关系和上层建筑,改变一切不适应的管理方式、活动方式和思想方式"[①],从而确立了新时期政府行政改革的方向,即为经济建设服务,改革

---

① 中共中央文献研究室:《三中全会以来重要文献选编》(上),人民出版社1982年版,第4页。

与生产力不相适应的行政管理体制。为加快以城市为重点的整个经济体制改革的进程,中共十二届三中全会通过了《中共中央关于经济体制改革的决定》,确定了贯彻执行对内搞活经济、对外实行开放的方针。中共十三大报告提出"逐步建立起有计划商品经济新体制的基本框架"①。围绕这一新经济体制的建设,政府行政管理体制改革坚持中共十一届三中全会确定的行政管理改革方向,在党政分开、简政放权、提高效能、扩大企业经营自主权等方面扎实推进。

(一) 建立有计划商品经济体制论断的提出

中共十二届三中全会作出了《中共中央关于经济体制改革的决定》(下称《决定》)。据此,1985 年年初出台了以缩小指令性计划和价格、工资改革为中心的一系列改革措施,以城市为重点的全面改革提前展开。

十二届三中全会的重大理论贡献是把计划经济与市场经济在理论上统一起来,作出社会主义经济是有计划的商品经济的理论判断。《中共中央关于经济体制改革的决定》肯定了商品经济是实现中国经济现代化的必要条件,商品经济的充分发展是社会经济不可跨越的阶段。这一重要论断是对马克思主义的重大发展,是中国共产党在改革开放之初对社会主义经济作出的一次科学的重大的判断和概括,是当时中国经济体制改革的基本理论依据。邓小平说:"我的印象是写出了一个政治经济学的初稿,是马克思主义基本原理和中国社会主义实践相结合的政治经济学。"②

《决定》与过去改良传统体制的思路不同,改革的矛头已触及传统体制的基本结构,是改革目标模式选择的一个飞跃。③

(二) 国民经济调整"八字方针"的实施

1. "八字方针"提出的背景

1976 年 10 月,"四人帮"被粉碎,标志着"文化大革命"结束,这意味着"内乱"的结束,中国人民可以致力于经济建设了。但是,由于当时提出和推行"两个凡是"的方针,对毛泽东生前的决策和指示拒绝作任何分析,在

---

① 中共中央文献研究室:《十三大以来重要文献选编》(上),人民出版社 1991 年版,第 27 页。

② 中共中央文献编辑委员会:《邓小平文选》第 3 卷,人民出版社 1993 年版,第 83 页。

③ 武力编:《中华人民共和国经济简史》,中国社会科学出版社 2008 年版,第 182 页。

实践上为新形势下坚持真理、修正错误设置了障碍。[①] 阻碍了全党对过去的"左"倾错误的纠正,包括对经济工作中存在的急躁冒进的"左"的错误的纠正。1978 年 2 月五届全国人大一次会议通过的《一九七六年到一九八五年发展国民经济十年规划纲要》的实施,造成了国家财政困难和国民经济比例更加失调。

中共十一届三中全会从根本上冲破了长期"左"倾错误的严重束缚,特别是在国民经济建设工作方面存在的"左"倾错误,端正了党的指导思想,重新确立了马克思主义的思想路线、政治路线和组织路线。1981 年 6 月,中共十一届六中全会通过了《关于建国以来党的若干历史问题的决议》,标志着党在指导思想上的拨乱反正历史任务的结束。1979 年 4 月,中央工作会议正式确定了对整个国民经济实行"调整、改革、整顿、提高"的八字方针。

2. "八字方针"的任务和目的

任务:调整,主要是调整严重失调的国民经济比例关系。通过调整,使工农业之间关系、农轻重之间关系以及工业各部门之间的关系趋于协调,合理处理积累与消费的关系,最终使整个国民经济有计划按比例健康发展。这是"八字方针"的中心任务。改革,着眼于中央与地方、企业与职工两个积极性,全面改革经济管理体制。整顿,着眼于良好的生产秩序和工作秩序的建立健全,对存在管理秩序混乱问题的企业进行整理。提高,是为了更好地按客观经济规律办事,通过调整、改革和整顿,在生产水平、管理水平和技术水平几方面有一个大的提高。[②]

"八字方针"的目的是为了巩固和发展粉碎"四人帮"以来经济恢复工作的重大成就,纠正前两年工作中的失误,消除经济工作长期存在的"左"的错误造成的影响,把整个国民经济纳入持久的按比例的高速度发展的轨道。[③] 这是经济调整的过程,也是改革开放的过程。

---

① 本书编写组:《中国共产党简史》,人民出版社、中共党史出版社 2021 年版,第 218 页。
② 孙健编:《中华人民共和国经济史(1949—90 年代初)》,中国人民大学出版社 1992 年版,第 420 页。
③ 中共中央文献研究室:《关于建国以来党的若干历史问题的决议(注释本)》,人民出版社 1983 年版,第 463—465 页。

3. "八字方针"的调整过程。

"八字方针"的贯彻落实,是分"两个方面、三个阶段"进行的。两个方面:一是指调整,二是指改革。三个阶段:一是指调整的两个阶段,二是指在调整取得巨大成效的基础上进行的改革阶段。

调整的两个阶段,一是在从 1979 年到 1980 年的第一阶段中,着重调整了农工轻重、积累和消费的比例关系,增加城乡居民收入。[①] 所采取的措施是:在农村,调整政策,加快农业发展;对工业,调整内部比例关系,加快轻工业发展;对国民收入,提高消费基金比重;对投资,调整积累和消费比例,压缩基建规模。"关、停、并、转"了一批消耗高、质量差、货不对路、长期亏损的企业。[②]

二是从 1981 年到 1982 年的第二阶段。经过第一阶段(1979—1980)初步调整,国民经济主要比例关系已经趋向协调,人民生活水平也得到了改善。但经济中的问题仍然不少,潜在的危机仍然存在,特别是财政赤字过大,银行发行货币过多,使得物价上涨,已经影响到人民的生活,这个问题如不及时解决,不仅会阻碍经济的发展,而且还会影响到政治局势的稳定。[③] 针对前一阶段调整、改革中发生的国民收入超分配问题,为了压缩基建规模,抑制消费增长,平衡财政收支,以稳定经济局势[④],主要采取如下措施:坚决压缩基本建设战线,控制基建规模;加强财政信贷管理,稳定市场物价。工业方面,坚决退够;农业方面,进一步放宽农村经济政策,完善和稳定各种形式的农业生产责任制。[⑤]

经过 1981 年的国民经济进一步调整,我国国民经济已经从"文化大革命"的严重失调中摆脱出来,完成了历史性的转折,为开创社会主义现代化经济建设的新局面奠定了基础。1982 年 9 月中国共产党第十二次全

① 武力编:《中华人民共和国经济史》(下),中国经济出版社 1999 年版,第 825 页。
② 孙健编:《中华人民共和国经济史(1949—90 年代初)》,中国人民大学出版社 1992 年版,第 424 页。
③ 孙健编:《中华人民共和国经济史(1949—90 年代初)》,中国人民大学出版社 1992 年版,第 429 页。
④ 武力编:《中华人民共和国经济史》(下),中国经济出版社 1999 年版,第 829 页。
⑤ 孙健编:《中华人民共和国经济史(1949—90 年代初)》,中国人民大学出版社 1992 年版,第 431 页。

国代表大会召开,为我国社会主义建设继续前进确定了目标、步骤和方针政策。[1]

五届全国人大五次会议于 1982 年 12 月通过的"六五计划"规定:国民经济发展的基本任务是,继续贯彻"八字方针",彻底解决阻碍经济发展的各种问题,力争从根本上实现财政经济状况好转。1983 年到 1984 年,经济工作的主要内容是,继续贯彻"八字方针",深入调整,积极改革,努力争取财政经济状况的根本好转。[2]

"八字方针"在 1984 年和 1985 年的执行,已开始触及僵化的计划经济体制,进入"伤筋动骨"的改革阶段。

1984 年 10 月,中共十二届三中全会作出了《中共中央关于经济体制改革的决定》,指出:加快推动以城市为重点的整个经济体制的改革。1985 年初,出台一系列改革措施,以城市为重点的全面改革提前展开。[3]

"八字方针"以"调整"为中心,以"改革"为重点。在调整刚刚开始时,是以"消除经济工作长期存在的'左'的错误造成的影响"[4]为重点,并未深入改革经济体制。原因是经济体制改革不仅关系到国民经济全局,而且还是一项极为复杂和艰难的工程,在当时条件尚未成熟的形势下在调整中进行全面的经济体制改革,只会事与愿违,因此,只能在有利于调整的前提下进行改革。着重把那些必须改且容易改的,先有计划有步骤地改过来,以保证和促进调整工作的顺利进行[5],是配合调整进行的改革。1984 年 10 月,中共十二届三中全会作出了《中共中央关于经济体制改革的决定》,这与过去改良传统体制的思路不同,改革的矛头已触及传统体制的基本结构。[6]

到 1984 年这次历时 5 年的国民经济调整任务结束。这次调整取得

---

① 武力编:《中华人民共和国经济史》(下),中国经济出版社 1999 年版,第 855 页。

② 武力编:《中华人民共和国经济史》(下),中国经济出版社 1999 年版,第 859 页。

③ 武力编:《中华人民共和国经济史》(下),中国经济出版社 1999 年版,第 891 页。

④ 中共中央文献研究室:《关于建国以来党的若干历史问题的决议(注释本)》,人民出版社 1983 年版,第 465 页。

⑤ 中共中央文献研究室:《关于建国以来党的若干历史问题的决议(注释本)》,人民出版社 1983 年版,第 464 页。

⑥ 武力编:《中华人民共和国经济史》(下),中国经济出版社 1999 年版,第 895 页。

了显著成效：重大比例关系严重失调的情况得以扭转，生产发展，经济效益提高，市场活跃，物价稳定，居民生活水平提高。国民经济在调整工作取得的显著成就基础上，能够健康协调地发展。① 这次调整先是肃清了长期以来经济工作中"左"的错误思想的影响，后是对传统的计划经济体制进行改革。农村改革由探索转向深入，城市由试点转向铺开，为我国政治经济领域的全面改革积累了经验。

（三）经济体制改革的要求

中共十一届三中全会指出，国民经济必须按照客观经济规律办事，国民经济的主要问题是一些重大比例关系的失调状况比两年前还严重，并且经济管理体制方面权力过分集中的现象依然存在，不能发挥各方面积极性。1979 年 4 月，中共中央工作会议提出了"调整、改革、整顿、提高"的八字方针。经过初步调整（1979.5—1980.11）和深化调整（1980.11—1982.12）两个阶段，又经两年努力，到 1984 年全面调整基本结束。② 新"八字方针"指出，在调整中改革，农村经济体制和城市经济体制的改革正是在国民经济调整中起步的。经济体制的改革，主要是扩大生产经营自主权，没有触及计划经济体制的本质③，但是扩大生产经营自主权，是开始对计划经济的经济属性的突破，由此引起的计划经济体制的改革自然提上日程。

1. 以家庭联产承包责任制为内容的农村经济体制改革

农村经济体制改革可分为两个阶段，第一阶段是从 1978 年到 1984 年，第二阶段是从 1985 年到 1987 年。④ 农村经济体制改革的根本目标就是使国家对农村的直接控制转为间接控制，在实现这一治理方式转变的过程中，引起了国家农村经济管理体制的改革。第一阶段的改革成果，是家庭联产承包责任制的建立，这一体制解决了农村商品生产的动力、形式以及产业发展的方向问题。第二阶段，中共十二届三中全会召开后，农村改革迈出了历史性的第二步。为解决农村商品经济流通中的问题，中

---

① 孙健编：《中华人民共和国经济史（1949—90 年代初）》，中国人民大学出版社 1992 年版，第 438 页。
② 陈昌智编：《中华人民共和国经济简史》，四川大学出版社 1990 年版，第 226 页。
③ 武力编：《中华人民共和国经济简史》，中国社会科学出版社 2008 年版，第 165 页。
④ 陈昌智编：《中华人民共和国经济简史》，四川大学出版社 1990 年版，第 279 页。

共中央在 1985 年 1 月出台《关于进一步活跃农村经济的十项政策》,确定了改革农产品统派购制度的措施。

农村经济体制的改革取得巨大成功,使农村政治体制发生了根本变化,中共中央、国务院于 1983 年 10 月发出《关于实行政社分开建立乡政府的通知》,中心要求是各地要建立农村基层政权——乡政府,乡(镇)成为基层政权机构。自此,乡政村治体制代替了中国政社合一的乡村基层建制——人民公社。村民委员会建立起来并逐步成为村民自治单位。[①]

2. 以增加企业经营自主权为内容的城市经济体制改革

1981 年开始城市经济体制综合改革试点。从 1983 年开始的"以税代利"改革,使改革国营企业领导体制、扩大企业经营自主权成为必要。

中国城市经济体制改革大体经历了三个阶段:

第一阶段是 1978 年至 1981 年所进行的初期改革试验和探索阶段,这一阶段探索实行企业经营责任制,进一步扩大企业经营自主权,以工业、商业、财政、金融、建筑业等行业的试验为特征,把企业的经济责任、经济利益和经济效果与职工的切身利益结合起来,试验推进企业经营机制,初步扭转了过去那种不了解市场需求只按计划生产,不关心产品销路和赢利亏损的盲目生产状态。

1980 年 2 月,国务院颁发《关于实行"划分收支,分级包干"财政管理体制的暂行规定》,即"分灶吃饭"体制。这对于调动地方增收积极性、科学规划本地经济发展、加强管理本地企业,起到了积极作用。

第二阶段是 1981 年至 1984 年所进行的综合改革试点阶段,这一阶段以城市经济建设为中心,推广"市领导县"体制。到 1983 年底,全国共有 21 个省辖市领导 511 个县,分别占省辖市总数的 84%、县数的 25%。[②] 必须注意的是,这种"市领导县"体制,虽然促进了当时的经济发展,但从行政层级上来看,增加了一级,相应地增加了行政成本、降低了行政效率、产生了机构臃肿等种种弊端。在总结试验、试点经验基础上,1984 年 5 月,国务院颁布了《关于进一步扩大国营工业企业自主权的暂行

---

① 余林媛:《中国农村政治文明建设理论研究》,中山大学出版社 2013 年版,第 30 页。
② 陈昌智编:《中华人民共和国经济简史》,四川大学出版社 1990 年版,第 291 页。

规定》,广泛推行厂长负责制、承包制以及配套改革,为城市经济体制改革全面展开奠定了基础。

第三阶段是在前两次探索及试点的基础上,进入了从 1984 年 10 月开始的城市经济体制改革全面铺开的新时期。为了加快推进城市经济体制改革的进展,中共中央在 1984 年 10 月通过了《中共中央关于经济体制改革的决定》,对城市经济体制改革的方向、目标、任务和基本政策作了阐述,特别提出了政企职责分开的改革措施。改革步伐加快,两办在 1984 年 5 月联合发出《关于认真搞好国营工业企业领导体制改革试点工作的通知》,确定在北京、上海、天津等 6 个城市的部分企业进行试点。到 1985 年底,全国有 61 个城市实行综合改革试点工作。这一年的城市经济体制改革呈现出明显的特色:扩大企业自主权、推进实现所有权和经营权的适当分离、充分发挥市场机制和经济杠杆作用。

到 1986 年底,城市经济体制改革在某些方面取得突破性进展:综合改革试点城市扩大为 74 个,实行市领导县这一新体制的试点城市达到 68 个。①

在城市经济体制改革中,以当时"待业青年"(当时对返城"知青"的称谓)自主创业为特征的个体经济(多数发展为现代民营经济,如温州)逐步成为集体经济之外的全新的经济力量。1981 年 10 月 17 日,中共中央、国务院联合发布《关于广开门路,搞活经济,解决城镇就业问题的若干决定》,明确规定个体经济是社会主义集体经济的"必要补充",承认个体经济的合法地位。个体经济在促进国民经济产业多样化、促进第三产业发展、缓解就业压力等方面发挥了重要作用。它们的发展壮大成为后来促使政府正确处理与市场关系、推动政府机构改革、承载政府职能转变的重要力量。

20 世纪 80 年代城市经济体制改革的主要内容是简政放权、增强企业活力,以解决好政府与企业之间的关系为根本目的,增强企业经营自主权,使企业摆脱对行政机构的附庸地位。中央对城市经济体制的改革在慎重中力度逐渐加大、步伐逐渐加快,相应地,政治体制改革成为必然。

---

① 陈昌智编:《中华人民共和国经济简史》,四川大学出版社 1990 年版,第 291—294 页。

(四) 政治体制改革的要求

随着经济体制改革的快速发展,政治体制改革愈显其紧迫性,政治体制中存在的权力高度集中问题、官僚主义严重问题等,都需要通过政府职能科学调整、政府机构合理设置、人员编制最佳配置来解决。因此,政府机构改革同时回应着经济体制改革和政治体制改革的两方面要求。

1. 以解决权力过分集中问题为内容的政治体制改革任务的要求

1978 年 12 月,邓小平在《解放思想,实事求是,团结一致向前看》的讲话中明确指出:"为了保障人民民主,必须加强法制。必须使民主制度化、法律化,使这种制度和法律不因领导人的改变而改变,不因领导人的看法和注意力的改变而改变。"①这个讲话触及了政治体制改革的问题,实际上拉开了中国政治体制改革的序幕。② 这一讲话阐明了政府机构改革的根本指导原则。

政治体制改革所要解决的主要问题有权力过分集中、党政不分、以党代政以及领导干部职务终身制等问题。对此,邓小平于 1980 年 8 月 18 日发表了《党和国家领导制度的改革》的重要讲话,对党和国家领导制度的改革作了系统、深入、精辟、明确的阐述。这篇讲话,为政治体制改革指明了方向和目标,规定了原则,奠定了理论基础,成为中国政治体制改革的一个纲领性文献。③ 邓小平还从经济管理体制,从组织路线和干部制度,从反对官僚主义、克服权力过分集中等角度提出机构改革问题。

1980 年 9 月,五届全国人大三次会议指出:"这种把企业、生产单位的权力不适当地集中于政府部门,地方权力不适当地集中于中央,政府部门的权力不适当地集中于党委的局面,越来越严重地妨碍着社会主义建设事业的有效发展。"④

根据邓小平的提议,中央决定把机构改革作为体制改革的第一步。

---

① 中共中央文献编辑委员会:《邓小平文选》第 2 卷,人民出版社 1994 年版,第 146 页。
② 李正华、张金才主编:《中华人民共和国政治史(1949—2019)》,当代中国出版社 2019 年版,第 190 页。
③ 李正华、张金才主编:《中华人民共和国政治史(1949—2019)》,当代中国出版社 2019 年版,第 191 页。
④ 全国人民代表大会常务委员会办公厅:《中华人民共和国第五届全国人民代表大会第三次会议文件》,人民出版社 1980 年版,第 86 页。

1982年1月13日,邓小平作《精简机构是一场革命》的重要讲话,指出如果不搞这场革命,"可能要亡党亡国",把精简机构提高到关系到执政党、国家兴衰成败的战略高度来认识。五届全国人大常委会于1982年3月8日召开第22次会议,审议通过了全国人大常委会关于国务院机构改革问题的决议。7月4日,邓小平《在军委座谈会上的讲话》强调:"要随着机构改革,加强部委的工作,加强部委处理问题的责任和能力,部里要加强司局的责任和工作能力。不改革,不行……"①此篇讲话连同前几次关于政治体制改革的讲话特别是《精简机构是一场革命》,阐明了机构改革的必要性、重要性和迫切性,规定了机构改革的范围、根本任务、基本原则和策略步骤。

  2. 深化政治体制改革的要求

  全国范围内的经济体制改革深入开展,日新月异。在这一过程中,越来越凸显出生产关系和上层建筑中不适应生产力发展的方面和环节所造成的影响,政治体制改革必须深入开展,才能适应经济发展的需要。但是在改革过程中,出现了部分官员搞"上有政策,下有对策"的阳奉阴违行为,严重阻碍了改革的深入开展。

  许多部门在机构改革过程中,揽住权力不放,给揽权披上放权的外衣,表面上下放了权力,实则大权独揽。其危害不仅束缚了基层活力,而且使机构膨胀,危害极大,严重妨害了改革大业。邓小平一针见血地指出,"你这边往下放权,他那边往上收权,增加了许多公司,实际是管办机构。机构多、人多,就找事情干,就抓住权不放,下边搞不活。"并不无遗憾地说,"1980年就提出政治体制改革,但没有具体化,现在应提到日程上来"②,否则就会阻碍经济体制改革。

  1987年10月25日,中共十三大报告指出,政治体制改革随着经济体制改革的逐渐深入日益凸显其紧迫性,没有政治体制改革,经济体制改革也不会成功。报告在肯定了中国基本政治制度优越性的同时,也指出了权力过分集中、官僚主义和封建主义影响远未肃清等问题是党和国家在

---

① 中共中央文献编辑委员会:《邓小平文选》第2卷,人民出版社1994年版,第410—411页。

② 中共中央文献研究室:《十二大以来重要文献选编》(下),中央文献出版社1988年版,第1040页。

具体的领导制度、组织形式和工作方式上存在着的一些重大缺陷。对此，报告作了实事求是的分析。中共十三大报告关于政治体制改革的思想，极大地推动了中国政治体制改革的深入发展。1988 年启动"以转变政府管理职能为关键"的政府机构改革，以适应政治体制改革深化发展的要求。

中国共产党在这一时期阐明的政治体制改革任务所要解决的核心问题就是权力高度集中的问题。权力集中突出表现在三个方面：从党政关系来看，权力集中在执政党；从政府与企业的关系来看，权力集中在政府；从中央与地方关系来看，权力集中在中央。因此，抓住了简政放权就抓住了政治体制改革的主要方面。五届全国人大三次会议与中共十三大指出了解决这一问题的途径，就是通过政府机构改革，着力在上述三个方面进行改革，才能改变权力过分集中的政治体制，促进社会主义事业的有效进展。

（五）行政法制建设取得成就

行政法制建设是行政体制改革的保障，也是改革开放之初依法行政的迫切要求。为了适应经济体制改革和政治体制改革的需要，全国人大、国务院大力推进行政法制建设，在行政组织法、行政实体法以及行政监督法方面取得新成就。尽管某些立法存在欠科学、需要进一步规范的问题，但是改革开放之初的行政法制建设成就对于行政体制改革顺利进行、依法行政起到了保障作用，对恢复和构建行政法制体系起到了奠基作用。

1. 宪法修改

不论是行政组织还是公民个人，只要有良好的宪法精神修养，就为立法、执法、司法和守法提供良好的保障。

1982 年 12 月 4 日五届全国人大五次会议通过《中华人民共和国宪法》。1982 年宪法是新中国成立以来制定得最好的一部宪法，这部宪法开辟了我国法制发展的新时期，对我国现代行政法制发展有指导性的影响。[①] 宪法规定了：

人民主权和民主管理原则是行政法治基础，行政法制原则的核心是

---

① 罗豪才编：《现代行政法制的发展趋势》，法律出版社 2004 年版，第 35—40 页。

宪法权威、法律至上和反对特权；

国务院和地方各级人民政府的性质、地位及其基本职权；

政府与人大、法院和检察院的关系及其之间实行权力分工和监督制约原则；

国家机关精简原则，工作责任制和行政效率原则，实行工作人员考核和培训制度，反对官僚主义。

2. 加强了政府行政组织立法

行政组织法是行政法部门中的一个类别。行政组织法一是对各机关的组织机构、职权范围、职员编制、工作程序、管理制度作出规定，二是对各机关工作人员的考核奖惩、任职培训、职务变迁和离退休等内容进行规定。通常所讲行政组织立法，适用于国家所有机构的法律制度的立、改、废问题。

(1) 行政组织立法认知

作为行政法律部门法属下的行政组织法，长期以来是我国立法体系中的一个盲点。邓小平同志认为行政组织立法的缺陷是官僚主义的一个病根。这个总病根是由两方面原因形成的。一是过分集中的权力体制造成的个人专断、长官意志、封建家长作风和主观主义取代了行政法制。某些官员认为，"不学行政管理一样干行政""不懂行政法规一样治人"，就是典型的行政法盲。二是建国以来各种群众政治运动冲击了行政立法工作。邓小平同志深刻指出了行政组织立法缺位所产生的弊端。他说："我们的党政机构以及各种企业、事业领导机构中，长期缺少严格的从上而下的行政法规和个人负责制，缺少对每个机关乃至每个人的职责权限的严格明确的规定，以致事无大小，往往无章可循。"①这必然造成有利相争、无利推诿，干部制度僵化、冗员沉积、机构臃肿等种种官僚主义弊端。

加强行政组织立法是政府机构改革一项重要内容。可以讲，衡量行政管理水平高低的重要标志就是行政法制化的程度。邓小平同志十分重视这项工作，他把建立管理责任制、建章立制视为政治体制改革的中心任

① 中共中央文献编辑委员会：《邓小平文选》第 2 卷，人民出版社 1994 年版，第 328 页。

务之一。在 1982 年政府机构改革中,他一再要求在改革过程中要始终将规章制度、工作方法和领导制度的建立和完善贯彻始终。

行政组织立法在机构改革中的重要性表现在以下几方面:

一是行政组织立法能够克服权力过分集中的弊端。在行政机构内部用立法的方式将各级机关之间、各部门之间、甚至领导与下属之间权力、责任规定清楚,是克服权力过分集中,杜绝个人独断、权力滥用的有效措施,也是正确履行民主集中制的保证。

二是有利于提高工作效率、克服官僚主义、推进依法行政。行政组织立法在提高公职人员依法办事能力和执法水平,避免执法不公和多头执法现象,强化行政问责、依法追究行政过错等方面,具有重要意义。

三是行政组织立法也是一个不断积累行政改革成果并使之法律化的过程。从这个意义上讲,行政组织立法是机构改革成果的提炼和升华,它伴随行政机构改革始终。

总之,要提高行政组织立法在改革和完善党和国家领导制度、政府机构中重要性的认识,以加强行政组织立法工作,促进党政机关工作和管理制度化、法律化,将政治体制改革纳入法制化轨道。

改革开放以来,行政组织立法主要从以下几方面着手:

一是明确划分机构职责权限、工作范围。各行政主体之间的职能法律化是正确调整层级关系、保证权力健康运行、提高工作效率的有效措施。邓小平同志指出:"国家和企业、企业与企业、企业和个人等等之间的关系,也要用法律的形式来确定;它们之间的矛盾,也有不少通过法律来解决"。[①]

二是在机关内部建立岗位责任制。关键是明确责、权、利,做到权责统一。

三是建立机关工作程序法,使各项工作有章可循,提高效率。

四是加强机构编制管理法制化。机构编制管理法制化是我国行政管理的内在要求,也是 1980 年代改革开放新形势的客观需要。行政编制法是有关职能、机构和编制方面的法律规范的总称,属于行政机构组织法的范畴。[②] 这一特点要求我们要依据现行《国务院组织法》来考虑政府机构

---

① 中共中央文献编辑委员会:《邓小平文选》第 2 卷,人民出版社 1994 年版,第 147 页。

② 张志坚:《见证:行政管理体制和劳动人事制度改革》(上),国家行政学院出版社 2012 年版,第 140 页。

的设置。具体的编制法立法路径,首先是与行政管理体制改革的需要密切结合,其次是机构编制管理的基本制度和方法要在法律框架内进行,而不是简单地制定"编制法"文本。立法机构要通过制定行政编制法和通过修改国务院组织法以及其他法律法规,充实机构编制管理法律法规规范,以加速中国行政组织和行政机构编制立法工作的时代步伐。

五是行政诉讼立法,对行政侵权、越权和行政权力行使产生的行政纠纷及时作出法律裁定。

(2)党的代表大会对行政立法的阐述

"文革"期间法制遭到严重践踏,针对这一痛心事实,为保证民主制度化、法律化,加强社会主义法制,中共十一届三中全会提出,必须做到有法必依、执法必严、违法必究,确保法律的稳定性、连续性和权威性。维护宪法尊严,确保宪法规定的公民权利不受侵犯。强调在法律面前人人平等,决不允许游离于法律之外的特权存在。中共十三大强调社会主义民主和法制的统一性,将社会主义法制建立在国家政治生活、经济生活和社会生活的各个方面。在社会主义民主和人民民主专政的各个环节,必须做到有法可依、有法必依、执法必严、违法必究。在加强社会主义法制建设方面,既要在立法和执法环节提高水准,又要使法制在国家经济建设和改革开放过程中发挥保障作用,保驾护航,巩固改革成果。立法与改革必须法律化、制度化,力求在国家政治、经济和社会生活诸方面形成新规范,目的是使国家生活法律化,在国家社会结构方面,党组织、政权组织和其他社会组织关系法律化;国家政权组织方面,实现运行法律化;上下关系方面,实现中央与地方关系法律化。

(3)政府组织法的推行

为了规范地方各级人民代表大会和人民政府设置,五届全国人大五次会议于1982年12月10日通过《国务院组织法》,要求地方各级国家行政机关必须在国务院统一领导下开展工作。五届全国人大二次会议、五届全国人大五次会议分别在1979年7月1日、1982年12月10日通过和第一次修正《中华人民共和国地方各级人民代表大会和地方各级人民政府组织法》,并经六届全国人大十八次会议于1986年12月2日第二次修正。该《组织法》规定,省、自治区、直辖市、自治州、县、自治县、市、市辖区、乡、民族乡、镇设立人民代表大会和人民政府。

（4）行政机关制定的法规及规范性文件

1982年宪法确立了法律至上原则。1986年3月，六届人大四次会议审议批准《国民经济和社会发展七五计划》，"七五计划"明确提出了"行政管理法制化"的目标。部门立法加快。从1982年到1992年的10年时间，行政机关（主要是国务院各部门）制定了大量的行政法规和规章，内容涉及公安、工商、民政、城建、市政、卫生、财税、农业、文化、外事、劳动、人事、外贸等17个行业的各个行政领域，共有112项行政法规、规章，另加12个涉及对类似宴席征税的税种暂行条例。[①]部门行政立法急速发展产生的问题：一是产生个人利益部门化、部门利益法律化；二是法规数量激增，质量降低，缺乏科学性；三是影响了行政法规、规章的权威性和规范性；四是此类法规执行随意性强，由制定部门直接执行，容易造成对公民权利的侵害。为防止上述问题的扩大（恶化），发挥行政立法的积极作用，逐步建立起了对行政立法的监控机制：一是在程序上进行控制。1987年4月21日，国务院颁行《行政法规制定程序暂行条例》，要求国务院制定行政法规必须征询群众意见并会同有关部门协商，经国务院常务会议或全体会议审议通过；二是通过备案进行控制。1990年2月，我国制定《法规规章备案规定》，对此作了专门规定。

3. 加强行政法制监督，逐步完善监督制约机制

行政法制监督分为行政内部监督和行政外部监督。

（1）内部行政法制监督

一是行政监察制度。从1978年12月党的十一届三中全会到1992年9月党的第十四次代表大会召开前，我国基本恢复并完善了行政法制内部监督制度。1982年《宪法》对国务院及县级以上地方各级人民政府的监察职责作了规定。为加强监察工作的领导，监督、省察、规范各级人民政府职责行使，六届全国人大常委会第十八次会议于1986年12月2日审议通过《关于设立中华人民共和国监察部的决定》，增设监察部，作为

---

① 中国行政管理学会编：《新中国行政管理简史(1949—2000)》，人民出版社2002年版，第466—468页。

国务院主管监察工作的职能部门。1990 年,国务院通过的《行政监察条例》对我国行政法监察制度以行政法规的形式作了比较全面的规定。行政监察业务受上级监察部门领导,监察机关主要领导职务的任命须由同级人大常委会或人民政府经由上一级监察机关同意后任命。监察机构实行双重领导体制。

二是审计监督制度。宪法关于审计机关的设立、审计机关的地位权限和任务的规定,体现在 1982 年宪法第 91 条、第 109 条,规定县级以上人民政府直至国务院均应设立审计机关,并规定相应职责规范,我国社会主义审计监督制度逐步建立起来。1983 年 9 月,国家及地方审计署成立。1985 年 8 月,国务院颁布《国务院关于审计工作的暂行规定》。1988 年 10月,《中华人民共和国审计条例》出台,对审计机关及其工作人员、审计任务、职责、程序等作了全面规定。国家审计监督具有独立性和国家权威性,性质是政府内部监督,与行政监察构成我国专门行政监督体系。

三是行政复议制度。行政复议是指行政复议相对人认为行政机关所作的具体行政行为侵犯其合法权益,依法向上一级行政机关或者法律法规规定的其他行政机关申请复议,由受理申请的行政机关对引起争议的行政行为进行审查,并作出相应决定的行为。[①] 1950 年代后期,由于"左"的思想影响,行政复议制度几乎消失。1990 年 11 月 9 日,国务院常务会议通过《行政复议条例》,12 月正式颁行。《行政复议条例》将分散于不同部门法的不同称谓的制度统一规范为复议,改变了行政复议立法的分散和不协调状态,标志着我国行政复议制度的全面建立。行政复议的优点是:行政相对人可以对法律规定的行政机关作出终局裁定而不得提起诉讼的具体行政行为申请行政复议;行政复议对具体行政行为的合法性、合理性均审查。复议案件进入审理程序后,复议机关对相关机关制定的规范性文件也一并审查。

(2) 外部行政法制监督

外部监督除人大、审判机关和检察机关的监督外,主要是行政诉讼制度。

---

① 常耀友编:《行政诉讼问答与案例》,百家出版社 1990 年版,第 94 页。

　　行政诉讼制度是一种用司法权限制行政权的司法审查制度。1989年4月4日,七届人大二次会议通过《中华人民共和国行政诉讼法》,在我国正式确立了以行政相对人为原告、以行政机关为被告的行政诉讼制度。① 这是中国行政立法指导思想和价值取向上的重大转变,司法审查开始介入政府机关的具体行政行为。《行政诉讼法》将政府行政行为分为具体行政行为和抽象行政行为②,具体行政行为还分为合法与合理的行为。人民法院只对《行政诉讼法》规定的八类具体行政行为,如:拘留、罚款、吊销许可证和执照等行政行为的合法性进行审查,对于具体行政行为是否合理则由上级行政机关加以监督。抽象行政行为主要由同级人大加以监督。《行政诉讼法》标志着我国开始形成现代意义上的行政法制。一直以来,对行政权力的控制力量主要来自内部,如上下级监督,内部制度约束,官员自律,这些控制因素起到了一些作用,但从实际效果来看则显得苍白无力。而《行政诉讼法》的施行对行政权力的制约,是从外部引进审判权,对行政权力进行司法审查,它必须以宪法上的审判权与行政权相分离为前提,又可认为是对行政权力的违宪审查,所以这种制约更为有力。《行政诉讼法》真真正正地推进了公民宪法权利的落实。

　　1990年实行的《行政诉讼法》,让人敬重它蕴含的制度内涵和道德基础。第一,它确立了行政权的司法审查制度,从而使万能政府和国家被圈入法律的视野中。政府或官员因其不法行政行为就会获得法律的传讯而与行政相对人平等地接受法律的质询或寻求法律的救济,于是具有传统的集体身份象征的官员在现实中被重新认识,他们也不过是执行公权力的普通公民。掌控种种权力的政府,其行为以不得侵犯公民的人身权利和财产权利等基本权利为合法限度和前提,否则,即被视为违宪。司法审查制度使政府官员的守法意向、自我克制、负责的美德和对合法的反对者的宽容,逐渐成为现代公职人员的执法要素,它有效地促进了政府道德基础的重建、执政水平的提升、宪政精神的高扬。第二,"民告官"这种制度,

① 汪玉凯:《中国行政体制改革30年回顾与展望》,人民出版社2008年版,第202页。
② 具体行政行为是指行政机关行使行政权力,对特定的公民、法人和其他组织作出的有关其权利义务的单方行为。抽象行政行为就是指行政主体制定发布普遍性行为规则的行为,抽象行政行为的结果就是导致行政法规的出现。

使公民权与行政权、个人利益与公共利益的界分得以重新勘验,由此便产生国家公职人员必须受人民监督的法治环境。政府从此便增加了一个能够使自我具有"忧患意识"、敢于针砭公权力的监督者。公民以宪法作为维护自我利益的利器,彰显了独立平等的法律人格、法律权利保障观念。①

由于我国行政法制基础薄弱,这一阶段的行政法制主要是以建设为主,致力于夯实行政法制基础,还谈不上行政法制改革。在行政法制体系的构建上,首先侧重于实际需要的行政实体法,其次是行政监督法。行政程序法以及行政组织法制建设尚处于制度层面或分散于其他部门法,仍然比较薄弱。

二、政府职能转变理念的首次正式提出

改革开放之初,百废待兴,科技、教育、文化、卫生、体育等社会事业亟需发展,适应经济体制改革以及上述各项事业发展的要求,中共中央、国务院有关部委提出了一些改革意见和原则要求。对上述事业单位重点在机构设置、运行机制、财政关系、法人地位、职称评审和机构编制等方面进行探索和改革,为政府职能转变理念的提出积累了经验。

(一) 政府职能转变的概念

"转变职能"②概念的首次使用是在 1985 年 9 月中国共产党全国代表会议通过的《中共中央关于制定国民经济和社会发展第七个五年计划的

---

① 包万超:《儒教与新教:百年宪政建设的本土情节与文化抵抗》,《北大法律评论》,1998 年第 1 卷第 2 辑,第 520—553 页。

② "转变职能"与"职能转变"适合不同的语境而使用,内涵相同。从此次提出"转变职能"到中共十八大期间,在中国共产党的代表大会报告和几次政府机构改革方案中,"转变职能"与"职能转变"交替出现于不同文献中,并且频率也不同。在从中共十三大到中共十八大期间的 11 份党的报告和改革方案中,"职能转变"出现过 5 次,"转变职能"出现过 21 次。通过研读发现:"职能转变"侧重于理论范式和"职能转变"的方向,强调方略和理论内涵,如中共十六大指出,"市场体系建设全面展开,宏观调控体系不断完善,政府职能转变步伐加快";"转变职能"主要是强调这一改革行为的主体——政府和"转变职能"的具体内容,侧重于实践层面,如中共十四大提出,"切实做到转变职能,理顺关系",中共十七大指出,"抓紧制定行政管理体制改革总体方案,着力转变职能,理顺关系,优化结构,提高效能"。

建议》中,该决议指出:"在转变职能的基础上,积极创造条件,逐步进行机构的调整和精简。"①而作为政府机构改革主要措施的正式提出则是在1987年10月中共十三大关于政府机构改革的论述当中,"为了避免重走过去'精简—膨胀—再精简—再膨胀'的老路,这次机构改革必须抓住转变职能这个关键"②。中共十三大首次正式提出转变职能是政府机构改革的关键这一论断。

政府职能是指政府在一个国家或地区的经济社会发展过程中发挥的作用和影响。依此,政府职能可以划分为政治、经济、社会、文化、环境、教育等不同内容,但主要的职能是政治、经济和社会职能。政治职能主要体现在抵御外来侵略、镇压敌对势力的颠覆活动、保卫国家安全、巩固国家政权。经济职能主要表现为经济建设,创建良好的公共环境,通过制定与执行正确的经济政策保持经济总量平衡,逐步提高人民生活水平。政府的社会职能包括社会治理、社会保障、社会服务、文化教育、公共服务等方面的职能。政府的社会职能对一个国家的发展来讲有着相当重要的意义。社会的进步,国家的发展内在地要求政府政治职能、经济职能、社会职能、文化职能等均衡地发展,特别是社会职能不能滞后于政治和经济职能的发展,否则就会产生分配不公、贫富差距、社会风气滑坡、社会动荡问题以及社会创造力下降、创新能力低落等影响社会进步的问题。

由于不同国家的政治经济制度、历史文化传统、自然地理环境的差异,政府职能在不同国家会有不同的特征,但从实行市场经济的现代法治国家来讲,政府职能则有一些共同的原则和价值取向:法定性、权威性、有限性、有效性及服务性。③

所谓政府职能转变,就是政府各部门尤其是经济管理部门,按照经济体制和政治体制改革的要求,转变管理方式,由微观管理转向宏观管理,由直接管理转向间接管理,由部门管理转向全行业管理④,为经济社会的

---

① 中共中央文献研究室:《十一届三中全会以来重要文献选读》(下),人民出版社1987年版,第958页。

② 中共中央文献研究室:《十三大以来重要文献选编》(上),人民出版社1991年版,第40页。

③ 刘华:《经济转型中的政府职能转变》,社会科学文献出版社2011年版,第54—57页。

④ 中国行政管理学会编:《新中国行政管理简史(1949—2000)》,人民出版社2002年版,第403页。

发展提供公共服务与公共产品,以及满足经济社会有序运行所需要的制度与环境,它是一个具体的历史的过程。政府职能转变是经济体制改革的先决条件,是政治体制改革的核心内容,政府职能转变本质上是一种制度变革与创新。

政府职能转变不仅能够使政府机构改革阻力减小,而且能够决定设置什么样的政府机构,政府机构改革对政府职能转变具有组织保证作用。机构是职能的载体,职能是机构设置的依据。二者是行政体制改革中同等重要、不可分割的两个方面。

(二) 中共十三大关于政府职能转变的阐述

中共十三大强调,政府机构改革的关键是转变职能。政府职能转变、政府机构改革、政企职责分开的逻辑关系体现于:政府机构的整合是转变职能的平台,整合要体现与符合经济体制改革和政企分开的要求。计划经济时期形成的专业经济管理部门和综合部门内部的专业机构是机构合并裁减的重点。这类部门的管理方式是直接的,而政企分开的目的就是改变直接管理方式为间接管理,为企业松绑。在对政府机构整合的基础上,要转变政府职能,提高政府对宏观经济运行的调节控制能力,这种宏观调控能力要依靠机构配置的科学性和整体性来体现,在具体的政府职能方面,要着力加强决策、咨询、协调、监督、审计和信息部门职能,使这些部门发挥服务和监督作用,转变综合调控部门的职责行使方式。从中共十三大对职能转变的阐述可以看出,职能转变的着力点是政企分开,目标是使政府对企业的管理从直接到间接,改善综合部门的工作方式,提高综合部门的管理能力。

三、以简政放权为主要内容的改革
措施的提出及其实践探索

简政放权在改革开放初期主要有针对权力集中于党委的党政分开措施和针对权力集中于政府的政企分开措施。党政分开的主要功能是为了加强中国共产党的领导,增强政府行政效率及保证人大职责的正常运行;

政企分开的主要功能是增强企业生产经营自主权,同时解决政府越位、错位问题。政企分开既是政府职能转变的目标,也是政府职能转变的重要途径。

(一) 党政分开

党政分开是党政职能分开,是政治体制改革的重要内容。党政分开对政府机构改革影响巨大,因为党政分开解决的是以党代政问题。以党代政,不仅弱化了中国共产党的政治领导、组织领导和思想领导,降低了执政能力,而且约束了政府职责的行使,降低了行政效率。所以,只有实行党政分开,才能廓清执政党与政府各自的职能界限,使政府在中国共产党的领导下履行好行政职责。

1. 党政分开的理论阐述

首先,党政分开是消除当时政治体制总病根的良药。

邓小平深刻揭示出中国政府机构弊病的总病根是权力过分集中的政治体制。[①] 党政不分的主要表现是:党委高度集权,党的工作部门与政府职能部门设置重复;党委职权泛化,党委管了本该由政府管的事;党委决定常常代替人大决议,人大失去其最高国家权力机关的意义,更加难以发挥对执政党、行政机关、司法机关和检察机关的监督作用。

邓小平对党政不分的现象进一步指出,一些同志"把加强党的领导,变成了党去包办一切,干预一切;实行一元化领导,变成了党政不分、以党代政;坚持中央的统一领导,变成了一切统一口径"[②]。

1980 年 8 月 18 日,邓小平在《党和国家领导制度改革》中指出:"权力过分集中的现象,就是在加强党的一元化领导的口号下,不适当地、不加分析地把一切权力集中于党委,党委的权力又往往集中于几个书记,特别是集中于第一书记,什么事都要第一书记挂帅、拍板。党的一元化领导,往往因此而变成了个人领导,全国各级都不同程度地存在这个问题。权力过分集中于个人或少数人手里,多数办事的人无权决定,少数有权的人负担过重,必然造成官僚主义,必然要犯各种错误,必然要损害各级党和

① 中共中央文献编辑委员会:《邓小平文选》第 2 卷,人民出版社 1994 年版,第 327—328 页。
② 中共中央文献编辑委员会:《邓小平文选》第 2 卷,人民出版社 1994 年版,第 142 页。

政府的民主生活、集体领导、民主集中制、个人分工责任制等等。"①

1980年9月,五届全国人大三次会议指出:"这种把企业、生产单位的权力不适当地集中于政府部门,地方权力不适当地集中于中央,政府部门的权力不适当地集中于党委的局面,越来越严重地妨碍着社会主义建设事业的有效发展"。② 1986年6月,邓小平提出"党要善于领导,不能干预太多,应该从中央开始。干预太多,搞不好会削弱党的领导"③。

在上述思想理论的指导下,中共十三大报告对党政不分的种种弊端进行了深刻分析,尖锐地指出:党政不分产生的后果,一是使党顾不上抓自身建设,削弱了党的领导职能,降低了中国共产党的领导地位;二是容易产生官僚主义。因为党处在行政工作第一线,起的是直接执行者的作用,深陷具体的事务中,极易成为矛盾的一个方面甚至焦点。党的执政职能受到影响。

其次,党政分开是政治体制改革的关键。

中共十一届三中全会决议指出:"应该在党的一元化领导之下,认真解决党政企不分、以党代政、以政代企的现象,实行分级分工分人负责,加强管理机构和管理人员权限和责任,减少会议公文,提高工作效率,认真实行考核、奖惩、升级等制度。"④

中共十二大报告指出:"党和国家领导体制、领导机构的改革,主要是消除权力过分集中,兼职、副职过多,机构重叠,职责不明,人浮于事,党政不分等种种弊端,克服官僚主义,提高工作效率。"⑤

1986年邓小平反复指出:"党的领导是不能动摇的,但党如何领导,这个问题要提上议事日程。党要善于领导,党政需要分开""我想要把党政分开放在第一位。"⑥

---

① 中共中央文献编辑委员会:《邓小平文选》第2卷,人民出版社1994年版,第328—329页。
② 全国人民代表大会常务委员会办公厅:《中华人民共和国第五届全国人民代表大会第三次会议文件》,人民出版社1980年版,第86页。
③ 中共中央文献研究室:《建设有中国特色的社会主义》(增订本),人民出版社1987年版,第136页。
④ 中共中央文献研究室:《三中全会以来重要文献选编》(上),人民出版社1982年版,第7页。
⑤ 中共中央文献研究室:《十二大以来重要文献选编》(上),人民出版社1986年版,第51页。
⑥ 中共中央文献研究室:《建设有中国特色的社会主义》(增订本),人民出版社1987年版,第139—141页。

中共十三大报告明确指出："近几年来，我们在改善党的领导方面做了不少工作，取得了一定成效，但长期形成的党政不分、以党代政问题还没有从根本上解决。这个问题不解决，党的领导无法真正加强，其他改革措施也难以顺利实施。因此，政治体制改革的关键首先是党政分开。"①

再次，党政分开是加强和改善中国共产党的政治领导的有效措施。

1978年邓小平在《全国科学大会开幕式上的讲话》中就指出："党委的领导，主要是政治上的领导，保证正确的政治方向，保证党的路线、方针、政策的贯彻，调动各个方面的积极性。"②

1980年8月，在谈到改变党委领导下的厂长负责制问题时，邓小平指出："实行这些改革，是为了使党委摆脱日常事务，集中力量做好思想政治工作和组织监督工作。这不是削弱党的领导，而是更好地改善党的领导，加强党的领导。"③首先，实行厂长负责制。实行这一机制是为解放生产力，增强企业活力。传统的厂长、经理任免体制是由党委组织部门负责的，实行厂长负责制就要改变这种任免体制。其次，政企分开的关键是党政分开。政企分开的实质是将政府国有资产所有权者身份与企业生产经营者身份分离。但在实际上行使国有资产管理权的主体并不是政府机关而是党委工作部门及政府机关中的党委、党组④，企业的领导任命、重大投资、资金流转、生产结构、收入分配调整等重大事项都是由党委决定，这种做法使政府失去了成为国有资产人格化代表的资格，造成国家对国有资产管理的缺位。最后，党政不分还造成了企业低下的行政管理体制效率。

中共十二大报告明确指出："党不是向群众发号施令的权力组织，也不是行政组织和生产组织……党的领导主要是思想政治和方针政策的领导，不应当等同于政府和企业的行政工作和生产指挥。"⑤

中共十三大再次明确指出："党的领导是政治领导，即政治原则、政治方向、重大决策的领导和向国家政权机关推荐重要干部。"并具体规定：

①　中共中央文献研究室：《十三大以来重要文献选编》（上），人民出版社1991年版，第36页。
②　中共中央文献编辑委员会：《邓小平文选》第2卷，人民出版社1994年版，第98页。
③　中共中央文献研究室：《三中全会以来重要文献选编》（上），人民出版社1982年版，第531页。
④　乌杰编：《中国政府与机构改革》，国家行政学院出版社1998年版，第361页。
⑤　中共中央文献研究室：《十二大以来重要文献选编》（上），人民出版社1986年版，第51—52页。

"党对国家事务实行政治领导的主要方式是：使党的主张经过法定程序变成国家意志,通过党组织的活动和党员的模范作用带动广大人民群众,实现党的路线、方针、政策。"[①]

总之,党政分开不仅是提高中国共产党的政治领导的重要保证,也是落实"党要管党"的重要措施,同时也是推动政府职能转变、提高政府行政效率的重要保障。

2. 党政分开的主要历程

（1）解决兼职问题,是领导制度改革的良好开端

邓小平在《党和国家领导制度改革》讲话中指出了党政分开应遵循的精神,那就是：领导干部要精简,不能兼职、副职过多。以党代政就是党政不分的严重表现。党中央和地方各级党委对政府职权范围的事务,不再发指示、做决定,而是由国务院和地方各级政府各负其责,使政府管好、做好其职权范围内的事情。各企事业基层单位的党委书记不再兼任主要行政负责职务。坚决撤除党政合署办公机构,从中央到地方不再设立与行政机关相对应的工作部门,坚决杜绝党政机构对口设置,撤销政府各部的党组。地方各级党委中设立的分管工业、农业、财贸和文教的书记、常委等要坚决撤销。但是,地方行政首脑可以兼任同级地方党委的副职,既解决了党政不分的问题,又使行政领导置于同级党委的领导之下。

（2）行政首长负责制,是实现党政分开的重大决策

1980年8月底,五届全国人大三次会议指出,为了把中国共产党的工作和政府的工作切实地分开,中共中央决定,党委第一把手一般不宜兼任人民政府的省长、自治区主席、自治州州长、县（市）长,以便这些同志能够集中时间和精力处理一些重大问题,使国务院以下各级政府能够建立起从上到下的完善有效的工作系统。[②]

（3）改变农村人民公社政社合一政治体制,建立乡政府

为贯彻党政分开举措,在农村也开展了政社分开建立乡政府的改革。中共中央、国务院于1983年10月12日发出的《关于实行政社分开、建立

---

① 中共中央文献研究室：《十三大以来重要文献选编》（上）,人民出版社1991年版,第36页。

② 刘国新、贺耀敏、刘晓、武力编：《中华人民共和国史长编（第八卷）大事记卷》,天津人民出版社2010年版,第59页。

乡政府的通知》要求,农村必须改变政社合一的体制,建立乡政府。通知要求在农村推行政社分开建立乡政府,必须有领导有计划地进行,整个工作大体在 1984 年底前完成,彻底改变党不管党、政不管政和政企不分的状况。全国农村人民公社政社分开、建立乡政府的工作于 1985 年 6 月 4 日全部结束。

(4)恢复行政监察系统,确立国家行政监察体系

将行政监察职能从中国共产党的纪律检查委员会中分离出来,实现行政监督体制下的党政分开。我国曾设立国家监察体制,"文革"时期被撤除。为了恢复并确立这一体制,六届全国人大常委会于 1986 年 12 月 2 日决定重新设立中华人民共和国监察部,以加强国家行政监察工作。

3. 中共十三大召开后党政分开的继续发展

中共十三大对政治体制改革特别是在党政关系方面作出了比较系统的理论阐述和制度安排,并作了大胆探索。报告把党政分开明确界定为"党政职能分开"。

1989 年之后,中央把重点解决党政领导体制权力过分集中问题,实行党政分开和进一步下放权力等,调整为强调保持和发挥社会主义制度的特点和优势,着重完善人民代表大会制度、共产党领导的多党合作和政治协商制度等。[1] 政府各部门的党组、纪检组,已撤销的中央和地方各级政法委员会重新得以恢复。党政关系问题被分解,并纳入到党和国家的相关制度建设当中。[2]

(二) 政企职责分开

从中共十二大在关于生产与流通领域划出一部分作为价值规律自发地起调节作用的领域起,到中共十三大提出国家对企业的管理应以间接管理为主,政企职责分开经历了一个逐步深化的认识过程。政企职责分开只有在明晰产权的前提下才能真正落实,否则企业是政府附庸的状况

---

[1]　中共中央文献研究室:《十一届三中全会以来党的历次全国代表大会中央全会重要文件选编》(下),中央文献出版社 1997 年版,第 162 页。

[2]　李正华、张金才主编:《中华人民共和国政治史(1949—2019)》,当代中国出版社 2019 年版,第 221 页。

不会改变。在有计划商品经济体制下,政企职责分开的两项措施,一是扩大企业经营自主权,二是改革企业领导体制。

1. 政府管理经济职能主要理论

中共十二大报告指出,"我国在公有制基础上实行计划经济。有计划的生产和流通,是我国国民经济的主体,根据不同的具体情况,由国家统一计划划出一定范围,由价值规律自发地起调节作用。国家通过经济计划的综合平衡和市场调节的辅助作用,保证国民经济按比例地协调发展"①。中共十二大提出的冲破传统理论和观念的"计划经济为主,市场调节为辅"的原则,对于在国民经济管理中引入市场机制、冲破旧体制的束缚具有开创性意义。报告中提出的按不同类型的企业和产品分别实行指令性计划、指导性计划和市场调节的思想,更新了计划的含义和内容,在认识上是破除计划经济思想的理论前提,在实践上是经济体制改革的指导方针。

中共十二届三中全会通过的《中共中央关于经济体制改革的决定》,阐明了中国的社会主义经济是在公有制基础上有计划的商品经济这一具有划时代意义的论断。它标志着中国共产党用历史唯物主义的眼光视察马克思主义经济理论,摒弃了其中的空想因素和教条式理解,从而将市场导向作为社会主义经济的航标,奠定了新时期中国特色的经济体制改革的理论基石。"揭示了什么是社会主义,有些是我们老祖宗没有说过的话,有些新话"②。《决定》关于计划与市场的关系,进一步扩大了十二大关于指导性计划和市场调节的范围、进一步缩小了指令性计划的范围。阐述了所有权与经营权的关系问题,适当分离所有权与经营权。对国有企业应具有的自主经营权的经济实体地位、自主经营自负盈亏的经营特点、社会主义商品生产者和经营者的本质界定、应具有的权利义务及其关系的法律人格,均作了全面阐述。《决定》还专门阐述了"实行政企职责分开,正确发挥政府机构管理经济的职能"问题,对 80 年代及后来中国政企分开奠定了重要的基础。

中共十三大报告作出了社会主义有计划商品经济是计划与市场内在

① 中共中央文献研究室:《十二大以来重要文献选编》(上),人民出版社 1986 年版,第 222 页。

② 中共中央文献编辑委员会:《邓小平文选》第 3 卷,人民出版社 1993 年版,第 91 页。

统一的经济体制的新论断。强调计划工作要以商品交换和价值规律为基础。计划调节不等同于指令性计划,指令性计划是计划经济体制下国家管理经济的一种形式,它已不适应社会主义商品经济发展的要求。中共十三大报告提出,"国家调节市场,市场引导企业"是中国新的经济运行机制。与其相适应,行政管理体制也相应发生了改变,主要是通过综合运用各种经济杠杆,进行宏观调控,保证各种产业政策的落实,改变以往对投资、物资、指标、项目的具体的操控。

2. 政企分开的基本历程

计划经济体制下,政府建企业、派领导、拨资金、下计划、调销售、定价格、负盈亏,企业完全是政府的附庸。在新中国成立初期,这种高度集中的体制曾发挥过积极作用,但随着社会的发展,这种体制所固有的在政治、经济、文化、社会等各个领域的种种弊端凸现出来。经济体制改革把国有企业作为突破口,而国有企业的改革根本途径就是政企分开。80年代政企分开的主要途径,一是扩大企业自主权,二是企业领导体制改革。

(1) 扩大企业经营自主权

1979 年 7 月 13 日,国务院发出《关于扩大国营工业企业经营管理自主权的若干规定》等 5 个文件,对于企业在生产计划,固定资产有偿占用、出租、转让和产品研发、销售以及利润留成等方面应享有的自主权作出规定,并要求各地按照文件精神选择适当的企业进行试点。1981 年,国家经委、国家计委、国务院体改办等 10 个单位联合下发《贯彻落实国务院有关扩权文件,巩固提高扩权工作的具体实施暂行办法》,进一步细化和完善了企业扩大经营自主权的措施。为使企业在简单再生产和扩大再生产方面享有更多自主权,国家经委、财政部、中国人民银行于 1985 年 2 月联合发布《关于推进国营企业技术进步若干政策的暂行规定》,规定了具体要求。随着有计划商品经济的发展,企业经营自主权的程度越来越高。为了给予大部分企业直接对外经营权,进一步解除对企业的束缚,国家经委、国家体改委于 1985 年 9 月颁布《关于增强大中型国营工业企业活力若干问题的暂行规定》,专门对此做了阐明。关于国有企业经营自主权的立法保护,起始于 1986 年 12 月和 1988 年 4 月,国务院和全国人大分别颁布《关于深化企业改革,增强企业活力的若干规定》和《中华人民共和国全民所有制工业企业法》。自此,企业经营自主权有了法律保障。

1987年之后的政企分开采取了新的承包制模式。承包制的原则是"定死基数,确保上缴,超收多留,欠收自负"①。由于承包制具有既能调动企业经营者和职工的积极性,也能确定不同企业与政府间的责、权、利关系等优点,所以很快得以推广。从1987年开始全面推行承包责任制,到1988年底,全国有90%以上的国营大中型企业均实行了承包制。

(2) 企业领导体制改革

企业领导体制是扩大企业自主权的组织保证。企业领导体制改革是党政分开、政企分开的具体体现。中共十一届三中全会以后,从1979年开始,许多企业实行了以推行厂长负责制为内容的领导体制改革试点。中共十二届三中全会总结了各地试点经验,指出:"现代企业分工细密,生产具有高度的连续性,技术要求严格,协作关系复杂,必须建立统一的、强有力的、高效的生产指挥和经营管理系统。只有实行厂长经理负责制,才能适应这一要求。"②1986年9月15日,为对厂长在企业生产经营等重大问题上的决策权予以法律保护,中共中央、国务院颁布了《全民所有制工业企业厂长工作条例》等三个条例,从法律上确定了厂长在工厂企业行政事务中的决定作用。《中华人民共和国全民所有制工业企业法》(七届全国人大一次会议1988年4月13日)颁布,不仅用法律的形式确定了厂长在企业中的法人地位和职责,取消了党委领导下的厂长负责制体制,而且还用法律规定的形式对企业内部的党政分工做了明确规定。到1988年,我国全民所有制工业企业全部实行了厂长负责制。

3. 对政企分开的简要分析

在从1978年到1986年间对企业实行简政放权式的扩大企业经营权中,结合党政分开的推进,企业实行了厂长负责制,经营自主权扩大并具备法人地位。但是这种分开只是给企业松了绑,对企业的财产约束、风险约束未明确划分,也就是对企业的产权未明确。所以这种改革仍未触及

---

① 刘国光:《刘国光经济论著全集》第8卷,知识产权出版社2017年版,第228页。
② 中共中央文献研究室:《十二大以来重要文献选编》(中),人民出版社1986年版,第576页。

计划管理体制的根本,企业作为政府机构附属物的状况未得到实质性的改变。

1987年以后所实行的承包制改革,虽然极大地调动了企业的生产积极性,但它仍然无法有效地杜绝政府对企业的行政干预。因为承包制的政策理念仅注重所有权与经营权的分离,却忽视了产权的界定。没有清晰的产权界定,就不能改变政府机构干预国营企业的制度根源。因此,政府机构既是行政管理主体,同时又是国有企业所有者主体的地位就不会改变。政府在承包制中的双重角色,使得政府机构必然以行政管理者角色来管制企业,从而使企业仍然置于政府行政机构的控制支配之下。

总之,以所有权与经营权分离为内容的承包制并没有使企业内部经营机制得到根本改变,从而使企业具备政企分开的组织素质。[1] 因而如不能从根本上触及传统的产权制度,企业就无法摆脱对政府的依附关系。

从实践上讲,这种调整是在计划经济条件下的调整,是在"计划经济为主,市场调节为辅"指导下,遵循"大的方面管住管好,小的方面放开放活"[2]的原则,指令性计划在重要生产资料和与群众生活密切的重要消费品配置上所占的比重相当大,因此,给予企业的自主权是有限的。[3] 从认识上讲,长期以来政府控制企业的传统观念比较强,政府专业经济管理部门出于自身利益的考虑,不但不肯放权,有些将本应下放给企业的权力截留,继续把企业置于自己的控制之下,有些还将管制的手伸向新的产业领域,使企业自主权的扩大受到严重影响。

四、理顺中央与地方关系——中央与地方财权事权划分

中央与地方关系又称为纵向关系,是指国务院与省级及以下地方人

---

[1] 辛向阳:《红墙决策 中国政府机构改革深层起因》,中国经济出版社1998年版,第237页。

[2] 中共中央文献研究室:《十二大以来重要文献选编》(中),人民出版社1986年版,第545页。

[3] 中国行政管理学会编:《新中国行政管理简史(1949—2000)》,人民出版社2002年版,第352页。

民政府之间的关系。这种关系是一种纵向的以财权事权为中心进行划分的关系。财权关系就是中央与地方关于财政税收如何划分形成的关系，是中央与地方政府都很重视的关系，也是中央与地方权力结构中最重要的部分，它不仅影响着中央与地方关系，制约着整个国家经济态势，甚至影响国家治理体系，是纵向关系划分的"牛鼻子"；事权的内容很多，涉及金融、投资、教育等许多方面，主要是指行政管理事务。虽然中国高度集权的经济管理体制与高度集权的行政管理体制高度融合在一起，但是在调整中央与地方纵向关系时，仍然极有必要将财权与事权厘清楚，便于抓住重点，纲举目张；另一方面，正是因为两种体制高度融合，所以，如能妥善处理纵向财权关系，相关事权的统属便可了然，而且解决事权的方式也可借鉴财权的解决方式。财权与事权划分也往往是联结在一起的，纵向事权的调整多是通过财权的理顺来实现。

（一）纵向财权划分的基本情况

理顺中央与地方政府关系，充分调动两个积极性，一直是调整中央与地方关系的主要内容，也一直是难以取得良好效果的难点。理顺中央与地方关系的实质是合理划分两者的财权问题。20 世纪 80 年代所进行的中央与地方财权关系的改革，为进一步理顺中央与地方政府关系积累了经验。

改革开放前后纵向权力调整均是在计划经济体制下进行的。高度集中的指令性计划体制是中央政府运用行政权力集中配置资源的一种体制。这种体制能够发挥作用的前提是分权而不是集中，原因是这种高度集权的计划经济体制的指令性计划必须依靠地方来实现，所以必须给予地方一定自主权，这是分权的必然性。

改革开放后纵向权力调整，在垂直与水平两个维度上激发了地方政府活力。纵向财权调整的基本过程是：

1. 1980 年实行的"划分收支、分级包干"体制（俗称"分灶吃饭"）

1980 年 2 月，国务院颁行《关于实行"划分收支，分级包干"的财政管理体制的暂行规定》，对包干范围的正常支出、特殊情况支出和收支核算基数作了具体规定，俗称"分灶吃饭"。"分灶吃饭"体制的实行，是对长期以来实行的财权过分集中和僵化的统收统支财政管理模式的突破，在一定程度上调动了地方积极性,但中央与地方在财权、事权的划分上还不明确,需进一步完善。

2. 1985 年对地方政府实行"划分税种、核定收支、分级包干"的财政体制

国务院于 1985 年 3 月 21 日颁布《关于实行"划分税种、核定收支、分级包干"财政管理体制的规定的通知》,该《通知》的主要精神是,地方各级干部要注意处理好全局和局部的关系,既要考虑到地方利益,又要照顾国家全局利益,尤其是国家重点建设的需要。通过设计科学的财政管理体制更好地体现责任和权利的统一,核心内容就是依据税种设置财政收入。《通知》规定,将财政收入划分为三类:一是中央固定收入,二是地方固定收入,三是中央和地方财政共享收入。根据各地财政收支基数确定中央与地方收入分成比例、地方上交以及中央补助地方额度。避免中央与地方财政收入分配不均,甚至畸重畸轻的问题出现。

这种财政分配体制经过几年运行,又做了进一步的修订。1988 年,对"包干"体制进行了局部调整,做了一些改进,对财政收入不同的省区实行新的财政体制,即"收入递增包干"等 6 种不同形式。

(二) 对纵向财权划分的基本情况的分析

20 世纪 80 年代中国实行在社会主义公有制基础上有计划商品经济体制,使得这一历史时期的中央与地方关系的理顺一方面带有浓厚的计划经济体制的色彩,另一方面又具有明显的市场经济因素特色,在理顺中央与地方关系时,地方自主权逐渐受到重视。

1. 纵向财权划分是计划经济体制下的财权关系划分

由于分权是执行中央指令性计划而不是解决地方的活力和资源的合理配置,这就与中央计划产生矛盾。如果中央集权过多,就会挫伤地方积极性,出现集权僵化;如果地方获取较多的自主权,地方就会将这些自主权尝试用于开发本区域活力和支配资源,从而完不成中央计划,就会出现分权紊乱。因此,改革开放前,纵向权力划分的一个重要特征就是"收放循环",形成所谓的条条块块之间的利益冲突。

改革开放后到 1992 年 9 月中共十四大召开前,政府扩大了纵向分权的内容,从计划、财政、外贸、投资和物资等各个方面向地方政府下放权

力,而使地方政府的财力与财权显著增强的权力下放则是 1980 年开始实行的各种形式的财政包干制。这些做法在实质上也是改革前纵向权力划分的一种历史延续。因为在 1992 年 9 月前,计划经济体制在国家资源配置中依然起着主导作用,是"计划经济为主,市场调节为辅",是"国家调节市场,市场引导企业",因此,这一时期的纵向权力划分仍是历史的延续,不能超脱"收放交替"的轨迹。

2. 纵向权力划分具有了市场化因素,是政府与市场关系的宝贵"试点"

中国渐进式改革的特点,决定了向市场经济的过渡不会是一蹴而就。各种从政府向企业下放的权力,必须以地方事权为中介。分权是由计划经济走向市场经济的必由之路。[①] 政府之间的不论是纵向的还是横向的事权划分必须服务、服从于政府与市场、政府与企业之间的财权划分。这种向市场过渡的特点表现在:

首先,1979 年后的地方分权以增强企业活力为中心,以政府向企业放权让利为内容,事权与财权相结合,具有明显的过渡性特点,开始触及计划经济体制。

其次,改革开放后的纵向权力分割建立在含有市场经济[②]成分的计划经济体制上,而且中央与地方之间有了一种类似财政包干的契约关系。中央与地方在纵向权力的分配中身价发生了改变:中央不能再像以前那样随意上收与下放权力,地方也不会像以前那样随时服从中央指令,而是有了与中央政策协商的底气,致使地方政府的经济行为常与中央政府的宏观调控措施相抵牾。这使得中央在处理与地方关系时要充分尊重地方自主权,充分发挥地方积极性。

3. "分级包干"存在的主要问题

(1) 中央政府的财力下降

中央财政收入的增长与否,直接影响国家宏观调控能力。1992 年我国国内财政收入中中央财政收入只占 40% 左右,而成熟市场经济国家中

---

① 汪玉凯:《中国行政体制改革 30 年回顾与展望》,人民出版社 2008 年版,第 81 页。

② [美]罗纳德·哈里·科斯、王宁:《变革中国——市场经济的中国之路》,徐尧、李哲民译,中信出版社 2013 年版,第 111 页。

中央财政收入所占的国内财政收入的比重是 60%。主要原因是,地方政府有很大的自主权,在完成中央的包干任务后"保护"本地企业,随意减免企业税,导致中央除了获取地方上解的财政份额外,对与地方分成的那部分收入丧失了;中央政府依靠地方政府税务机关来获取财政收入,地方政府除完成自己的包干份额外,对为中央政府征取财税收入积极性不高,而中央又没有自己的收入组织保障;因为没有统一的上交标准,特别是经济发达的地方政府担心上交中央的份额会逐年增加,所以征税积极性不高,而对征收不受中央预算控制的预算外资金却有较高的积极性,这种财税体制产生"鞭打快牛"的效应。

（2）各地重复建设、市场封锁现象严重

从地方政府来看,只有发展税高利大的项目、有利于增加地方收入的项目、保护本地市场,才能扩大地方财源。于是重复建设屡禁不止、地方保护主义盛行、市场壁垒难以打破,破坏了地区之间的公平竞争,造成了资源、人力和财力的巨大浪费。只有遵循市场经济规律才能制定出避免出现"收死放乱"的良策,真正以市场为导向的财税制改革迫在眉睫。

五、1982 年、1988 年国务院机构改革

1982 年和 1988 年国务院机构改革虽然同是在有计划商品经济条件下进行的,但是这两次改革又有各自不同的动因及由此决定的主要任务,对经济社会发展的作用也是不一样的。

（一）1982 年以服务于改革经济体制为中心、裁撤行政机构为重点的国务院机构改革

1982 年政府机构改革是改革开放以来的第一次,较之改革开放以前的几次机构调整有比较独特的优势。一是国家政治形势稳定,为机构改革提供了良好的政治环境;二是中共十一届三中全会以来中国共产党以经济建设为中心的任务明确,施政方位科学,使政府机构改革具有明确的方向。此次国务院机构改革以经济体制改革为中心,以精简机构和下放权力为重点,以解决机构膨胀臃肿和权力高度集中的问题为主要内容。

1982 年国务院机构改革是在经济体制、政治体制改革尚未全面开展的形势下进行的,因而是一次不可能全面、彻底的改革,具有明显的过渡性,不可避免地会存在诸多问题。

1. 改革开放之初国务院机构设置及其运行状况

"文革"结束之后,百废待兴,广大干部怀着高度的责任感和革命热情积极投身国家建设,纷纷要求加强自己主管的部门,恢复在"文革"中被毁掉、撤掉的部门和机构。国家为了新形势的需要也增设了新的机构。从1978 年开始,国务院先后将在"文革"中下放的关系国计民生的重点企业上收,并上收了部分财政、税务和物资管理权,重新由中央集中管理。到1981 年底,国务院设 52 个部委、43 个直属机构、5 个办公机构,机构共100 个单位,机构总数达建国以来最高峰。

上述机构在改革开放伊始,在当时特定的政治战线拨乱反正、经济战线调整恢复的历史时期,在贯彻国家政策、履行职责、实现国务院工作目标,推动国民经济发展和社会进步方面,均发挥了积极作用。但是随着经济体制改革的逐步深入和加快,特别是在对国营企业的改革过程中,政府机关的弊端和设置缺陷严重地暴露出来。一是权力高度集中,政企职责不分。机构多,官员必多。如当时的三机部,18 位部长领导厅局 20 多个,厅局下又设处、科等,典型的十羊九牧。二是官僚主义严重,效率低下。三是机构编制立法短板,机构和人员膨胀缺乏硬性约束。四是人浮于事,财政支出不堪重负。据国家统计局资料,1978 年全国机关团体人数有 416.6万人,占人口比例为 0.43%;到 1980 年有 476 万人,占人口比例为 0.46%;1982 年,全国机关团体人数猛增到 562.7 万人,占人口比例为 0.55%。[①]

经济体制改革和政治体制改革的进一步深化,对改革国务院机构设置的总体格局及其职责权限调整提出了迫切的要求。

2. 改革的方针、原则及思路

(1) 改革基本方针

这次机构改革不仅要革臃肿机构的命,还要革产生种种弊端的体制

---

① 中国行政管理学会编:《新中国行政管理简史(1949—2000)》,人民出版社 2002 年版,第 386页。

和制度的命,只有进行这场革命,才能从根本上消除严重的官僚主义问题、解决行政效率低下的问题,正确的方针政策才能贯彻执行。用革命的精神来进行这场改革,这就是本次政府机构改革的基本方针。1982 年国务院机构改革的主题词就是革命,足见进行改革的决心和力度,也体现了改革难度。改革中的困难和阻力是必然的,在困难面前不能胆怯,要勇往直前,发扬革命精神,把国务院真正建设成为精干高效、勤政为民、很少官僚主义的政权组织。

(2) 改革的原则

首先是政企分开的原则。主要是围绕扩大企业经营自主权和改革企业领导体制,减少政府对企业的干预,改革专业经济管理部门以及综合部门里的专业经济机构。

其次是精简、统一、效能的原则。精简的含义,就是精干简约,效率高、成本低、结构优化,为此,机构数量要减少、层级要压缩、人事匹配。同时,政府事务边界划清,不属于政府职权范围的事务一定剥离。所谓统一,一是在中央与地方的事权的划分上,要坚持地方与中央的一致,防止出现各自为政、政出多门的分散主义现象;二是地方各级人民政府除对本级人民代表大会负责并报告工作外,还要接受上级人民政府的领导,要坚持下级服从上级,地方服从中央的原则。所谓效能,即以最少的行政成本获取最高的行政效率,克服官僚主义。

再次是因地制宜、因职能制宜、分类指导原则。不搞上下对口、左右看齐一刀切,以充分调动各地各部门积极性、创造性和主动性。整合部门职权,理顺部门间关系,部门之间业务界限分明,形成很好的配合与协作关系。裁撤职能雷同的部门,把整合重点放在宏观管理和调控部门上。

最后是法制原则。机构的设置、编制的确定和人员的配备都要依法进行。《宪法》《国务院组织法》和《中华人民共和国地方各级人民代表大会和地方各级人民政府组织法》等法律,对中央与地方政府的性质、职能、工作人员编制等都有原则规定,必须在改革中加以遵守。

(3) 改革的思路

其一,要有利于克服官僚主义、提高办事效率。对于重叠的机构、业务相近的部门、职能交叉的工作,该并的并、该撤的撤、该转的转、该调的调。将一些具备独立经济经营活动能力的机构改为经济实体,不再作为国务院部门。

其二,要有利于分工合理、职责明确。不能因人设事,只能因事用人。一个机构可以办的事就不要几个机构来做;一个人可以办的事就不必几个人来完成。要用章程来规定每个人、每个机构的职责。

其三,要有利于领导班子"四化"建设。坚持实行干部革命化、年轻化、知识化、专业化方向。选贤任能,德才兼备,将能开创新局面的干部提拔到领导岗位上来。决不能用"文革""三种人"①,政治上有问题的干部决不能使用。妥善安排老同志政治待遇和生活。

其四,在中央和省一级实行定编不定人,对事不对人。搞好干部学习、轮训。

3. 改革的基本内容

1982 年 2 月,五届全国人大二十二次会议审议通过国务院机构改革总体方案,并将此次机构改革工作定位于为经济体制改革服务。

第一,改革国务院领导机构。裁减副总理人数,只设 2 名副总理。确定 10 名国务委员,并成立国务院常务委员会。国务院常务委员会是国务院日常议事机构,也是国务院总理通过该组织行使职权的日常领导机构。

第二,裁并工作部门。此次国务院机构改革将 100 个工作机构裁并成 61 个,减少了 39 个部门。39 个部门的裁并情况见表 3-1。

总之,100 个部门中减少 40 个,新增国家体制改革委员会,减少共计 39 个,1982 年国务院机构改革后部门共有 61 个。在减少的 40 个部门中,除第六机械工业部、国家有色工业总局、中国农业银行等 6 个部门改为经济实体不再作为政府工作部门被正式撤销外,其他 34 个部门均是通过合并而减少或被"撤销"的,机构数目、人员编制、工作职能并没有多少变化。

第三,精干领导班子。按干部"四化"方针配备干部。部委正副职数 3—5 人,司局正副职数 2—3 人。正职年龄不超过 65 岁,副职年龄不超过 60 岁。

第四,安排好离退休老干部。废除实际存在的领导干部职务终身制,实行干部离退休制度。根据老干部身体状况和个人条件,实事求是地安

①　追随林彪、江青反革命集团造反起家的人;帮派思想严重的人;打砸抢分子。

表 3 - 1 1982 年国务院机构改革部门裁并情况

裁并部门	部门	成立		减少 40 个
		经济实体	群众性经济组织	
国家经济委员会、国家农业委员会、国家基本建设委员会、国家机械工业委员会、国家能源委员会、国务院财贸小组、国家标准总局、国家计量总局、国家医药管理总局、国家建筑材料工业总局	国家经济委员会			9
中国农业银行、中国银行、国家外汇管理局和中国人民建设银行		经济实体		4
全国供销合作总社、粮食部	商业部		供销合作总社保留名称	1
对外贸易部、对外经济联络部、外国投资管理委员会、进出口管理委员会和进出口商品检验总局	对外经济贸易部			4
农业部、农垦部、国家水产总局	农牧渔业部			2
水利部、电力工业部	水利电力部			2
国家建筑工程总局、国家城市建设总局、国家测绘总局	城乡建设环境保护部			2
第一机械工业部、农业机械部、国家仪器仪表工业总局、国家机械设备成套总局	机械工业部			3

续　表

裁并部门	成立			减少 40 个
	部门	经济实体	群众性经济组织	
第四机械工业部、国家广播电视工业总局、国家电子计算机工业总局	电子工业部			2
第六机械工业部		中国船舶工业总公司		1
国家劳动总局、国家人事局、国务院科学技术干部局、国家编制委员会	劳动人事部			3
文化部、对外文化联络委员会、国家出版事业管理局、外文出版发行事业局、国家文物事业管理局	文化部			4
国务院办公室、国务院外国专家局	国务院办公厅			1
国家有色金属工业管理总局		中国有色金属工业总公司		1
毛主席纪念堂移交中央办公厅				1

来源：依据 1982 年国务院机构改革情况自绘（时间：2020 年 10 月）

排适当工作,不因人设事。成立老干部管理机构,安排好他们的生活。

第五,核减编制、轮训干部、提高质量。精简比例为 25%,即从 5.1 万人中裁减 1.27 万余人。对这 1.27 万人,只定编,不定人,便于各部门对干部进行轮训,提高质量,经考核后作为是否继续使用和提拔的依据。

4. 改革的基本成效

(1) 精简了机构,裁减了人员

国务院工作机构由 100 个裁并为 60 个,新成立国家体制改革委员会。本次机构调整的力度是前所未有的,砍掉了 40% 的机构。调整后的国务院机构为 60 个。对存在多头领导问题、管理分散问题、职能交叉扯皮问题的部门,坚决予以裁撤、合并;许多从原部委分出成为国务院直属机构的部门,因产生了领导分散、互相牵制、层次重叠的弊端,改革后,仍将他们回归原部委。减下的人员,除去离休退休、转岗外,由各部门分期分批地组织轮训学习,提高素质。

(2) 中央党政机关领导干部“四化”成效显著(见表 3 - 2)

表 3 - 2　1982 年国务院机构改革后职员变化情况(1983 年底统计)①

项目 \ 部门		中央所属 13 个部委		国务院所属 41 个部委	
		正副职	局级正副职	部委正副职	35 个部委正副司局
改革前	平均年龄	65.9(岁)	59.6(岁)	65.7(岁)	59.9(岁)
	文化程度	具有大专文化程度占 43%	具有大专文化程度占 40.9%	具有大专文化程度占 38%	具有大专文化程度占 35.5%
改革后	平均年龄	62.8(岁)	54.3(岁)	59.5(岁)	54(岁)
	文化程度	具有大专文化程度提高到 53.5%	具有大专文化程度提高到 56.6%	具有大专文化程度提高到 50%	具有大专文化程度提高到 52%
减员合计		40%	13.18%	65%	40%

来源:根据 1982 年国务院机构改革职员变化情况自绘(时间:2020 年 10 月)

---

① 乌杰编:《中国政府与机构改革》,国家行政学院出版社 1998 年版,第 371—372 页。

（3）废除领导干部职务终身制，干部离退休制度化

中共中央于 1982 年 2 月颁布《关于建立老干部退休制度的决定》，与国务院机构改革同步，规定了省部级正职年龄一般不超过 65 岁，副职年龄一般不超过 60 岁，希望和要求符合规定退休条件的老干部离退休。废除领导干部职务终身制，减少领导班子职数，使领导干部走向"四化"是1982 年政治体制改革的主要功绩。

5. 改革的基本经验

一是 1982 年改革符合了全国人民反思"文革"历史、总结"文革"教训、盼望彻底否定"文革"的心愿，使这次改革具有深厚的群众基础，便于改革的顺利推进；二是中央领导决心大，有权威，以身作则，邓小平亲自做思想工作，具有很强的号召力；三是老干部、老同志具有顾全大局、以国事为重的高尚情操，树立了良好的风范。

6. 改革存在的主要问题

（1）编制精简未能落到实处

各部门按照中央的要求制定了改革方案，提出了人员编制精简的比例，但在实际执行中未能落到实处。主要有两个原因：一是精简下来的人员轮训后又回到原机关，如数保留下来；二是政策出台不统一，一方面要求机构改革按比例大力裁减人员，另一方面国家又通过下达指令性计划，要求部委机关增人，接收安置一定数量计划内人员。于是各部门面对这种既要增人又要减人的自相矛盾的政策，采取的"对策"是"虚减"而"实增"①，先将行政编改为事业编，空出行政编制岗，后安置指令性增加的人员，即形式上减了，实质上却在增加；减人不减事，减事与减人不统一。各部门职能未转变，事情未减少，权力未下放，使机构改革后人员回潮产生了可能。

（2）机构设置继续膨胀

1982 年国务院机构改革结束后，又增加了一些机构，在 1983 年和1984 年新扩了四个部门：国家建筑材料工业局、审计署、国务院特区办公室和国家安全部。从 1985 年到 1986 年，机构继续膨胀，到 1987 年中共十三大结束后进行新一轮机构改革时，国务院机构增加到 72 个部门，

---

① 谢斌编：《行政管理学》，中国政法大学出版社 2006 年版，第 290 页。

增设了国家中医药管理局、国家土地管理局、审计署、监察部、国家安全部、国务院法制局、国务院特区办公室、国务院经济调节办公室、国家建筑材料工业局、广播电影电视部、国家烟草专卖局、新闻出版署、国家空中交通管理局。其中有部委 45 个、直属机构 22 个、办事机构和办公厅 4 个，比 1982 年增设了 11 个部门，在各部内还增加了若干司、局和处、室。

(3) 干部轮训没有取得实质效果，流于形式

中央规定用五年左右的时间在国家机关干部中进行提高文化素质的培训，使各部门干部最低要达到高中、中专文化水平和业务水平，大专水平也要有相当的数量。为积极贯彻中央规定，各部门办起了许多培训中心，对本系统的干部进行短期培训，一时间形成了热潮。但由于校舍、资金、教材、师资等方面的措施不配套，培训未能取得预期效果，不久便停顿下来。已经兴建的培训中心改为招待所或宾馆。

(4) 工作作风没有大的起色，效率没有根本性提高

1982 年机构改革由于没有在工作体制、机制、制度和思想观念等方面根本改变，所以在这次机构改革结束后，一些新机构、新班子仍然是以因循守旧的思路和方式运行，工作作风没有大的起色、效率没有大的提高、工作方法没有大的改变。更没有在转变职能、理顺关系、改进运行机制和完善工作制度方面做深入探索。改革后，一方面一些部门工作压力大，人员编制偏少，另一方面有些部门工作任务不足，人浮于事；一方面有些部门从事着性质、类别单调陈腐的工作，缺乏积极性，难以出成绩，另一方面有些部门大权独揽，与其他部门争权夺利、"打架"扯皮。机构改革了，但在人的思想作风、工作机制等方面没有产生新动力，新局面难以打开。

1982 年国务院机构改革主要是减少领导职数、优化和精简机构、固定编制。这次机构改革是改革开放伊始首次进行的改革，重点在为精简机构而压缩机构，精简人员而缩减编制，在改革的过程中尚未嵌入诸如政府职能转变等新的理念，存在单纯解决机构、人员庞大臃肿的问题，未能触及高度集权的计划经济体制，这一体制的弊端未能破除，所以必然有"循环圈"的发生。[1] 政府机构改革要消除这一循环圈，必须进行政府职能

---

① 汪玉凯：《中国行政体制改革 30 年回顾与展望》，人民出版社 2008 年版，第 62—63 页。

转变。

(二) 1988 年以转变政府职能为重点的国务院机构改革

1988 年国务院机构改革第一次提出以转变政府职能为重点的改革思路,与以往任何一次机构调整和改革相比,具有很大的转变和进步。机构的裁减与合并是基于职能的科学设置而不是过去简单的就机构论机构的撤撤并并。以转变职能为重点的国务院机构改革,抓住了行政管理体制运行中的根本问题,符合经济体制改革的方向和政企分开的要求,取得了一定成效。但从总体上看,整个改革因客观条件的制约,以及机构改革本身具有的艰巨性、复杂性等原因,大部分部门的职能转变工作没有获取实质性进展,管理方式也没有发生根本变化。[①]

1. 政府机构设置及人员编制膨胀状况

1982 年国务院机构改革的成效之一是在机构再设计上:国务院所属机构从 100 个减少到 60 个,基本实现合理化;体现出机构扁平化特点,中间层次的协调性机构减少,如撤销了国家农委和国家机械委等机构;部委中的司局机构也大为裁减,改革后有 38 个部委的司局由原来的 720 个减少到 490 个,减少了 32.0%。原有正副局长 2450 人,精简后为 1397 人,精简比例为 43%。

1982 年国务院机构改革后,在加快改革开放过程中,机构和人员出现了大的反弹。各部委司局级、处级机构数量猛增,使前期机构改革的成果被对冲。下表(表 3 - 3)是 1986 年底赵东宛关于 1982 年国务院机构改革后机构膨胀的情况。

表 3 - 3 1982 年机构改革后机构人员增加情况及特点

增多的方面	状况描述
正式机构增多	到 1986 年底为止,正式机构增加到 71 个。各部委司局级、处级机构数量更是猛增,如处级机构为 5000 多个,比 1982 年猛增 1230 个;

---

① 刘长波:《国务院行政机构改革研究(1982—2005)》,华东师范大学硕士学位论文,2007 年,第 17 页。

续　表

增多的方面	状况描述
变相机构和临时机构增多	1982 年精简为 30 个,1986 年底又膨胀到 65 个之多,且还有增大的趋势。
人员增多	按 1982 年改革后核定的人员编制,1986 年底的人员编制超编近 5000 人;巡视员、调研员等官员职数增多,处级以上干部与一般干部比为 1∶12。
事业单位增多	中心、协会、学会增多

来源:依据 1982 年国务院机构改革后人员变化情况自绘(时间:2020 年 10 月)

　　1982 年政府机构改革后,将裁减下来的机关工作人员转入新成立的事业单位,暂时解决了庞大的裁减人员安置问题,但却抵充、消解了政府机构改革产生的效果。中央各部全国性事业单位的工作人员达 200 多万人,并以年均 100 多个机构、2 万人左右的速度递增。[①]

　　七届全国人大一次会议于 1988 年 3 月 28 日审议通过《国务院机构改革方案》。该《方案》阐明了当时政府机构现状及其运行存在的问题,认为政府机构仍然存在着直接干预企业经营活动的弊端,国务院机构的职能应是加强国家经济运行宏观调控,但是目前存在的设置机构不合理状况导致行政效率低下。专业经济管理部门作为计划经济体制的产物在当时条件下还不能全部取消,对经济运行仍然起着一定作用。与宏观调控要求相一致,对专业经济管理部门要适当保留,对综合性宏观性经济管理机构要注重完善和健全。

　　2. 改革的目标

　　行政管理体系的建立和健全,均是围绕提高行政效率进行的。行政效率的提高必须从政府职能的转变、政府机构间关系的协调、政府机构与其职权匹配状况,以及工作人员与其职责履行的胜任度着手。这是一个极为复杂的系统。本次国务院机构改革贯彻政企分开、党政分开要求,依据精简、统一、效能原则铺开。提高行政效率,克服官僚主义,增强机构

---

① 　任晓:《中国行政改革》,浙江人民出版社 1998 年版,第 186 页。

活力。①

3. 改革的内容

有计划商品经济的发展,凸显出经济管理部门中的专业管理部门和综合部门内部的专业机构越来越不适应新的经济形式发展的要求,客观上产生了改革这类经济部门的要求。打破部门界限,将改革的切入点定位于业务职能,凡是业务相同或相近的部门,一律整合,将业务职能划归主管部门。减少了重合的部门。商品经济形式在国家经济生活中的活跃,增强了经济主体的自主能动性,已不需要专业经济机构的管控,因此,撤销压缩综合部门中的专业机构成为亟需,其职能被主管部门承担后,要保证职能行使连续性。为防止改革后机构、人员的反弹,对新组建的部门要贯彻定职能、定机构、定人员的要求,力争使新组建部门精干高效。对于政法、文教、社会事务部门,按照改革的要求,在不做大的变动下,下放权力、调整机构、精简人员。

4. 改革的思路和措施

(1) 改革思路

政府对企业的直接管理体现在政府管企业的资金和资产,甚至人员方面,然而政府需要在决策、调节、监督、信息等方面发挥的职能却缺位。如果机构改革仅是对机构的简单合并而不转变职能,就不能做到政企分开。这次机构改革,把政府职能转变确定为以下方向:政府把财权、物权和人权交给企业;把管理企业的职能还给企业,加强政府的宏观调控、信息咨询职能,最终按政企分开的要求使政府对企业实现间接管理。这一思路所体现的转变职能、政企分开新要求的内容,是自 1982 年政府机构改革以后政企职责分开实践探索所积累的成果。这次改革,还赋予各种协会一定的行政职能。

(2) 改革的措施将"三定"方案作为主要内容

"三定"方案一是通过职能划分,实现职能转变,优化职能配置。各部门要按照政企分开原则,分析本部门现有职能,厘清职能归属,各司其职。

---

① 国家机构编制委员会办公室:《中国政府机构 1990 年》第 1 卷,中国经济出版社 1990 年版,第 32 页。

明确职责分工,减少扯皮。二是在转变职能的基础上,合理设置机构,科学确定编制,各部门根据"三定"原则,确定本部门改革优化方案。三是职能分解横向到边,纵向到底。职能细化到每个岗位的工作职责、要求、内容及行政运行程序,理顺各部门内部关系,科学设置人员编制。"三定"方案实施后,要及时总结经验,提炼成果,用部门组织法或条例巩固下来,形成机构改革的法律依据。《国家公务员暂行条例》《国务院行政机构设置和编制管理条例》《国务院工作规则》以及国务院对各部门的"三定",是进行政府机构改革的基本依据。要在改革中加强各级行政机构的法制建设,实现政府机构职能、编制、人员、工作程序的法定化。[1]

从 1988 年 4 月至 12 月的 9 个月时间里,国务院机构改革办公室与国务院各部委、各直属机构和办事机构共同审定"三定"方案,并于 1988 年底按"三定"方案转入正常运行。

5. 改革的成效

(1) 以政企分开为核心,通过政府职能转变推进国务院机构改革

这次改革吸取了以往简单的"撤撤并并""合合减减""收收放放"的教训,没有单纯在撤并机构和压缩编制上下功夫,而是紧紧抓住职能转变这个枢纽,将理顺政府与企业之间的关系作为重点。这一思路体现在改革方案的制定和实施过程中,就是较大力度地调整了国务院各部门职能的总体配置,部门制定的"三定"方案明确地体现了政府职能转变的具体内容。

(2) 逐步厘清某些部门之间的职能交叉和重复问题

国务院、国务院机构改革办公室及部门在制定部门"三定"方案的过程中,都对一批部门之间存在的职能交叉和重复问题进行讨论并形成解决方案,协调解决了近 50 个这样的问题。这为进一步形成科学的行政管理体制奠定了基础。

(3) 适应职能转变的要求,精简专业部门,强化监督与调控部门职能

根据职能确定机构和编制,是机构改革的正确路径。在机构的调整

---

[1] 张文明等:《精简统一效能:中国政府机构及行政管理体制改革》,广西师范大学出版社 1998 年版,第 54 页。

上,依照削弱和淡化微观管理、直接管理和部门管理的要求,撤销了部分专业经济管理部门、绝大多数综合部门中的专业司局,新组建了 5 个行业管理部门。重点加强了监督、调节、信息、咨询等宏观和间接管理部门。在人员精简上,实事求是,该减的减,该增的增,该加强的加强。据统计,有 32 个行政编制部门共减少人员 15000 人,30 个部门共增加 5300 人,改革后的人员编制数比改革前减少 5000 人,比原来实有人数减少 9700 多人(改革前是 50000 人),减少了近 20%。[①] 通过这次改革,国务院部委由原来的 45 个减为 41 个。

6. 改革的基本经验

(1) 政府职能转变是政府机构改革的关键

新中国成立后几次国务院机构的调整和改革开放后国务院机构改革,政府在如何进行自身建设方面总结了经验,也吸取了教训。这使政府认识到改革必须转变自身职能,根据转变后的职能配置机构和人员编制,单纯的机构撤并向来不能奏效,这是对政府机构改革认识的根本性转变。因此,实行政府职能转变是这次机构改革的宝贵经验,也是历史性经验。

(2) 改革的重点是专业经济管理部门和综合部门中的专业司局

按照政府职能转变的要求,这次国务院机构改革的重点是专业经济部门。计划经济体制按产品门类和生产行业设置对口的经济管理部门,集中表现在国家机构的"条条"设置及其管理上,特别是国务院机构中存在的"条条"部门,可以说,它们是计划经济体制的标志。所以,将改革的力量对准专业经济管理部门和经济专业司局,就触及了根深蒂固的计划经济体制,找到了"病灶"。1982 年政府机构改革也推行了政企分开,但效果差强人意,原因就是没有触及权力高度集中的计划经济体制。

(3) 国务院机构改革密切跟进经济体制改革

与 1982 年政府机构改革对经济体制改革助推作用微弱相比,此次改革则体现了国务院机构改革对经济体制改革强力推进的态势。这种态势是通过政府职能转变,推进政企分开体现出来的。政府机构改革只有服

---

① 迟福林编:《中国改革开放全纪录 1978—2012》,五洲传播出版社 2013 年版,第 236 页。

务、服从于经济体制改革,才能找到自身改革动力。

(4) 在改革方法上,推行"三定"

根据行政法规设计对各部门实行"定职能""定机构""定编制"的"三定"制度,此举是从建国以来历次机构调整、改革中所没有过的。通过落实"三定"制度,最大的成效就是厘清了部门之间职能交叉问题,或者说划定了部门的权责边界。由职能定机构,因机构定编制和人员,对提高行政管理工作具有重要意义。

7. 改革存在的主要问题

(1) 职能转变没有取得实质性进展

1988年政企职责分开,只注意了所有权与经营权的分离,但是忽视了产权的界定。所以,政企没能分开,政府职能转变不彻底。在当时的计划经济体制下,还做不到界定产权的程度,也达不到这种认识水平,因此,权力下放、宏观调控、间接管理等问题的解决就不会有大的进展。另一方面,政府职能转变需要有承接的载体,纵使政府自愿把权力转移出去,没有具备相应能力的主体来接转权力并把这种权力转变为服务社会的功能,职能转变也没法落实。80年代后期,尚没有能够承载政府剥离出的职能的主体。

(2) 合并机构"夹生",前合后分

为实现改革的目的,将计委与经委合并成立新的国家计委,将煤炭、石油、电力、核工业及电子、机械等专业部门分别合并成能源部和机械电子工业部,由于职能关系、领导体制、运行机制以及与同时成立的政府性公司没有理顺关系,勉强维持了一段时间后,又各自分开,仍是"各人干各人的那一摊",重蹈"合合分分"覆辙。

(3) 专业经济管理部门插手基层政府,使其机构膨胀

据统计,1992年,地方政府实际设置的机构与规定限额相比,省政府、地区行署分别超15个和20个,县政府超10个。全国机关人员超编60多万人。[1] 导致地方政府超编的原因是多方面的,但主要原因是国务

---

[1] 张志坚:《见证:行政管理体制和劳动人事制度改革》(上),国家行政学院出版社2012年版,第125页。

院业务主管部门为便于"管理",要求地方各级政府层层设置与其对口的部门;地方政府出于争项目、争物资和资金,也积极响应上级号召纷纷设置与国务院各部门对口的部门,形成条条架构。这导致地方机构、人员大幅度超编,严重膨胀。

(4) 政府机构编制膨胀回潮

1989年2月,中共中央政治局决定,原定于1989年进行的省级政府机构改革暂缓进行。原因:一是1989年、1990年各级政府的中心工作是治理整顿和深化改革,需要各级政府集中精力和时间抓治理整顿;二是地方政府在当时治理整顿的情况下推进政企分开、实现职能转变的条件还不成熟,或者讲,实现政府职能转变还不能提到日程上来;三是1989年以来,由于国际国内形势的变化,"稳定"成为压倒一切的任务。地方政府机构改革暂停引起了刚刚完成改革任务的国务院机构又膨胀起来。此时国务院已经进行了改革,也对上面的"条条"做了调整,而地方"块块"中的"条条"未动,产生了上下"条块"之间的不一致。上面的"条条"为了与下面的"块块"保持一致,积极要求恢复改革前的"条条"状态,所以国务院已经精简的机构又复胀起来。

在产品经济模式下,中央各部门成为国家收入再分配的直接执行者和物资资金的具体分配人,在狭隘的部门本位主义驱使下,各部门争相建立、充实自己的"条条",以求本部门支配的物资用于本"条条"发展。必然的结果就是纵向机构设置一致、职能上下一样、职责同构,造成国家机构整体上的剧烈膨胀。

另一个导致国务院机构复胀的原因是,中央为了迅速控制投资过热和通货膨胀的严峻形势,采取了一些集中手段。这成为一些综合部门和专业部门"还原"的借口,它们继续沿用直接命令和直接管理的手段插手企业和地方经济,而把职能转变、权力下放放置一边,部门机构及人员又迅速膨胀起来。[1] 而且,这次国务院机构改革还赋予各种新成立的协会一定的行政职能,造成了新的政事不分的问题,使这一问题更加严重。

---

[1] 陶学荣编:《公共行政的变革》,江西人民出版社2007年版,第75页。

1988 年的机构改革,到头来成了旧体制的又一次回归。[①]

六、对本阶段政府机构改革的简要分析

在从中共十二大经中共十二届三中全会到中共十三大的历史发展过程中,商品经济成分、市场因素在计划经济体制中逐渐发展壮大。经济基础决定上层建筑,上层建筑对经济基础具有反作用。围绕经济体制改革出现的新变化,政府经济管理职能也渐渐地出现由微观向宏观、由直接向间接的转变。政府在计划经济体制下对企业全能型、无微不至式的管理方式受到冲击。在有计划商品经济条件下,1982 年、1988 年政府机构改革分别在政府机构设置、政府职能转变等方面均具有较为明显的成效。

从对传统的计划经济体制的作用来看,党政分开、政企分开的深化,使企业经营自主权进一步扩大。虽然没能使政企彻底分开,没有从根本上改变政府对企业的控制,但是,毕竟给企业松了绑,使高度集中的计划经济体制开始松动,为下一步深化政府机构改革奠定了体制基础。

从领导体制改革上来讲,在改革开放国策推进中,领导干部副职过多及老龄化问题与政府机构臃肿、效率低下、人浮于事的状况,是一个问题的两个方面,必须同步进行改革。解决前者,后者必须精简;解决后者,必须裁撤冗员。而且,城市和农村经济体制改革的推进必然使政府机构具备并提高适应性,而政府机构中存在的大量的经济管理部门尤其是专业经济管理部门阻碍经济发展的问题日渐突出,那么,大幅度裁撤这些部门,或者将这些部门改为经济实体,便是可取之路,也减小了进一步机构改革的阻力。从 1988 年政府机构改革的经验可知,此次改革在 1982 年改革基础上密切跟进经济体制改革,将改革的重点放在专业经济管理部门和综合部门中的专业司局改革上,组建了进行综合管理的大部门,这已经触及计划经济体制。

[①]　周天勇等编:《攻坚:十七大后中国政治体制改革研究报告》,新疆生产建设兵团出版社 2007 年版,第 159 页。

从政府职能转变上来讲,1988 年政府机构改革在汲取了以往几次精简机构、裁减人员的教训的基础上,根据中共十三大明确提出的政府机构改革要以职能转变为关键的部署,政府机构改革仍然要以政企分开为突破口,以适应经济体制改革的要求。要重视逐步发展各类社会组织,并充实这些组织的力量。社会组织具有增强政府与企业、事业单位之间联系的功能,对政府组织及其行为具有组织、推动、调节和监督的作用,同时这些社会组织的成立和发展,为承接政府职能转变下放的权力准备了组织基础。

但是,有计划商品经济体制的运行毕竟是以计划经济体制为主,它给政府机构改革提供的空间必定是有限的。这使得这一阶段的政府机构改革带有很大的不彻底性,产生了比较多的问题,最为严重的就是政府机构简而复胀。

就全国范围来看,1988 年机关团体人数达到 817 万人,占人口比 0.74%,比 1982 年的 562.7 万人增长 254.3 万人,增长了 45.2%,年均增长 42.4 万人。①

政府机构膨胀的根本原因是什么? 这可以从本阶段政府职能转变的实践探索中遇到的问题、1982 年和 1988 年国务院机构改革存在的问题进行分析而找到注脚。

中共十三大报告指出,政府机构改革的关键是政府职能转变。所以,政府机构膨胀能否得到抑制,应取决于政府职能转变是否彻底。尽管政府职能转变晚于政企分开的提出,但政企分开已经在体现政府职能转变的功能。但由于政企分开不彻底,一是没有触及计划经济体制的根本,不能阻止政府直接插手企业生产经营活动,二是部分政府官员出于自身利益考虑揽权不放,所以政企分开不彻底,政企分开所体现的政府职能的转变并不能遏制政府机构膨胀。

通过对本阶段政府机构改革的分析可知: 政府职能转变途径的实践探索过程为考察政府机构改革的成效与存在的问题提供事实上的分析依

---

① 中国行政管理学会编:《新中国行政管理简史(1949—2000)》,人民出版社 2002 年版,第 386 页。

据;政府机构改革必须以政府职能转变为关键,政府职能转变必须以突破计划经济体制的束缚为主要内容。

总之,这一阶段(1978—1992 年)的政府机构改革是在有计划商品经济新的经济体制下进行的。由于这一时期政治、经济体制改革尚未全面展开,政府机构改革也不可能全面展开。但是,中国共产党在政企职责分开、党政职能分开、中央与地方关系的理顺等方面作出了新的探索,特别是 1987 年中共十三大正式提出政府职能转变这一改革措施,使 1988 年政府机构改革具有了科学化改革的内涵。这一时期对政府机构改革富有价值的探索,对后续改革积累了一定的经验,起到了传承作用。

第四章 逐步建立社会主义市场经济体制中的政府职能转变(1993—2002)

邓小平南方谈话以及中共十四大召开后,中国开始逐步建立社会主义市场经济体制。与此相适应,政府机构改革也积极推进。政府职能转变的途径从单一的政企分开向改革政府与事业单位关系扩展,政企分开也从建立现代企业制度迅速向国有企业股份制改革推进,开始触及政企分开的核心——产权。在理顺中央与地方关系方面,以分税制改革为重点,取得阶段性成果,初步调动了中央与地方两个积极性。1993 年和 1998 年国务院机构改革均是在前一次改革基础上在逐步建立社会主义市场经济体制新形势下的逐步深化,特别是 1998 年国务院机构改革,撤销了工业专业经济部门,为新世纪政府机构改革奠定了良好基础。

一、政府机构改革的背景

中共十四届三中全会提出了建立社会主义市场经济体制的目标,使本阶段的政府机构改革在计划经济和逐步建立中的市场经济双轨并存条件下进行,市场经济在政府的推动下逐步发展壮大。这种经济发展状况使政府机构改革具有两方面特性:一方面政府要逐步适应市场经济的发展要求,转变职能,深化自身改革,积极推动市场经济的发展;另一方面,政府同时又是计划经济体制下的政府,在一定程度上仍然有维持计划经济体制运行的惯性。这一特点使政府在进行适应市场经济要求时的改革具有不彻底性和反复性。

(一) 治理整顿任务的基本完成

1992 年 3 月 2 日,国务院召开第十三次全体会议指出,中国自 1989 年 2 月开始的治理整顿的主要任务已经基本结束,国民经济转入正常发展阶段。这为下一步全面深化改革奠定了基础。

(二) 社会主义市场经济体制改革目标的正式确立

长期以来,我国对什么是社会主义的本质没有搞清楚,将计划经济等同于社会主义、市场经济等同于资本主义概念固化了,并形成僵化的思想倾向。这一倾向禁锢了人们的思想。这个问题是根本问题,对此要搞清楚,否则,对社会主义国家政府管理的本质和方向也就不可能搞清楚。邓小平南方谈话对改革开放以来党的社会主义建设实践和经验、对当时国际国内形势、对社会主义本质的科学阐释和概括,是指导中国特色社会主义建设的科学理论,在一些重大认识问题上解除了思想禁锢和束缚,实际上是解放思想、实事求是思想武器的重新树立,指出了社会主义国家政府管理和改革的本质和方向。

南方谈话为中共十四大提供了重要的指导思想,中共十四大作出的具有深远意义的重大决定,都是以邓小平南方谈话为思想基础,是对谈话精神的具体贯彻和落实。[①] 这一时期,以政府职能转变为导向的,以财政税收体制的改革、金融体制的改革、计划投资体制的改革等为内容的宏观经济调控体系初步建立,对政府管理体制改革产生了较大的影响。中共十四届三中全会对社会主义市场经济体制作出具体规划,明确了市场经济体制改革的具体目标。

1. 邓小平南方谈话阐明了社会主义的本质

1992 年初邓小平发表南方谈话,推动了新形势下思想观念的深度解放。邓小平南方讲话指出:"计划经济不等于社会主义,资本主义也有计划;市场经济不等于资本主义,社会主义也有市场。计划和市场都是经济手段。计划多一点还是市场多一点,不是社会主义与资本主义的本质区

别。""社会主义的本质是解放生产力,发展生产力,消灭剥削,消除两极分化,最终实现共同富裕"①。"在社会主义国家,一个真正的马克思主义政党在执政以后,一定要致力于发展生产力,并在这个基础上努力提高人民的生活水平"②。邓小平关于社会主义本质的科学概括,摆脱了长期以来忽略社会主义本质的错误倾向,是社会主义国家政府管理和改革的理论指南。

2. 中共十四大提出建立社会主义市场经济体制是中国经济体制改革的目标这一战略判断

中国经济体制改革确定什么样的目标模式,是关系整个社会主义现代化建设全局的一个重大问题,这是中共十四大报告提出的一个战略命题。实践证明,改革开放以前,在高度集权的计划经济体制下,什么时候什么地方出现过商品经济的萌芽,什么时候什么地方经济就立即活跃,人民生活就好转。改革开放以来的事实证明,市场作用得以发挥的地方,经济活力就比较强,相反,受僵化保守势力约束大的地方,经济发展就日渐萎靡。如何才能突破瓶颈,更好发挥市场机制的作用? 中共十四大报告科学阐述了社会主义市场经济体制的内涵,把发挥配置资源的基础性作用的引擎确定为市场机制。中国经济要起飞、增强效益、参与国际竞争,就必须发挥市场机制的作用。党的十四大把建立社会主义市场经济体制确定为中国经济体制改革的目标。

邓小平南方谈话和中共十四大的召开,是中国改革开放和现代化建设事业走进新时期的标志。

3. 中共十四届三中全会构建了社会主义市场经济体制的基本框架

中共十四届三中全会颁布的《关于建立社会主义市场经济体制若干问题的决定》,是对中共十四大关于建立社会主义市场经济体制科学论断的总体部署、总体规划和行动纲领,是推进社会主义市场经济体制改革的方法论,它把十四大精神具体化、系统化和方案化,勾画出了建立社会主义市场经济体制的基本框架。其内涵,一是进一步转换国有企业经营机

---

① 中共中央文献编辑委员会:《邓小平文选》第 3 卷,人民出版社 1993 年版,第 373 页。

② 中共中央文献编辑委员会:《邓小平文选》第 3 卷,人民出版社 1993 年版,第 28 页。

制,引进股份制,建立现代企业制度;二是所要建立的市场体系,必须是全国性、统一性和开放性的,力戒地方保护主义和僵化保守倾向;三是政府管理企业的职能必须转变为间接管理,给企业充分的发展空间;四是尊重市场经济规律,消除平均主义,实行效率优先、兼顾公平的收入分配制度;最后是建立多层次的社会保障机制,构筑稳定的社会秩序。

4. 中共十五大确立了深化经济体制改革的目标

1997 年 9 月,中共十五大报告对"邓小平理论"作了科学的阐释,邓小平理论是马克思主义和当代中国实际和时代特征相结合的理论成果,在当代中国,只有邓小平理论而没有别的理论能够解决社会主义的前途和命运问题。十五大报告对社会主义所有制理论作了新的阐述,提出个体经济是社会主义公有制经济的重要组成部分,一切反映社会化生产规律的经营方式和组织形式都可以大胆利用,要努力寻找能够极大促进生产力发展的公有制实现形式,把经济体制改革引向了深入。[①] 我国经济体制改革的深入,对政治体制改革提出了迫切要求。深化政府机构改革,亟需推进。

(三) 新形势下行政管理体制改革迈出新步伐

中共十四大报告在第二部分第七条中提出"下决心进行行政管理体制和机构改革,切实做到转变职能、理顺关系、精兵简政、提高效率"[②]的论断,将行政管理体制与机构改革并列提出。众所周知,政府机构改革属于行政管理体制改革,这是毋庸置疑的种属关系,讲政府机构改革自然就会将之与行政管理体制改革联系在一起,似乎没必要专门强调行政管理体制改革;反之,当今推进行政管理体制改革,重点就是进行政府机构改革,似乎也没必要强调政府机构改革。中共十四大报告却专门将二者并列提出,在新的历史条件下有其重要的方法论意义。

1. 这一论断要求中国在改革实践中要坚持马克思主义两点论

两点论要求在机构改革实践中要用联系的观点、运动的观点、全面的观点,从整体上把握行政管理体制改革。要学会弹钢琴,系统地、全方位

---

① 潘宗白编:《中共中央文献选编》,人民出版社 1999 年版,第 393 页。
② 中共中央文献研究室:《十四大以来重要文献选编》(上),人民出版社 1996 年版,第 29 页。

地设计改革方案,不能就机构讲机构。众多的政府机构设置形成行政管理体制,行政管理体制架构由不同门类的政府机构来支撑。科学有效的行政管理体制要求政府机构的设置及运行必须精简高效、关系理顺,反之,政府机构的效能要由行政管理体制来保证。因此,行政管理体制与政府机构改革具有相同的价值追求,即职能优化、关系理顺、精简高效。同时,两点之中有重点,要在整体上把握政府职能转变前提下,在建立科学有效的行政管理体制下,兼顾宏观调控功能和服务功能的同时,抓住政企分开这一政府机构改革的根本途径、理顺中央与地方关系这一重要环节,破解权力集中问题、克服以党代政弊端、消除以政代企积弊,积极推进政府机构改革。

2. 这一论断为中国提供了解决机构改革实际问题的新视角

行政管理体制问题中的"本"就是行政管理体制中的职能结构和职权结构不科学,以及行政管理体制中子系统错位、子系统组成要素质量欠佳等方面存在问题。这些问题是与社会主义市场经济体制不相适应的深层次弊端。而"标"则是上述弊端在行政职能设置、机构配置、权力运行等过程中所反映出的较为直观的弊端,如机构臃肿、效率低下、人浮于事、推诿扯皮等官僚主义现象。行政管理体制中的弊病从行政机构职能运行中表现出来。这种弊端与现代化、法制化、科学化的行政管理背道而驰。"标""本"兼治可以相得益彰,在现实工作实践中就是要在抓住转变职能、理顺关系重点的前提下,按照精简、统一、效能原则,通过简政放权提高工作效率,并遏制机构膨胀、人员超编势头。

(四) 行政法制体系进一步完善

20 世纪 90 年代行政法制建设从以往注重行政机关对社会、对行政相对人进行管理转向强调规范行政行为、加强对行政相对人权利的保护。这一新的法治理念,一是体现在规范行政管理的法制建设中,二是体现在加强行政监督、法律救济法制建设中。前者主要有规范行政处罚行为的《行政处罚法》和规范行政立法行为的《立法法》;后者主要有《国家赔偿法》《行政监察法》和《行政复议法》。

1.《国家赔偿法》的颁布

1994 年 5 月 12 日,八届全国人大常委会七次会议通过了《国家赔偿法》,结束了长期以来公民合法权益受到国家侵害而无法得到赔偿的状况,标志着"官侵民权也要赔"的国家赔偿制度的建立。《国家赔偿法》加重了国家行政人员履行职责时的注意义务,也增强了他们的使命感,有利于督导行政机关工作人员依法行政,遏制其滥用行政权力,从而切实保护行政相对人的权利。

2.《行政处罚法》

八届全国人大四次会议于 1996 年 3 月审议通过《行政处罚法》,对规范行政行为,维护市场主体利益,规范市场秩序,提供了法律保障。该部门法对行政处罚的种类和处罚权的设定、实施机关和程序、处罚结果的罚缴分离均作了明确的规定。《行政处罚法》的颁布,标志着中国的行政法制建设又取得实质性进展,也是依法行政的巨大进步。

3.《行政监察法》

1997 年 5 月,八届全国人大常委会二十五次会议在原《行政监察条例》基础上制定了《行政监察法》,使中国行政监察制度建设走向法制化。《行政监察法》的制定使行政监察机关的权力进一步加强,行政监察程序进一步完善,在新的历史时期对反腐倡廉工作和促进行政法制建设发挥了重要作用。

4.《行政复议法》

针对行政处罚过程中出现的一些问题,《行政复议条例》已不能给予公正的裁决。为扩大行政复议范围,保护行政相对人对行政机关做出的特定的抽象行政行为提请审查的权利,九届全国人大常委会第九次会议于 1999 年 4 月审议通过《行政复议法》(于同年 10 月 1 日起施行),体现便民原则并增加了复议种类。

该法与《行政诉讼法》《国家赔偿法》《行政处罚法》是规范政府行政行为,保护行政相对人合法权益的四部重要的法律,对于保障行政机关及其工作人员依法行政、监督其行政行为是否合法发挥了重要作用。

5.《立法法》

在政府行为过程中,有些部门借助手中的立法权,将部门利益法制化,滋生了腐败、扰乱了市场秩序、阻碍了市场经济体制改革,也侵害了国家及各类市场主体的利益。为规范立法权,尤其是规范国务院行政法规立法事项、程序、制定行政规章的事项和主体、对行政法规及规章的适用等,九届全国人大三次会议于 2000 年 3 月通过了《立法法》。该法的颁布,对于促进法治统一和依法治国,尤其是推进法治行政具有重要意义。

另外,与《立法法》关于对国务院行政法规和规章设立的限定相一致,国务院于 1999 年 11 月 8 日颁布了《国务院关于全面推进依法行政的决定》,该《决定》主要是从行政法治方面对推进依法治国的作用进行阐述。从政府立法与立法质量、行政执法与令行禁止、强化行政执法监督等方面对全面推进依法行政作了规定。《国务院关于全面推进依法行政的决定》的发布,进一步为依法行政提供了规范性依据,极大地推进了全国范围内依法行政的开展。

在立法工作方面,到 2003 年 3 月九届全国人大任期结束前,构成中国特色社会主义法律体系的各个法律部门已经齐全,每个法律部门中主要的法律已经基本制定出来,中国特色社会主义法律体系已经初步形成。[①]

二、政府职能转变是建立社会主义市场经济体制的迫切要求

中共十三大提出转变职能是政府机构改革的关键以后,职能转变虽然提上政府机构改革的议程,但由于深深囿于计划经济体制的桎梏之中,收效甚微。1992 年中共十四大提出了建立社会主义市场经济体制的战略目标,对政府职能转变提出了更为迫切的要求。新的历史时期围绕政府职能加快转变,新一轮政府机构改革铺开。

(一) 中共十四大对政府职能转变的新概括

中共十四大不仅阐明政企分开是政府职能转变的根本途径,而且也阐释了政府职能转变的目标:就是按照政企分开和精简、统一、效能的原

---

① 李正华、张金才主编:《中华人民共和国政治史(1949—2019)》,当代中国出版社 2019 年版,第 272 页。

则,将综合经济部门的工作重点转到宏观调控和服务上来。中共十四大
对政府职能转变的内涵也有了新的阐释,把"服务"作为综合经济部门的
新职能,把政事分开纳入政府职能转变途径。

1. 政企分开是政府职能转变的根本途径

中共十四大指出:"加快政府职能的转变。这是上层建筑适应经济基
础和促进经济发展的大问题。不在这方面取得实质性进展,改革难以深
化、社会主义市场经济体制难以建立。转变的根本途径是政企分开。凡
是国家法令规定属于企业行使的职权,各级政府都不要干预。下放给企
业的权利,中央政府部门和地方政府都不得截留。政府的职能,主要是统
筹规划,掌握政策,信息引导,组织协调,提供服务和检查监督。"①

中共十四大对政府职能转变的概括蕴含两点要义:一是指出了政府
职能转变的根本途径是政企分开;二是指出了政府职能转变的目标。

与1988年政府机构改革相比,中共十四大进一步明确了政企分开是
政府职能转变的根本途径,强调了政企分开是政府职能转变的突破口,政
府职能转变的路径也拓宽了。

2. 事业单位改革是政府机构改革的重要组成部分

中共十四大提出,"加快人事劳动制度改革,逐步建立健全符合机关、
企业和事业单位不同特点的科学的分类管理体制和有效的激励机制。这
方面的改革要同机构改革、工资制度改革相结合"②。1994年12月,国务
院机构改革基本结束,同时确定了下一步机构改革的重点,将事业单位改
革作为政府机构改革的重要部分。③ 同时,全国编办主任会议召开,提出
事业单位人事制度改革要在抓好试点、总结经验的基础上逐步推开。④ 中
国已开始多方面探索政府职能转变的途径,但是从1993年到2002年期
间,政事分开虽然已经进入政府机构改革、政府职能转变的视野,但这一
时期政府职能转变的重点途径主要是政企分开。

① 中共中央文献研究室:《十四大以来重要文献选编》(上),人民出版社1996年版,第22页。

② 中共中央文献研究室:《十四大以来重要文献选编》(上),人民出版社1996年版,第30页。

③ 刘思扬、张严:《中央机关"三定"工作基本结束,明年机构改革重点:地方和事业单位》,《人民
日报》1994年12月17日,第1版。

④ 蒋仲辉编:《共和国史记》第5卷(上),吉林人民出版社1996年版,第448页。

（二）中共十四届三中全会科学阐释政府职能转变的重要作用

中共十四届三中全会通过的《中共中央关于建立社会主义市场经济体制若干问题的决定》，突出了政府管理经济的职能，说明十四大、十四届三中全会一直坚持党的以经济建设为中心的基本路线，也体现了邓小平南方谈话"发展才是硬道理"和社会主义本质目的是"最终实现共同富裕"的战略构想的一致性。《决定》将建设以间接手段为主的宏观调控体系提高到构建社会主义市场经济体制基本框架的高度，一方面是突出了转变政府职能这一政府治理方略的重要性，另一方面也把政府经济建设职能放在了战略地位。全会提出："转变政府职能，改革政府机构，是建立社会主义市场经济体制的迫切要求"。① 政府的经济管理职能，绝非直接插手经济活动，干预企业生产经营活动，而是通过政策导向和服务推动经济发展。在宏观调控、市场竞争体系、基础设施建设、市场主体竞争秩序、社会产品分配公平等方面为市场主体创造良好发展环境。在这一过程中，政府所用的行政手段仅仅限定在必要限度内，即非必要不使用，更多的是经济手段和法律手段，这是市场经济规律的内在要求。该《决定》对政府管理经济的职能作出了市场经济性阐述，是科学准确的概括，突出和强化了政府对国有资产、市场的管理、监督功能以及对国民经济和社会保障宏观调控职能。《决定》突出了政府职能转变的重要性。

（三）八届全国人大四次会议将政府职能转变阐明为改革专业经济管理部门

1996 年 3 月，李鹏总理在八届全国人大四次会议上所作的《政府工作报告》中对政府机构改革提出了更为明确具体的措施，重点是综合经济部门和专业经济管理部门。对于综合经济部门，要强化升级为宏观调控性部门，突出权威性和职能统一性；对于专业经济管理部门，根据其不同的特点，或者剥离其政府职能改组为经济实体，或者成立代表国家经营国有资产的经济单位，或者改为行业管理机构。这些专业经济管理部门经过

---

① 中共中央文献研究室：《改革开放三十年重要文献选编》（上），中央文献出版社 2008 年版，第 738 页。

改革后,均是不再具有政府职能的经济实体机构。对于专业经济管理部门的改革,1988年的措施是"适当裁减一些专业管理部门"①,此次《政府工作报告》阐明的对专业经济管理部门的改革措施是"逐步改组",前者蕴含着保留一些专业管理部门,后者的蕴意是逐步展开改革,不存在保留之意。两处对比显现出对专业经济管理部门改革的决心和时代紧迫性。

(四)中共十五大对政府职能转变的科学阐释

从党的十三大提出政府职能转变是政府机构改革的关键到十四大赋予政府职能转变新内涵,再到中共十四届三中全会将政府职能转变视为社会主义市场经济体制基本框架,充分体现了我党对政府职能转变重要性的认识逐步提高。

中共十五大面向21世纪改革开放的新形势,将基本上停留在认识层面上的转变政府职能和政府机构改革进一步具体化,并重新概括了政治体制改革的思路,把机构改革的具体任务逐步明确。一是对政府仍然紧抓不放的企业生产经营管理权,通过切实转变职能、着力政企分开,交还给企业,使企业能够按照社会主义市场经济规律的要求自主发展。从权力归属上讲,将生产经营管理权交给企业是政府在还权,政府本不该掌握企业自主经营的权力。从1978年至1981年所进行的初期改革试验和探索阶段,就在探索实行企业经营责任制,进一步扩大企业经营自主权。直到1998年,这一问题仍是政府机构改革的重点内容,足见政企分开的艰难。二是根据精简、统一、效能的原则进行机构改革,把提高为人民服务的水平作为建立办事高效、运转协调、行为规范的行政管理体系的目标。三是调整和减少专业经济管理部门,培育和发展社会中介组织。

中共十五大报告关于政府职能转变具体任务的规划中有两点新提法。一是将服务作为机构改革的目标,这说明中国共产党随着对市场经济规律认识的加深,认为政府的职能应具有服务功能,这是对政府职能转变的新认识;二是培育和发展社会中介组织,这一举措的功能性目的就是

---

① 中国行政管理学会编:《新中国行政管理简史(1949—2000)》,人民出版社2002年版,第401页。

成熟的社会中介组织是承接政府移出职能的重要载体。

三、政府职能转变的实践探索

政府职能转变主要通过其根本实践途径——政企分开的逐步展开来实现。政企分开随着市场经济体制的深化改革进一步加深。20 世纪 90 年代末,中国加快国有企业改革,实行股份制,并通过立法方式向国有企业派驻稽察特派员。政企分开在进一步深化过程中遇到了很多阻力,政府职能转变不能一蹴而就,需要逐步推进。

(一) 政企分开

1982 年中共十二大提出的"计划经济为主,市场调节为辅"的原则,对于在国民经济管理中引入市场机制,冲破旧体制的束缚具有历史性、开创性意义。1984 年《中共中央关于经济体制改革的决定》,对国有资产提出了所有权归国家,经营权非国家拥有的理念,但所有权与经营权的分离被限定在"适当"范围。该《决定》就政府职责与企业职责的分离进行阐述,提出政府在管理经济时要发挥的作用,当时的阐述还欠明确,说明对国有资产所有权与经营权如何分离,又如何经营的问题还需要进一步加深认识。中共十三大对这一问题有了明确的判断,改革的焦点是专业管理部门和综合部门内部的专业机构,改革的目标是实现政府对企业的间接管理,前提是政企分开。十三大提出政府对企业的间接管理是以承认企业经营自主权为条件的,这就比 1984 年关于国家与国有企业关系的认识又深入了。1988 年结合党政分开,全部全民所有制工业企业实行了厂长负责制,扩大了企业经营自主权。从整个 80 年代政企分开来看,理论上作了积极的探索;实践上推行各种形式的经济承包制和租赁制直到转换企业经营机制,并结合适应党政分开的要求,实行厂长负责制。在关于政府应退出企业经营领域、改变原有资产关系和产权,使企业成为独立法人实体这一核心问题上,实践上没有跟进,几乎没有触及,没有"破题"。

中共十四大以后,政府职能转变以政企分开为根本途径,在总结前一

阶段政企分开基本经验、吸取教训的基础上,围绕产权的确立,深入开展
政企分开。

1. 政企关系调整法律依据提出

《全民所有制工业企业转换经营机制条例》(1992 年 7 月国务院颁布)
界定了企业与政府的关系,并将企业经营自主权(自主经营、自负盈亏等)
在法律上作了清晰的阐明。首先是企业转换经营机制的目标是使企业适
应市场的要求,成为依法自主经营、自负盈亏、自我发展、自我约束的商品
生产和经营单位,成为独立享有民事权利和承担民事义务的企业法
人。① 这是正确处理政企关系的总精神。其次是对企业财产所有权和经
营权的职责作出规定,进一步强化企业经营权。最后是强化企业自负盈
亏的责任,以保障国家作为所有者的权益。自 1992 年以来,政府与企业
权力关系的调整是以此《条例》为依据并对此加以逐步完善的。②

2. 政府宏观调控职能的确立和政企权限的划分

1992 年 10 月,中共十四大提出建立社会主义市场经济体制,一方面
需要国家的宏观调控;另一方面,又要划分政府的权限与职责,以转变政
府职能,实现政企分开。中共十四大指出:"股份制有利于促进政企分开,
转换企业经营机制和积累社会资金,要积极试点,总结经验,抓紧制定和
落实有关法规,使之有秩序地健康发展。"③

对于围绕国有资产政府与企业所产生的关系,中共十四届三中全会
作了明确划分:国家拥有所有权,企业拥有法人财产权。按照法律规定,
企业作为独立法人,享有民事权利,承担民事责任。政府不再替企业承担
责任,但也不能干预企业自主经营权,企业作为拥有财产的法人,与其他
市场主体一样在市场竞争中自主经营、盈亏自负、照章纳税、优胜劣汰。
并规定,"国有资产实行国家统一所有,政府分级管理,企业自主经营的体
制"④。中共十四届三中全会还指出,一般小型国有企业可以采取灵活多

---

① 王维澄、滕文生编:《中国改革开放经济政策法律全书》第 2 卷,吉林人民出版社 1995 年版,第
　　2230 页。
② 中国行政管理学会编:《新中国行政管理简史(1949—2000)》,人民出版社 2002 年版,第 498
　　页。
③ 中共中央文献研究室:《十四大以来重要文献选编》(上),人民出版社 1996 年版,第 21 页。
④ 刘国光编:《学习党的十四届三中全会决定》,新华出版社 1993 年版,第 4 页。

样的经营形式,如实行承包制、租赁经营、改组为股份合作制,也可依法改组为有限责任公司或股份有限公司。

1997 年 9 月,中共十五大进一步强调政府的宏观调控职能,规定政府不能再用行政手段干预经济。中共十五大还提出了发展股份制的要求,"股份制是现代企业的一种资本组织形式,有利于所有权和经营权的分离……资本主义可以用,社会主义也可以用。不能笼统地说股份制是公有还是私有,关键看控股权掌握在谁手中"①。1998 年 3 月,九届全国人大一次会议通过《国务院机构改革方案》,指出对宏观调控部门要加强,对专业经济部门要减弱或调整,对各自的职责给予明确详细的规定;政府只按投入企业的资本额享有相应的所有者权益;为保证国有资产保值增值,提出向国有企业派出稽察特派员。

3. 政企分开的深入开展

中央提出的国有企业股份制改造思路,极大地推动了股份制的发展。1991 年,包括工业企业、商业企业、金融企业和建筑企业等在内的全国各种类型的股份制试点企业共有 3220 家,而到了 2000 年,全国内地内资实行股份制的工业企业、批发零售贸易业、餐饮业共有 22833 家。② 1997 年根据"抓大放小、有进有退"的原则,对国有企业经营机制进行了多重形式的转变,综合运用改革开放以来企业改革的措施,多管齐下,通过采取承包经营、改组兼并、重组联合、租赁出售、股份合作等等措施,力图彻底解决政企不分问题。

针对隶属或挂靠在中共党政机关部门的各类企业,党中央、国务院于 1998 年 12 月 31 日批准《中共党政机关与所办经济实体和管理的直属企业脱钩的总体处理意见和具体实施方案》,要求各类企业一律与原主管部门解除隶属关系,各部门不再作为主管部门直接管理企业。通过以上措施的实施,不仅解除了政府对企业直接干预造成的束缚,也使企业剥离了与党的机构的关系,进一步加强了党的领导,提高了政府治理能力。1999 年 9 月,中共十五届四中全会颁行《中共中央关于国有企业改革和发展若

---

① 中共中央文献研究室:《十五大以来重要文献选编》(上),人民出版社 2000 年版,第 22 页。

② 李晓西编:《中国经济改革 30 年 1978—2008 市场化进程卷》,重庆大学出版社 2008 年版,第 42 页。

干重大问题的决定》,进一步阐明上述思想,指出"各级党政机关都要同所办的经济实体和直接管理的企业在人财物等方面彻底脱钩"①。

在大幅度跨越式地对国有企业进行改制的过程中,由于没有成熟的经验可援,也没有相关法律制度保障,国有资产面临贬值和流失的危险。国有企业稽察特派员制度就是在这种背景下产生的。它是九届全国人大一次会议确定的议题,1998年5月和7月国务院分别颁布《国务院向国有重点大型企业派出稽察特派员的方案》和《国务院稽察特派员条例》,对九届全国人大的议题具体化、法律化。该《方案》和《条例》对稽察特派员的身份、职能地位、核心职责及目标、与企业的关系都进行了法律确认。1998年先后有38位稽察特派员被派到62户国有重点企业展开稽查。稽察特派员制度在实施之初,在防止国有资产流失、国有资产保值增值方面,在督导国有企业贯彻党的路线方针政策、依法经营及监督国有企业负责人遵纪守法方面,确实起了积极作用。

随着国有企业改制的深入推进,国有企业稽察特派员的原定职责并不能解决新出现的问题。2000年3月,国务院依据中共十五届四中全会通过的《中共中央关于国有企业改革和发展若干重大问题的决定》的精神,制定了《国有企业监事会暂行条例》,这样企业监事会这一企业自我监督机构与政府派进的国有企业稽察特派员合力,形成了比较有力的监督督察体制,弥补了先期国有企业稽察特派员制度存在的不足。

随着市场配置资源范围和作用的扩大,从探索建立现代企业制度到股份制改革,政企分开逐步深入,政府职能转变也发生了巨大变化。从一定程度上讲,政府不能够像之前那样陷入企业的直接管理之中,政府职能逐渐转向社会治理和宏观经济调控上来,也就是为市场经济主体创造良好发展环境。政企分开、政资分离的落实,从实践上廓清了政府与企业的界限,政府的职能回归原本。这既是对企业的解放,也是政府的自我解放,给予了市场主体发展的空间和条件,同时提高了治理能力。但是,政企分开也遇到了一些不容忽视的问题。

---

① 国家经济贸易委员会、中共中央文献研究室:《十四大以来党和国家领导人论企业改革和发展》,中央文献出版社1999年版,第462页。

4. 政企分开的现实困境

（1）部分政府官员利益追求使某些官办企业未真正与政府部门脱钩

尽管在 1999 年中共中央、国务院三令五申中共党政机关部门直属的各类企业一律与原主管部门解除隶属关系，但有不少中央各部及地方政府办的直属企业和中介服务机构，仍由政府行政部门直接管理。另外，政府部门，特别是专业经济管理部门插手企业经营事务，对本该由企业主管的内部事务进行直接干预，企业经营自主权仍然受到政府行政部门掣肘。有些政府官员能够从企业获利，是政府具体管理、干预企业问题难以解决的根本原因。

（2）政府官员政绩考核机制使政府干预企业经营

由于将经济增长率作为考核地方政府官员政绩的主要指标，地方政府就必然追求经济增长率。普遍的做法就是强制企业完成和超额完成计划指标，造成对企业的严重干预。因此，围绕政企分开所采取的股份制改革等措施，都要让位于政府领导人的政绩追求，政企难以分开。建立科学的政府官员政绩考核评价机制是实行政企分开的必要条件。

（3）国有企业领导人产生机制必然使企业与政府捆绑在一起

企业领导人的产生是由组织人事部门通过行政任命产生，而不是通过企业内部选举产生。这种把企业经营者当作行政干部，通过行政任免方式产生的机制，随着股份制企业改革的深入虽然有所改变，但并没有从根本上得到解决。这种产生企业经营者的方式，除了体现政府将企业视为"自留地"直接把控外，还使得企业经营者必然对政府产生依赖，在他们的观念中，首要的是对上级主管部门领导人负责[1]，而国有资产的保值增值、企业利润的提高则放在次要地位，从而使企业丧失独立自主权，政企之间难以分开。

（4）政企分开重大改革举措缺乏相应的法律保障机制

涉及政企分开的相关法律中，多是偏重规范企业行为的法律法规，如《反不正当竞争法》《公司法》等，但对于政府行政行为如何用法律来规范却显得严重不足。在相当长一段时期内，常常用"文件""决议"和"政策"

---

[1] 陈伯庚：《政企分开的难点剖析》，《学术月刊》2001 年第 10 期，第 51—52 页。

等而不是用严格的法律来规范政府行为。所以,当政府机关直接插手企业经营事务时,企业往往处于孤立无援的处境,缺乏相应的法律救济,只能任凭政府干预。

(二) 政事分开

事业单位是指国家为了社会公益目的,由国家机关举办或者其他组织利用国有资产举办的,从事教育、科技、文化、卫生等活动的社会服务组织。长期以来,政事不分是传统事业单位体制的基本特征。政事不分的表现:一是行政机关在行使社会管理职能时出现越位、错位和缺位现象,政府并不清楚自己该承担哪些社会职能;二是事业单位按照行政机关的模式建构运行模式,行政机关所具有的行政级别等级、机构人员膨胀、效率低下等等弊端都在事业单位中体现。[①] 政事分开与政企分开的思路类似,就是将事业单位与政府剥离,使事业单位成为独立的社会实体,结合自身的特点根据市场经济发展的要求,独立地对社会服务。新中国成立后,政府一直把事业单位的发展放在十分重要的位置,促进了社会的发展和进步。但是长期以来,计划经济体制下由国家办事业、养事业的格局以及严重的政事不分现象,与社会主义市场经济体制的运行产生了矛盾,成为社会发展的不利因素。

从20世纪80年代中期以来,中国事业单位改革的基本过程是:

1. 20世纪80年代是事业单位改革的启动阶段

1985年3月,《关于科学技术体制改革的决定》发布,提出科技体制改革;1985年4月,《关于卫生工作改革若干政策问题的报告》提出了对卫生事业单位改革的要求;1985年5月,《关于教育体制改革的决定》提出对教育事业单位改革;1986年2月,《国务院关于实行专业技术职务聘任制度的规定》颁布,事业单位人员管理改革逐步展开。这个阶段的政事分开还停留在纸面上,当时占主导地位的计划经济体制还不能使得政事分开措施落地。

2. 从1992年到2002年是事业单位改革的逐步推开深化阶段

这一时期的改革主要是适应社会主义市场经济体制的要求,呈现出

---

① 周天勇等:《中国行政体制改革30年》,格致出版社2008年版,第121页。

几个特点：一是中央密切注意到了政事不分的现实，开始将事业单位改革与政府机构改革统筹规划；二是国家加强了对事业单位改革的宏观领导；三是各部门根据中央要求，结合自身实际，制定本部门改革方案，力度逐步加大。

自 1992 年以来，中国政府就如何进行事业单位改革，如何逐步推进政府与事业单位分开作出了卓有成效的探索。

1994 年 12 月，全国编办主任会议关于政事分开的基本精神，一是廓清党政机关与事业单位之间的职责界限。长期以来，党政机关与事业单位之间职能界限交叉混淆，党政机关管了一些事业单位事务，事业单位也行使党政机关职能，既降低了党政机关的治理能力，又约束了事业单位的发展。这次编办会议，首先就是划清职责界限，各司其职。如对一些由事业单位承担的与其关系密切且具有一定行政属性的职责，可通过行政授权方式交由事业单位承担。二是事业单位去行政化，不再套用行政级别。三是事业单位的权限要收缩。既然要去行政化，既然要把事业单位行使的行政职能归还给政府，那么，事业单位的权力就应该收缩、规范，使它们逐渐由权力主体过渡为权利主体。沿用政企分开的路径，党政机关要从直接管理事业单位到间接管理，逐渐减少直至清除事业单位对党政机关部门的依赖，促进其社会化进程，事业单位也要成为市场主体，破除事业单位的条块格局。为进一步推动政事分开，中共中央办公厅和国务院办公厅于 1996 年发布了《中央机构编制委员会关于事业单位改革若干问题的意见》。该《意见》指出，整体推进事业单位改革，要与国民经济和社会协调发展要求相适应，通过宏观管理机构编制和预算，减轻事业单位产生的财政负担，规范事业单位登记管理制度。

事业单位的用人制度、行政级别、事业单位工资待遇参照党政机关执行，是长期以来计划经济体制的产物，其严重迟滞了政府治理能力的提高。深化政事分开，必须清除上述弊端。2000 年 6 月，中共中央提出了改革要求，事业单位的管理方式依据事业单位的特点和职责确定，不再套用党政机关的管理方式，逐步取消事业单位的行政级别。为使政事分开能保证事业单位的发展特色和发展自主权，中央提出了分类管理措施，合理划分政府与事业单位职责权限，扩大事业单位人事管理自主权，使事业单位依据其职责和业务发展确定自我管理机制。2000 年 8 月,经过长期探索和总结,事业单位实行聘用制,事业单位用人开始逐渐代替国家用人机制。政事分开取得阶段性突破。

四、以分税制改革为主要内容中央与地方关系的理顺

20 世纪 80 年代,中国实行的以"分级包干"为内容的预算管理体制改革取得了一定的成功,保证了以城市为重点的经济体制改革的顺利进行和国民经济的持续稳定发展。但也产生了中央财力下降、地方重复建设、地方保护主义严重等问题,造成了地方政府机构臃肿,人浮于事,资源、人力和财力巨大浪费的后果。在中共十四大确立实行社会主义市场经济体制这一目标以后,在"分级包干"改革经验教训基础上,以分税制改革为内容,在理顺中央与地方关系方面继续推进改革。

1992 年 10 月,基于以市场为导向的财税改革,中共十四大报告提出"分税制思想",统筹兼顾国家、集体、个人三者利益,理顺国家与地方的分配关系,逐步实行利税分流和分税制。分税制是国际上市场经济国家采用的较为通行的一种财政分配体制,是处理中央与地方财政分配关系的一种较为规范的方式,它是建立在市场经济原则和公共财政理论基础之上的一种分级财政管理体制。[①]

财税体制改革的总体目标和要求是根据中共十四届三中全会通过的《关于建立社会主义市场经济体制若干问题的决定》来确定的。1993 年 12 月,国务院依据《预算法》相关内容的法律规定,颁布《关于实行分税制财政管理体制的决定》,这是我国划分中央与地方财政收支份额所依据的法律文件。该《决定》明确规定了中央与地方分税制原则和细则,并决定从 1994 年 1 月 1 日起改革地方财政包干体制,对省、自治区、直辖市和计划单列市实行分税制财政管理体制。中央与地方关系处理得当与否,很大程度上取决于中央与地方财政权力的划分。1994 年开始

---

① 汪玉凯编:《中国行政体制改革 20 年》,中州古籍出版社 1998 年版,第 56 页。

的分税制改革,极大调动了中央与地方两个积极性,使中央与地方良性互动发展。

(一) 1994 年分税制改革的原则

1994 年分税制改革是在前几次调整中央与地方关系基础上进行的。分税制改革原则统筹兼顾,科学设计,既考虑了调动中央与地方两个积极性问题,又兼顾了区域间财力均衡问题;既以中央集中为主,又给予地方自主权,同时又采取渐进式改革。遵循这些原则,1994 年分税制改革取得了预期的效果。

1. 调动中央与地方两个积极性

分税制改革,从国家层面讲,使中央财政收入比重随着国家财政收入的稳步增长而增长,提高了中央宏观调控能力;从地方层面讲,分税制改革也调动了地方政府发展经济增收节支的积极性,地方利益得到应有的考虑。分税制改革,使中央与地方获得了"双赢"。

2. 合理调节地区间的财力分配

分税制改革要坚持公平与效率的结合,要将二者保持在平衡的框架内。既要有利于经济发达地区保持持续较快增长的势头,避免出现"鞭打快牛"的错误,又要通过合理科学的财政转移支付帮助欠发达地区加快发展,避免"等、靠、要"地方懒散情绪的出现。

3. 集中与分散相结合

依据《宪法》的规定,税收立法权必须集中在中央,以保证中央政令统一,宏观调控全国市场统一性及企业之间的公平竞争;同时,依法逐步扩大地方财力自主权,赋予地方适当的地方税收立法权,分散不能搞成"分散主义"。

4. 整体架构与逐步推进相结合

建立良好的财政运行机制是这次改革的主要目标,首先要建立分税制基本框架,然后逐步使之完善和丰满,最终实现规范的目标。在改革方式上必须从实际出发,采取渐进式,在体制的外在形式和内在机构上采取一些过渡性办法。[1]

---

[1] 汪玉凯:《中国行政体制改革 30 年回顾与展望》,人民出版社 2008 年版,第 86—87 页。

(二) 分税制财政管理体制改革的主要内容

1994 年分税制改革,在合理划分中央与地方预算支出和预算收入的基础上,初步构建起适应社会主义市场经济体制的财税体制。

1. 中央与地方预算支出的区分

中央预算支出,包括本级支出以及中央根据国家经济发展需要补助或返还地方的支出。本级支付主要是关于外交、国家安全和中央国家机关运转所需支出,如:国防费、武警费,对外援助支出、中央级日常行政费用,中央统属的基建投资、直属企业投资、地质勘探费、"三农"支出、中央承担的国债本息支付,以及中央承担的公检法支出和文教卫等事业费用。返还地方的支出主要是转移支付。地方预算支出,主要是维持当地政府运转所需日常费用以及发展地方经济社会事业所需支出。地方预算支出与中央预算支出的类别基本一致,不同之处为:一是中央支出中含有地方转移支付,地方支出中含有上解中央的支付;二是范围大小不同。

2. 中央与地方预算收入的区分

中央与地方财权事权的合理划分是中央与地方关系划分的关键。《关于实行分税制财政管理体制的决定》要求,划分中央与地方预算收入时,要体现两个原则,一是合理划分财权与事权,二是以税种划分为基础。据此,税种划分为中央税、地方税和中央与地方共享税。为明确职责关系,中央与地方分设两套征税系统。中央税务系统征收中央税和共享税,地方税务系统征收地方税。这次分税制改革还对这三种税种所包含的具体税种作了规定,并统一了税率。这两项措施增大了透明度,有利于监督征税人和纳税人的行为。为宏观调控国家财政收支平衡,中央规定,税种的立法权集中在中央,由中央核定地方收支数目。1994 年 8 月 15 日,全国除西藏自治区只设国税局以外,省级国家地方两个税务系统分设完成。①

1994 年分税制改革基本上克服了 20 世纪 80 年代中央与地方"财政包干"体制产生的种种弊端,初步建立起适应社会主义市场经济发展要求的新财政体制和运行机制,呈现出令人满意的态势。但是随着社会主

---

① 钱冠林、王力编:《中国税收 30 年 1978~2008》,中国税收出版社 2009 年版,第 223 页。

义市场经济体制改革的不断深入,财政体制运行实践的不断深入和发展,新的分税制会遇到一些新问题、新情况,需要在实践中不断完善和发展。

(三) 1994 年后中央对分税制财政体制的逐步调整与规范

中央希望通过逐步建立健全符合实际的中央财政返还或转移支付制度,建立科学合理的中央与地方财政收支平衡框架。新体制下的财政转移支付在保留了原来中央对地方的定额补助、专项补助和地方上解外,主要是对地方进行税收返还以及平衡地区财政差异,逐步健全新的财税体制。

1. 取消原体制下地方上解递增率

1995 年取消原体制下地方上解递增率,将 1994 年地方上解数额作为每年固定上解数额;原实行固定上解和固定补助的地区,继续执行原政策不变。

2. 1995 年中央实行过渡转移支付

过渡性转移支付是财政转移支付的一种形式,其内涵是中央政府通过对经济发展落后地区无偿提供财力支持,缩小地区间财力和公共支出水平的差距,以均衡地区间公共服务水平。

1994 年分税制改革后,产生了几种结果:一是由于地区经济发展不平衡,产生了继发性的中央与地方以及地方之间的新的不平衡;二是中央政府固定收入和范围扩大;三是中央对地方政府的影响加强。因此,需要中央政府通过加强对地方政府的影响力,调整中央与地方、地方与地方之间纵向的、横向的不平衡,主要措施就是财政转移支付。

实行过渡期转移支付的原因有两个:一是一般性转移支付尤其是税收返还不规范,返还标准是新税制改革前按各地既得利益确定的,而各地的既得利益不平衡,所以针对各地的返还标准不统一,直接影响各地基本公共服务均等化水平;二是新税制刚刚实行,实现规范化转移支付的条件还不具备。衡量各地财政收入水平的标准有两个,一是统一的标准支出额,二是全国财政平均水平。过渡期转移支付的具体办法是,地方财政支付能力能够满足标准支出额度且财政收入又达到全国平均水平的,中央不再对其转移支付;如地方财政收入达不到全国财政水平,但经过努力能够达到全国财政水平,并且标准支付额度达标,这种情况由地方经过自身努力完成;财政收入达到全国财政收入水平或经地方自身努力虽达到全国财政收入水平但仍不能满足标准支出额的地区,其财力缺口额作为中央核算转移支出的依据,中央根据新增的转移支付资金额和各地财力缺口分配补助资金。标准支出额与全国财政平均水平相比较,标准支出额度是硬指标,只有在达不到标准支出额度时,中央才进行转移支付。当时中央确定的过渡性转移支付主要有财力性转移支付和专项转移支付[①]两种。过渡性转移支付办法基本上符合当时中央与地方政府间的实际情况和市场经济规律的要求,为逐步向规范化财政转移支付的过渡积累了经验。[②]

1995 年后,专项转移支付和财力性转移支付的规模逐步扩大,占中央财政支出的比重不断上升。

3. 提高证券交易税中央分享比例

中国证券交易市场主要集中在深圳、上海两地,而税源来自全国各地,中央对证券交易税仅在深圳和上海两地征收,并且深圳与上海两地分享 50％的收入,实际变成了中央与深圳、上海两地共享。随着证券交易市场的快速发展,证券交易税大幅增长,其他地区对这种分享方式颇具异议,这不仅显失公平,而且加剧了地区之间财力不平衡。为解决这一问题,从 1997 年 1 月 1 日起到 2000 年 10 月 1 日,中央对深圳、上海两地证券交易税的分享比例从 80％经 88％提高到 91％,并分 3 年调整到 97％。[③]

4. 调整所得税收入分享体制

有的企业属于中央与地方共管,有些企业属于中央,有的属于地方,并且东西部企业分布不均衡。如按隶属关系划分企业所得税,就会产生如下弊端:一是造成中央与地方之间收入混库问题,难以进一步分割中央与地方收入;二是在利益驱使下,地方政府易采取地方保

---

① 专项转移支付是中央政府设立的专项补助资金,用于实现国家特定的战略发展目标,其使用必须按照特定用途。

② 汪玉凯:《中国行政体制改革 30 年回顾与展望》,人民出版社 2008 年版,第 90 页。

③ 寇铁军、张晓红编:《财政学教程(第 4 版)》,东北财经大学出版社 2015 年版,第 272 页。

护主义,怠于甚至阻碍企业兼并重组和产业结构调整;三是造成中东西部地区间财力差距越来越大。针对这个问题,中央决定,从 2002 年 1 月 1 日起,对少数特殊行业企业所得税继续作为中央收入外,中央与地方政府对其他企业、个人所得税收入各按 50% 分享,从 2003 年开始,中央政府的比例提高到 60%。① 中央政府因此所得到的收入全部用于一般性转移支付(2002 年国务院决定实施所得税收入分享改革,开始执行一般性转移支付②③)。

另外,从 1997 年到 2001 年,中央政府与地方政府就将金融保险业营业税、铁路建设基金营业税、车辆购置税和船舶吨位税进行了调整,全部收入归中央政府。

以上改革,逐步完善了中国的财政体制。

(四) 分税制改革的初步成效

1994 年的分税制改革初步建立了与社会主义市场经济体制相适应的新税制,在调动中央和地方两个积极性、增强中央宏观调控能力等方面起到了重要的推动作用。

1. 调动了中央与地方两个积极性,初步建立中央与地方财政收入稳步增长的机制

调动中央与地方两个积极性、调整中央与地方关系是建国以来政府机构调整、改革的主要内容之一,它围绕中央与地方权力“收收放放”的循环和“收死放乱”的曲折一直走到 20 世纪 90 年代初,尽管还不完善,但它使中央与地方关系走上了健康发展的轨道。在合理划分中央与地方事权基础上改变原来执行的地方财政包干制,分别建立了中央与地方税收体系,国税局和地税局分设,各司其职。在 1996 年和 1997 年的国内生产总值中,财政收入快于国内生产总值现值的增长,财政收入占国内生产总值的比重从 1996 年起开始回升。

---

① 彭健:《分税制财政体制改革 20 年:回顾与思考》,《财经问题研究》2014 年第 5 期,第 72 页。
② 韦广存:《一般性转移支付制度研究》,东北财经大学硕士学位论文,2006 年,第 14—15 页。
③ 一般性转移支付是指中央财政安排给地方政府的补助性支出,地方政府可以自由使用,中央不指定用途,用以弥补地方政府的财政支出差额,具有很好的均等化效果,是促进基本公共服务均等化的重要方式。

2. 中央财政收入在全国财政收入中的比重稳步增长,中央宏观调控能力显著加强

中央和地方两套税务系统的建立和完善,对保证各自税收收入起了组织保证作用,从而基本上解决了中央与地方政府长期以来就财税收入问题难以达成共识的问题,大大降低了中央与地方政府的交易成本,提高了工作效率,两家财政收入稳步提高。由于将消费税和增值税这两项直接促进 GDP 增长的税种划归国税或共享,中央财政收入增幅很大。1994 年,中央财政收入的比重,就由 1992 年的28％上升到55.7％,1996年更提高到 58.5％。[①]中央财政收入增加,使中央有能力均衡地区间财力差异,增强了中央政府对地方政府的控制和调节能力,改变了以前中央财政靠地方税收上解而造成的中央财政薄弱甚至出现赤字的被动局面。[②]

3. 逐步引导地方政府投资理性化和推进公共服务均等化

分税制从制度安排上基本消除了地方政府投资的盲目性和重复性以及"地区封锁",有利于统一市场的建立;对中央与地方财政支付和收入的基本划分,特别是将第三产业营业税收入划归地方,激励了地方政府发展第三产业的积极性,从而使地方政府将投资逐步转向公用事业和公共服务领域,为第三产业营造了良好的公共环境,进一步加强了地方政府管理和组织社会公共事务的责任。推进公共服务均等化,是政府机构改革的价值取向。

(五) 1994 年分税制改革存在的问题

1994 年分税制财政体制,是在计划经济仍然起主导作用的情况下,为适应社会主义市场经济发展的要求而构建起的一个财政体制框架。中央为推进这项改革,对地方既得利益做了一定的让步,使得这一体制带有计划经济体制的印记。

1. 许多省以下政府没有实行分税制改革

长期以来,在处理中央与地方关系中,产生了一种误解,即将中央与

---

① 武力编:《中华人民共和国经济简史》,中国社会科学出版社 2008 年版,第 229 页。

② 汪玉凯:《中国行政体制改革 30 年回顾与展望》,人民出版社 2008 年版,第 90—91 页。

地方关系简单地等同于中央政府与省级政府之间的关系,在工作实践中,认为处理好了中央与省级政府关系就认为是处理好了中央与地方各级政府间的关系。将省级政府当成地方各级政府的代名词。这种认识对实际工作带来极大负面影响。1994 年的分税制改革,就政府层面来讲,只停留在中央与省级政府之间,没有向省以下政府深入。各地实行的是五花八门的分成制与包干制。许多地区省以下转移支付不到位,很多省政府只是向上集中财权,却没有尽到均衡省以下政府财力、保障基层政府基本支付能力的责任。

2. 在新税制下继续沿用计划经济体制税权过于集中的旧体制

计划经济体制下,税收法律的制定、解释、修改和税收政策的调整全部集中于中央政府,地方政府没有税收主动权。1994 年税制改革,继续沿袭这种税制集权制。虽然收税类别仍然是中央税、地方税和共享税,但是保留哪些税种、取消哪些税种、哪些税种归中央、哪些税种归地方、税基数额、税率标准,等等,均由中央裁定。1994 年税制改革,将消费税划归中央税、增值税划归共享税,而将那些征收成本高,征收难度大的小额、零星的税种划归省及其以下基层政府[1],使地方各级政府的财政收入步伐大大滞后于中央财政收入的增长速度。地方积极性没能充分调动,中央与地方财政后入差距拉大。

3. 新税制下农民的财政负担加重

新税制下,中央对地方各级政府享有哪些财权并没有作出规定,地方各级政府收哪种税、上缴比例是多少,均由上级政府单方决定。这样,省、市、县、乡(镇)就形成了财力由下向上集中的格局,到了乡镇,财力集中的对象就是农民,乡镇为了完成上级的收税任务,加重对农民的税赋征收,而农民上缴的各种税赋没有按照中央财政转移支付返还回来,农民"只出不进",因此财税改革不仅使乡镇财力匮乏,越是基层政府越是财力匮乏,呈现出"倒金字塔型"财力格局,而且加重了农民的财政负担,使农民对新税制产生抵触与反感,抑制了农业生产的健康发展。

---

① 汪玉凯:《中国行政体制改革 30 年回顾与展望》,人民出版社 2008 年版,第 94—95 页。

五、1993 年、1998 年国务院机构改革

1993 年和 1998 年国务院机构改革是在市场经济"进"、计划经济"退"的经济社会转型中进行的,适应使市场在资源配置中起基础性作用的要求,这两次改革在改革理念、指导思想、改革任务等方面不断更新和深入,在职能配置、机构设置、人员编制等方面逐步规范并日趋科学化,对全国政府机构改革起到了示范和指导作用。

（一）1993 年以转变职能、建立经济宏观调控体系为重点的国务院机构改革

1993 年的机构改革处于特殊的历史时期,是面向适应社会主义市场经济发展要求的第一次改革。从经济转型角度来讲,这次机构改革意义重大。首先,在这次机构改革中,对规律的认识和把握、对经验和教训的总结和吸取都对后续的政府机构改革、政治体制改革和经济体制改革,有重要的借鉴和启示意义,政府除了过去惯常做的"精简机构"外,还要退出企业的经营活动,这是此次机构改革的要义所在;其次,这次机构改革的政治视野、理论准备、方案设计以及实施推进等方面,都是在继承前几次机构改革的基础上突破陈规,赋予新的内容,承担起适应市场经济要求历史责任的时代要求下进行的;再次,这次改革是在旧的计划经济体制仍在运行尚未退出历史舞台、新的市场经济体制已经出现尚在建立中的形势下进行的,因此,政府机构改革既要着眼于市场取向,加快转变政府职能,又要慎重消解根深蒂固计划经济的负面影响;最后,在社会主义条件下建设市场经济,是马克思主义的伟大创新,是真正经验白手起家的事业,它要求党和政府要继续"摸着石头过河"。如何既要建设社会主义市场经济体制,又要改革与之不相适应的政治体制、政府管理体制确实是摆在中国共产党面前的重大课题。

1. 1993 年政府机构设置及运行状况

从 1989 年 2 月至 1992 年 3 月,国家进行了为期 3 年的治理整顿期。治理整顿结束之后,由于迅速恢复经济建设,政府机构又膨胀起来。到 20 世纪 90 年代初,国务院的工作机构达到 86 个。1991 年,全国党政机关人

数达到 920 万人,比 1980 年增长 75％。当年全国行政管理费用开支达到 370 多亿元,与事业经费合计支出达 920 多亿元,占国家财政支出的 37％。① 各级财政不堪重负。上述人员臃肿和行政经费扩张的状况严重影响了改革进展,使企业经营机制难以转换,政企分开受到重重阻碍,还产生了严重的官僚主义作风,严重阻碍了社会主义市场经济体制改革的进一步推进。官僚主义越来越严重,"门难进、脸难看、事难办"是百姓对政府机关工作作风的同感。

1992 年 10 月,中共十四大作出了"下决心进行行政管理体制和机构改革"的决策,预期到 1995 年完成。发展社会主义市场经济必须有与其相适应的行政管理体制,重点和关键就是转变政府职能,深化政企分开。

1993 年 3 月,中共十四届二中全会审议通过的《关于党政机构改革的方案》指出,改革的重点是政企不分、部门间关系不协调、政府部门机构庞大臃肿、行政效能萎靡。改革要适应社会主义市场经济的要求,按照政企分开和精简、统一、效能原则,推进党政机构改革。决不允许上级业务主管部门对下级机构设置和编制配备进行各种干预。②

应该看到,此次机构改革尽管存在种种可以预见的困难,但也存在改革的有利条件。一是邓小平南方谈话,为中国的改革开放开创了优越的政治环境;二是中共十四大确立了建立社会主义市场经济体制的新的经济发展方式,使政府管理体制有了更加明确的方向;三是 20 世纪 80 年代以来进行的几次改革,尽管成效不彰,但也积累了一定的经验。

2. 改革的基本内容

1993 年 3 月,八届全国人大一次会议审议通过了《关于国务院机构改革的决定》,确定了这次机构改革的主要内容。

(1)综合经济部门

新组建的宏观经济管理部门是:国家经济贸易委员会与保留的国家

---

① 刘智峰编:《第七次革命——1998—2003 中国政府机构改革问题报告》,中国社会科学出版社 2003 年版,第 82 页。

② 《中国地方政府机构改革》编辑组编:《中国地方政府机构改革》,新华出版社 1995 年版,38— 39 页。

计划委员会、财政部、中国人民银行。

(2)专业经济部门(见表4-1)

经过调整,国务院18个原有专业经济部门,撤销7个,新建5个,调整后专业经济部门尚有16个,减少的不多。这样做主要是考虑到社会主义市场经济体制刚刚着手建立,计划经济体制在国家经济生活中仍占主导地位,专业经济部门还在发挥着作用。此时对专业经济管理部门进行大力度的改革,时机尚不成熟。这样做既有利于经济发展,也有利于国务院机构改革的平稳过渡,也是我国政府机构改革渐进性特点的体现。

(3)国务院保留的国家政务部门、文化教育、科学技术和社会保障部门

国务院保留的上述四类部门共有21个。不论是保留的部门还是撤销、合并的部门,都是按照适应社会主义市场经济发展的要求,转变职能、简政放权、理顺关系、推动企业进入市场的基本原则和方针进行的。

(4)国务院直属机构、办事机构的改革

一是保留直属机构办事机构。二是将专门业务管理局并入部委,成为部委管理的国家局,总体上减少机构数目,部委管理的国家局共15个。如,国家技术监督局、国家医药管理局和国家建筑材料工业局划归国家经贸委管理,成为部委管理的国家局;国家地震局、国家海洋局并入国家科委管理;国家档案局与中央档案局、国家保密局与中央保密委员会办公室合并,一个机构两块牌子,列入中共中央直属机关的下属机构。三是并入部委成为部委内设职能局,不再保留原机构名称。如国家黄金局并入冶金部、国家矿产储量局并入地矿部、国家物价局并入国家计划委员会,为所在部委的内设职能局,不再保留原机构名称。国家核安全局并入国家科学技术委员会,为国家科委内设职能局,保留国家核安全局的牌子。[①]

---

① 国务院办公厅秘书局、中央编委办公室综合司:《中央政府组织机构》,中国发展出版社1995年版,第18—20页。

表 4 - 1　1993 年国务院机构改革专业经济部门改革状况

类别	改为经济实体		改为行业总会		保留、更名、新设部门			
	撤销	成立	撤销	成立	保留	更名	撤销	成立
涉及部门及职能	航空航天工业部	成立航空工业总公司 成立航天工业总公司	轻工业部 纺织工业部	成立中国轻工业总会 成立中国纺织总会	化学工业部、冶金工业部、邮电部、铁道部、水利部、交通部、农业部、建设部、林业部、地质矿产部	对外经济贸易部更名为对外经济合作部。	能源部 中国统配煤矿总公司 机械电子工业部 中国电子工业总公司 商业部、物资部	电力工业部 煤炭工业部 机械工业部 电子工业部 国内贸易部
改革思路	实行政企职责分开，这两个公司不行使政府行政管理职能		这两个总会列为国务院直属事业单位，保留行业管理职能，主要是搞好行业规划、制定行业政策，对相关工业企业进行指导和提供服务。					

来源：根据 1993 年国务院机构改革状况自绘（时间：2020 年 10 月）

在这次国务院机构改革中,从国务院直属序列中转移出来划归部委管理的国家局(1988年至1993年实行的部委归口管理的国家局,可谓代管制度的充分体现和强化)。根据《国务院关于部委管理的国家局设置及有关问题的通知》(国发〔1993〕26号)规定:"主要业务工作在部委党组领导下进行;人事工作按照干部管理权限进行管理;机关党的工作由部委机关党委统一管理;保留原图章和专项资金渠道不变;在一定范围内,可单独行文和开展对外合作交流;原实行垂直管理体制的暂不变动。"①名义上归部委管理,实质上职权没什么变化,仍有单独的"户头"——图章和专项资金,只是使机构数量降低了,"明合实分"。(1998年取消了"户头")

(5) 国务院办事机构的改革

1988年国务院机构改革,设置5个办事机构:国务院外事办公室、特区办公室、法制局、港澳办公室和侨务办公室。1991年,由于调整与整顿的需要,成立了国务院生产办公室、国务院研究室和国务院台湾事务办公室。截至1991年,国务院共有8个办事机构。1993年国务院机构改革,对上述8个办事机构进行整合,重新设置5个办事机构:国务院研究室、国务院港澳事务办公室、国务院外事办公室、国务院特区办公室和国务院侨务办公室。

经过改革和调整,国务院共设置59个工作部门,包括41个组成部门、13个直属机构、5个办事机构。从改革前的89个减为59个,降低了34%。国务院非常设机构与直属事业单位大幅度精简,非常设机构由原来的85个减少为26个,直属事业单位减少到8个。相应地,国务院机构定员共减少了20%左右。此外,国务院还设立了国务院新闻办公室和国务院台湾事务办公室。

1994年重点围绕转变政府职能,在归还企业经营自主权、扩大和充分发挥市场资源配置的基础性作用以及将原由政府承担的社会服务性和社会监督性职能转移给具有相应资质的社会中介组织三个方面加大了转变力度。②

① 乌杰编:《中国政府与机构改革》,国家行政学院出版社1998年版,第419页。
② 乌杰编:《中国政府与机构改革》,国家行政学院出版社1998年版,第712页。

(6) 国务院后勤机构的改革

根据中共十四大提出的要求和政府机构改革的总体目标部署,以及 1994 年 12 月全国编办主任会议和 1996 年中共中央办公厅、国务院办公厅发布的《中央机构编制委员会关于事业单位改革若干问题的意见》精神,国务院率先进行后勤机构改革。

改革的总体思路是,按照精简、统一、效能的原则,体现"小管理,大服务"的理念,使后勤管理与服务职能分离,突出服务职能,精简机构和编制;既要对内服务,也要对外服务;进行社会化改革,增强后勤机构自生能力,通过转换经营运行机制,减少政府财政支出。

机关后勤实行行政管理职能和服务职能分开。

机关后勤行政管理职能是指机关财务、房产、基建、物资、环境秩序等的管理。本着减少机构、缩减编制和压缩机构人员的设想,各部门原则上不再专设后勤行政司(局),管理职能并入办公厅(室),使用行政编制,编制数要保证正常开展工作。机关后勤服务职能是指为保证机关正常办公和职工生活提供各种劳务和技术服务的职能。主要包括机关食堂、传达室、锅炉房、招待所以及礼堂等各种后勤服务机构。后勤服务职能从机关行政管理职能中划出后,成立冠以"某某服务中心"的服务机构,作为机关直属事业单位。这类服务中心实行事业编制并具有独立法人资格,干部实行聘任制,由中心任命,具有相应行政级别,工人实行合同制,经费差额预算。

机关后勤预算的三个措施是:一,对行政在编人员,国家财政按编制拨付后勤机关服务费;二,在机关内部,服务中心经费逐步与机关财务脱钩,机关对服务中心以逐年递减定额补贴方式拨付经费,三年内完成。定额补贴列入"机关事业经费科目"核算;三,服务中心与后勤机关建立经济核算关系,实行多种形式的承包经营责任制,向自筹自支和企业化管理方向发展。

3. 改革的基本特点和成效

与以往机构改革相比,此次改革的特点:一是将机构改革的目标定位为适应社会主义市场经济发展要求;二是暂时搁置国家权力结构的改革,政治体制改革放慢①,将政府机构改革置于行政管理体制改革下,提出"行政管理体制和机构改革"并重,具有重大的现实意义;三是改革程序先中央后地方;四是与国家公务员制度改革结合起来。

此次改革的基本成效:

一是机构得到精简。国务院设置 41 个组成部门,18 个办事机构和直属机构,共有工作部门 59 个,比改革前的 86 个减少了 27 个。国务院人员编制共精简 20％左右。

二是国务院职能转变具有适应社会主义市场经济的新内涵。改革后的国务院部委呈现出新的阵容,基本上具有适应市场经济发展要求的职能特点,部门构成设置类别新且齐全,如有宏观调控和监督部门、社会管理职能部门、基础行业部门和新型技术行业部门。

三是公务员制度化。《国家公务员暂行条例》和《国家公务员录用暂行规定》的颁布,使国家公务员工作向规范化、制度化转变。

四是加强国家公职人员勤政廉政建设。统筹党政机构设置,实行中纪委机关和监察部合署办公。

4. 改革的基本经验

(1) 统筹规划,整体设计改革方案

按照中共十四大提出的行政管理体制和机构改革部署,1993 年政府机构改革将党委、人大、政协、政府机构统筹规划,整体设计改革方案。方案的进一步落实,对党政分开、政企分开的推进,对消除党委、政府、人大、政协、司法等机构之间的职责行使重叠问题、部门关系抵牾现象,都起到了积极促进作用。同时,这对建立与社会主义市场经济相适应的行政管理体制,创造了良好的政治氛围。

(2) 全国各级党政机关普遍推行"三定"工作,使机构编制管理工作进一步规范化

如通过科学确立"三定"制度,中央实行了中纪委机关和监察部合署办公,进一步理顺了纪检检查与行政监察的关系。1993 年实行中纪委机

---

① 刘智峰编:《第七次革命——1998—2003 中国政府机构改革问题报告》,中国社会科学出版社 2003 年版,第 93 页。

关和监察部合署办公的这种做法,是统筹党政机构设置的重要方式之一。①

5. 改革存在的主要问题

将政府职能转变作为政府机构改革的关键确立之后,对专业经济管理部门的改革就成为政府机构改革的重点。关于政府与市场关系从理论到实践的过程,的确是"摸着石头过河"的探索过程,况且在 20 世纪 90 年代之初,对政府与市场关系的探索尚处于起始阶段。因此,政府机构改革就存在着一定的盲目性。

(1) 对改革的目标认识不足

工业专业经济部门是计划经济体制的机构性标志,要建立与社会主义市场经济体制相适应的行政管理体制改革,就必须从行政机构中撤销工业专业经济部门,这是落实政企分开,铲除阻碍市场经济发展机制性障碍的重要措施。1993 年机构改革,对工业专业经济部门撤销、合并的少,增加、保留的多。如 1988 年机构改革时将机械工业部合并,1993 年时又分为机械部和电子部,将原本创立的阶段性成果冲销了。又如 1988 年撤销石油工业部、煤炭工业部,与核工业部组建能源部,但在 1993 年又撤销能源部,成立煤炭部和电力部。给人的直观判断是,对如何适应市场经济的要求进行机构改革这一重大问题把握得不很准确。

(2) 政府机构改革与经济体制改革"不合拍"

在此次国务院机构改革方案中将专业经济部门的改革作为重点,但在实际改革过程中出现了应该弱化或取消的专业经济部门却得以加强和增加的情况,与市场经济的发展要求不一致。如煤炭部 1988 年合并、1993 年又拆分(前已述及)。出现这种情况的原因是国务院机构改革方案是在 1993 年 3 月份获得通过,而社会主义市场经济体制改革整体规划是由 1993 年 11 月颁布的《中共中央关于建立社会主义市场经济体制若干问题的决定》确定的。也就是说,在尚未对社会主义市场经济体制出台具体实施规划时,国务院已经开始针对市场经济体制展开了机构改革,在一定程度上存在盲目性。

————————

① 《1993 年国务院机构改革》,http://www.gov.cn/test/2009—01/16/content_1206993.htm。

1993 年至 1996 年政府机构改革在中共十四届三中全会精神指导下取得了一定成绩,积累了经验。然而,由于社会主义市场经济刚起步,社会主义市场经济体制自身建设尚处于探索阶段,计划经济体制还占很强优势,计划经济思维惯性较大,因此,此次改革的重点——以政企分开为根本途径的政府职能转变不可能完全到位。所以,此次改革结束后,政府机构又迅速膨胀起来。据《报刊文摘》1996 年 9 月 5 日载,截至 1995 年 6 月底,全国机关单位人数同比增长 26.6 万人,事业单位职工同比增长 74 万人。

1993 年的国务院机构改革差强人意,"对于第六次(1993 年)机构改革,人们并不抱有太大的希望"[1]。

(二) 1998 年以深化职能转变、撤销专业经济管理部门为重点的国务院机构改革

江泽民在中共十五大报告中的第六部分"政治体制改革与民主法治建设"中指出,"机构庞大,人员臃肿,政企不分,官僚主义严重,直接阻碍改革的深入和经济的发展,影响党和群众的关系。这个问题亟待解决,必须通盘考虑,组织专门力量,抓紧制定方案,积极推进。……深化行政体制改革,实现国家机构组织、职能、编制、工作程序法定化,严格控制机构膨胀,坚决裁撤冗员"[2]。这阐明了行政体制存在问题的严重性和进行政府机构改革的现实紧迫性。所以,面向 21 世纪,在 1998 年政府机构过程中,在通过制度设计最大程度上消除官僚主义阻碍作用的同时,加快构建适应市场经济体制要求的政府机构成为国务院机构改革的重点。

1. 慎重确定改革的原则、目标和基本思路

1998 年《国务院机构改革方案》对此次国务院机构改革确定了四项原则,分别是转变职能、政企分开原则,精简、统一、效能原则,权责一致原则,依法治国、依法行政原则。

改革的目标,一是建设高效、协调、规范的政府管理体系;二是通过逐

---

① 刘智峰编:《第七次革命——1998—2003 中国政府机构改革问题报告》,中国社会科学出版社 2003 年版,第 93 页。
② 中共中央文献研究室:《改革开放三十年重要文献选编》(下),中央文献出版社 2008 年版,第 908 页。

步完善国家公务员制度,建设高素质的行政管理干部队伍;三是构建符合社会主义市场经济体制要求的有中国特色的行政管理体制。可以看出,这个改革目标是丰满的,兼顾到了管理系统、干部队伍素质和经济基础几方面。

据报载,从中共十五届一中全会召开后,朱镕基就开始一一约见国务院各部委负责人,就机构改革问题与96位部长或主任进行座谈,调研政府机构改革问题。[①] 通过研究讨论,逐步形成改革思路:综合部门要加强,专业部门不要太多。

2. 整体规划改革内容

1998年国务院机构改革是一场真正意义上的改革。[②] 改革后,除国务院办公厅外,国务院部委由40个减少为29个。

(1) 重点加强宏观调控部门

宏观调控部门主要有国家发展计划委员会(前身为国家计划委员会)、财政部、国家经济贸易委员会、中国人民银行,其主要职责是平衡经济总量,优化经济结构,抑制通货膨胀,使国民经济持续快速健康成长。国家体制改革委员会改为国务院高层次议事机构,不再列入国务院组成部门。

(2) 主要改革专业经济管理部门

计划经济时期,经济活动的运转主要由专业经济部门来调控,在逐步建立社会主义市场经济体制过程中专业经济管理部门就要转变职能,政企分开,不能再直接管理企业。通过对改革开放以来政府机构改革阻力因素的分析认为,国务院工业专业经济管理部门,作为计划经济体制机构仍然存在并一直掌控所属企业的生产经营权,这一问题一直未能彻底解决。因此,新形势下,其主要职责是实行行业管理、调整行业产品结构、维护行业竞争秩序,侧重服务职能。

第一类是保留铁道部、交通部、建设部、水利部、对外贸易经济合

① 刘智峰编:《第七次革命——1998—2003中国政府机构改革问题报告》,中国社会科学出版社2003年版,第44页。
② 中国行政管理学会编:《新中国行政管理简史(1949—2000)》,人民出版社2002年版,第496页。

作部。

第二类是直接撤销部分工业专业经济管理部门。众多的工业专业经济管理部门是长期以来计划经济的产物,在计划经济时代这些部门是落实计划的执行者、是配置资源的依托,完全可以这样讲,它们是计划经济体制的机构性标志。改革开放以来,这些专业经济管理部门的时代落后性逐渐暴露出来,特别是这些机构在资源配置中的效率几乎为零,甚至负效率。对工业专业经济部门的撤销,基本结束了专业经济部门直接管理企业的体制,从组织基础上消除了政企不分的障碍。这也是 1998 年国务院改革的历史性贡献。

第三类是不再保留的 15 个部、委(见表 4 - 2)。(表见下页)

(3) 教育、科技、文化及社会保障资源管理部门(见表 4 - 3)

表 4 - 3　1998 年国务院教育、科技、文化及社会保障资源管理部门改革情况

撤销	组建	原名	更名	备注
地质矿产部、国家土地管理局、国家海洋局和国家测绘局	国土资源部,下属国家测绘局和国家海洋局	国家教育委员会	教育部	
国家电影电视部,电视网络政府管理职能划归信息产业部	国家广播电影电视总局,列入国务院直属机构	国家科学技术委员会	科学技术部	
		国家体育运动委员会	国家体育总局	与中华全国体育总会一个机构两块牌子
劳动部	劳动和社会保障部			原属劳动部、人事部、民政部管理的社会保险以及分属不同部门的社会保险和医疗保险,统归劳动和社会保障部

来源: 根据 1998 年国务院机构改革情况自绘(时间:2020 年 10 月)

表 4 - 2 1998 年直接撤销的和不再保留的部、委及其他专业管理部门

撤销	部门及专业经济管理部门整合	组建	职能来源及整合
共 15 个部门：电力工业部、机械工业部、电子工业部、煤炭工业部、林业部、化学工业部、冶金工业部、地质矿产部、国内贸易部、劳动部、邮电部、广播电影电视部、国防科学技术委员会、国家经济体制委员会、国家体育运动委员会	电力部和电子工业部	信息产业部	广播电影电视部、航天工业总公司、航空工业总公司的信息和网络管理的职能
		国防科学技术工业委员会	国防科工委管理国防工业的职能、国家计委国防司以及各军工总公司的政府职能
	机械工业部、煤炭工业部、中国轻工业总会、国内贸易部、中国纺织总会、冶金工业部	国家经贸委直属的国家局	国家经贸委及其直属的国家局实行行业领导，不再直接管理企业；电力部、电力工业部政府管理职能归并国家经贸委
	电力工业部	国家电力公司	
	国家粮食储备局	国家发展计划委下属的国家局	
	化工部、石油天然气总公司、石油化工总公司	国家石油和化学工业局	
	原属化工部和石油天然气总公司和石油化工总公司的下级单位	两个特大型石油石化企业集团和若干大型化肥、化工产品公司	
	林业部	改组为国务院直属的国家林业局	

来源：根据 1998 年国务院机构改革情况自绘（时间：2020 年 10 月）

（4）国家政务部门

保留外交部、卫生部、国防部、司法部、文化部、公安部、民政部、监察部、国家安全部、审计署、国家民族事务委员会、国家计划生育委员会。

为使改革配套进行，在重点对专业经济管理部门进行改革的同时，也对国务院直属部门和办事机构进行了调整，分保留、调整、组建和并入四种情况推进。调整后，国务院直属机构 15 个、办事机构 6 个。

（5）事业单位改革

计划经济时期，大部分高校及科研机构也是依据经济、政治门类设置并归口管理。随着社会主义市场经济体制的不断完善，部委属国家局逐步撤并消失，解除了计划经济的组织保证，所属高校及科研机构随之改革。1998 年原属委管国家局的 168 所高等院校交由教育部或地方教育行政部门接管；1999 年地方或中央企业工委分别接转原属委管国家局的 242 家科研机构改建的科技型企业或企业集团；2000 年 37 个勘察设计单位和 84 个地质勘察单位分别与原委管国家局脱钩，移交地方管理或进入大企业集团，由中央企业工委管理；将原由国家局主管、主办及其下属单位的报纸、期刊、出版社，分别并入党报报社、报业集团，有的实行属地管理或移交行业协会主管、主办。

（6）中共中央及群众团体的改革

中共中央的机构改革于 2000 年年底基本完成，除外办之外的 18 个部门进行了改革。一是理顺党政关系、党与人民团体之间的关系以及政党部门之间和部门内部关系；二是精简机构和人员编制，撤销与工作不相适合的机构，合并清理职责交叉的部门，精简率 20%；三是重新调整派驻各部门的纪检、监察机构及其编制。中国的群众团体被视为准政府，它们履行政府职能以及部分政治职能，官僚主义也非常严重，特别是机构臃肿、人浮于事、"白吃饭""吃白饭"的弊病更为社会所不能容忍，在社会主义市场经济体制下，绝大部分群众团体已经失去了存在的合法性理由，其职能早已颓废，应被列为机构改革的重点。2002 年 4 月，中央级 21 个群众团体改革全面展开，计划精简 25%左右。

3. 1998 年国务院机构改革的特点和成效

与上一次机构改革相比，此次改革的特点，一是改变了以往政府职能转变只侧重于宏观调控方向的做法,此次改革同时向社会管理和公共服务方向转变;二是提出按照权责一致原则调整部门职责权限,克服权责分离、职责不清的弊端;三是加强行政法制体系建设,提出依法治国、依法行政的要求。

1998年国务院机构改革取得了新的成效。一是真正体现了政府职能转变,体现宏观调控、社会管理和公共服务的价值取向。二是撤销部分工业商业部门,相应成立国家经济贸易委员会的直属局,与所管理的企业脱钩。为从体制上解决政企不分的问题,这次机构改革将隶属于国务院部门的企业一律与其主管部门脱钩,企业完全拥有生产经营权。三是在组织机构和职能设置上,将职能相同或相近的部门合并,将相同或相近的职能归并一个部门行使,极大地克服了政出多门、职能重叠交叉、扯皮推诿的现象。此次改革并未将专业经济管理部门全部撤销,而是着眼于市场经济体制的要求,建立与之相适应的专业经济管理体制,组成专业经济管理门类。四是在改革中依法行政,依法调整程序、编制、机构、员额。这次机构改革是包括政府职能、机构设置、人员编制和运行机制在内的全方位改革,是行政体制改革的全方位更新。

4. 改革的基本经验

(1) 采取渐进式改革方案

这次国务院机构改革力度是空前的,同时也注重了从实际出发,采取渐进式方略。中国处在社会主义市场经济初级阶段的现实,要求建立比较成熟的、发达的政府管理体制必须是一个逐步的、由量变到质变的稳健过程。这次国务院机构改革注意了立足现实,对现行的行政管理和机构进行渐进性的积极的调整和改革,同样是"摸着石头过河"的探索式过程。这次国务院机构改革的目标设定为建立行政管理体系、专业化行政管理干部队伍和中国特色的行政管理体制三个层次,体现了由量的机构精简向质的政府职能转变的特点。这样的自上而下、渐进式推进的机构改革由行为规范向制度创新、由阶段目标向整体目标的推进,是"既积极又稳妥"的。正如时任国务院秘书长罗干在九届全国人大一次会议上所说:"由于我国社会主义市场经济体制正在建立过程中,按完善的市场经济的要求改革政府机构,实现一步到位是难以做到的。"①但同时又要迈出积极的步子,解决当前的突出问题,为深化改革打好基础。

（2）采取有效措施,防止和克服机构改革中出现腐败问题

机构改革中容易出现的腐败问题主要有以下几种情况：一是离开原机关前,"有权不用,过期作废",趁机大捞特捞,"好事"快办、人情快送,突击提拔、经费快花;二是将机关中的某些不良作风如摆官威、谋私利、搞裙带关系带到企业;三是国有资产大量流失;四是人员分流中,个别部门领导以亲疏关系远近决定人员去留,搞人际关系网。此次机构改革中,通过加强舆论监督、成立监察机构、完善公务员制度、制定国有财产保全和转移措施,以及妥善安置留用与下岗干部,通过各方面制度设计堵塞机制漏洞,既顺利推进了机构改革,又在一定程度上杜绝了改革中容易出现的腐败问题。

（3）分清问题类别,有的放矢,确保工作不松、不断、不乱、不散

一是稳定干部队伍特别是领导干部思想,保证各项工作"不松";二是保持工作连续性,特别是机关工作不能出现空当和漏洞,保证各项工作"不断";三是从严治党,加强纪检监察工作,特别是加强财经、人事安排工作的纪检监察,保证工作有条不紊、各项工作"不乱";四是落实中央关于妥善安置流转干部的要求,注意了解和分析干部的思想状况,解决他们的实际问题,真正把思想统一到中央精神上来,确保整个改革过程的有机统一,保证各项工作"不散"。由于界别问题准确、分类指导到位、有的放矢,使这次涉及规模最广、人员特别是领导干部流转最多、精简人员力度最大的改革能够顺利进行,基本达到了思想不散,秩序不乱,人员安排妥善,国有财产不流失,工作正常运转的预期目标。

（4）中央政治局领导亲自抓,有力地推进了改革

时任国务院总理朱镕基亲自抓机构改革,认真调查研究,走群众路线。朱镕基先后约见近百位国务院部委负责人,大兴调查研究之风,就机构改革的问题分别征询意见,最后形成改革共识。而且改革中国务院部门领导以身作则,服从改革大局,从自我做起,有力地推进了改革。

---

① 全国人民代表大会常务委员会办公厅：《中华人民共和国第九届全国人民代表大会第一次会议文件汇编》,人民出版社 1998 年版,第 91 页。

5. 改革中存在的主要问题

(1) "隐形"膨胀问题严重

由于市场经济刚刚起步,计划经济体制在一定程度上仍占据主导地位,所以,转变政府职能、实行政企分开仍然受到计划经济体制思维的严重的、重重的阻碍而不能到位,在实际的改革过程中,出现了"变脸权力",成立许多"翻牌公司"①"翻牌事业单位"。邓小平早在 1986 年就警告过:"你这边往下放权,他那边往上收权,增加了许多公司,实际是管办机构。"②③

1998 年机关工作人员的现状是:1/3 的人干,1/3 的人看,1/3 的人倒干。④

(2) 政府机构改革的"统一性"原则贯彻不彻底

政府机构改革的"统一性"原则贯彻不到位,可以从 20 世纪 90 年代中后期事业单位改革暴露出来的问题得到明示。一是行政改革事业化趋

---

① 所谓"翻牌公司"是指由行政部门转变过来,以原有的行政权力作为生产经营手段的公司。"翻牌公司"集行政权管理、行业管理、经营管理于一体。其主要有四点特征:一是利用原部门的计划管理权力,如资金、物资调配权,基建、投资项目的审批权;行业配套和行业发证权力作为组织生产经营的手段;二是靠平调企业的生产条件筹建公司,对企业收权、截利、转嫁困难;三是与原行政机构在资金、人员、职能上没有脱钩,或是不独立核算、自负盈亏;四是以行政权力,用"装口袋"的方式组建集团。"翻牌公司"的害处一是重新束缚住企业的经营自主权;二是导致政府机构重新膨胀。

② 中共中央文献研究室:《建设有中国特色的社会主义》(增订本),人民出版社 1987 年版,第 134 页。

③ 1998 年 3 月 6 日,香港《信报》刊出社评《方向正确、成效未知》。文中说,国务院机构改革可以说是反映了中国彻底推动市场化改革的决心,因为目前一套建立在计划经济基础之上的官僚架构,不但党政不分,而且政企不分,政府部门直接介入市场运作,不但效率低下,而且容易造成权钱交易,官僚腐败横生。市场化改革启动之后,企业的所有者、管理者和责任人三者之间的财产权和责任谁属,必须要在法律上明确划分,令企业在经营上能和政府划清权责。中国政府今年大声疾呼要反腐,但以权谋私的现象屡禁不绝,根本原因就是市场竞争不足,官员任意决定经济政策的权力过大。与政府就提供公共产品和服务展开竞争,让人民有更多选择的机会。在中国,进一步市场化并不意味着政府的作用降低,而是政府的角色和功能要转变,以往政府介入生产和投资活动过多但在宏观经济管理,为人民提供公共商品和服务的活动过少。现阶段,中国政府对于诸如教育、医疗卫生、农业开发、基础建设、环保以及社会保障等事务上,仍须负上主要责任,国务院的功能亦须维持在提供这些基本服务,国家干部逐渐由管治者成为提供服务的公仆,只要中国坚持这个方向,我们相信大陆的经济活力仍然可以保持蓬勃不息。

④ 刘智峰编:《第七次革命——1998—2003 中国政府机构改革问题报告》,中国社会科学出版社 2003 年版,第 48 页。

势。在机构改革过程中,许多政府为了达到中央政府机构改革的指标要求,名义上压缩行政机构和人员编制,将政府管制性事务,连同原机构和人员整建制转为直属事业单位,这些挂着事业单位牌子的机构,却行使着政府机关的行政权力,造成政府机构规模、人员编制隐形膨胀[①],表面上看政府机构改革达到了国务院要求,实质上机构数目、人员编制一个也没少,只是"翻了一下牌子""变了一下脸",同样"吃财政"。二是高校行政化趋势呈强。2000年6月,中共中央提出,事业单位的用人制度与党政机关的用人制度脱钩,逐步取消事业单位行政级别,事业单位人员的待遇不再按行政级别确定。但在2000年浙江大学等7所大学校长书记被中组部按副部级管理,2003年又增加吉林大学等11所大学,加上1992年的副部级大学共31所。这些大学在自我介绍时说"中央直管",头衔是"副部级大学""副部级高校"或中央直管高校。一方面强调事业单位与行政级别脱钩,另一方面又同时挂钩。政策与落实不一致,如何推进政事分开?

六、对本阶段政府机构改革的简要分析

其一,社会主义市场经济体制的逐步建立使政府机构改革的动力逐渐增强。在前一阶段(1978—1992)政府机构改革过程中,尽管将1982年政府机构改革的任务定位于服务经济体制改革,但当机构改革完成时,中共十二大尚未召开,经济体制改革也尚未启动,是一次没有跟进经济体制改革的单纯的机构精简,致使此次机构改革没有显著的突破之处,这也是后来政府机构又膨胀的原因之一。而1988年政府机构改革方案出台时,有计划商品经济改革已经铺开,在机构改革上的体现就是政府职能转变的提出,但是在进行了一些碎片式的改革尝试之后,由于中国进行经济调整,政府机构改革于1989年2月暂停。1993年政府机构改革与1982年相似,也是超前于经济体制改革的改革,一方面社会主义市场经济的成长

---

① 周天勇:《公务机构事业化和收费化的六大危害》,《中国经济时报》2007年12月18日,第1版。

需要政府的培育和扶持,另一方面,对市场经济究竟需要什么样的政府还认识不足,这必然会影响政府机构改革的力度和成效。与前三次机构改革截然不同的是,1998 年机构改革是在对市场经济认识逐步加深,市场经济体制框架已经基本建立的条件下进行的,市场经济的发展迫切需要相应的政府机构为其服务,或者说市场经济的发展需要什么样的政府已比较清晰。可见,市场经济体制的不断健全与完善,为政府机构改革指出了明确的方向并产生了强劲的动力。

其二,为加快以转变政府职能为重点的政府机构改革消除了体制性阻力。把政府职能转变的突破口定位于改革经济管理职能,着力进行政企分开。1998 年撤销 10 个工业专业经济部门。2001 年 2 月,国家经贸委撤销所属的 9 个工业专业经济管理国家局。这样,取消几乎所有专业经济管理部门,基本消除了政府机构改革过程中产生于计划经济体制的障碍。

其三,政府机构的设置与社会主义市场经济发展的要求逐渐适应。1998 年政府机构改革在政府职能部门的设置上也与 1993 年不同。1993年国务院机构改革侧重于专业经济部门和综合部门中的专业经济机构的调整,主要是合并和转型,而 1998 年国务院机构改革,重点加强宏观调控部门,发挥其平衡经济总量、优化经济结构、抑制通货膨胀的功能,使国民经济持续快速健康成长;调整充实文教、科技、资源保护及社会保障资源管理部门,进行事业单位改革,为市场经济提供精神动力和智力支持。

但是,本阶段政府机构改革在取得巨大成效的同时,也应该认识到,继续深化改革面临的任务还相当艰巨。

一是分税制改革、政企分开、政事分开所遇到的种种阻力,说明政府机构改革的进程不会一帆风顺。这些阻力背后的深层原因,就是政府机构改革已经触及传统体制下政府与企业、事业之间的关系,从而涉及政府官员的权力、利益关系的调整。改革之所以遇到了强大的阻力,是因为改革已经触及人们特别是部分官员所掌握的权力和拥有的利益。朱镕基说:"1997 年年底,找几十位部长逐个谈话,没有一位部长表示自己的部门该撤。"[①]行政权力及其产生的利益二者捆绑得越紧,行政权力所产生的

① 《读者参考丛书》编辑部:《中国经济的几大看点》,学林出版社 2013 年版,第 156 页。

直接的权力效用和经济利益就会越大,这促使人们把持手中的权力不放。如果权力控制的直接客体能够带来直接的具体的经济利益,权力对人产生的吸引会更强烈,权力寻租就具有这种特点;如果权力控制的直接客体及其利益的规模越大,直接的经济效用也越大,这也能够解释政府权力为什么总试图"万能"。这在政企关系中政府对企业的干预体现得最为明显。权力之外的人想得到这些权力,已经掌握了这些权力的人还想掌握更大的权力,以图获取更大的利益。这是企业自主权难以实现,政企分开步履维艰的根本原因。

二是计划经济体制的影响并未消失,甚至根深蒂固。马克思主义认为,社会存在决定社会意识。要逐步消除计划经济体制的消极影响,比较重要的方式就是大力发展社会主义市场经济,用逐步成熟的社会主义市场经济培育社会主义市场经济意识形式,在思想观念中逐步取代计划经济意识,从而消解政府机构改革观念上的阻力,但这是一个任重道远的过程。

从1993年到2002年政府职能转变逐步落实、机构改革逐步科学化的时期内,从中共十四届三中全会对社会主义市场经济条件下政府管理经济职能作出科学概括以来,机构改革就在以往历次改革经验教训基础上,开始在科学化改革方向上迈进了。1998年改革,继续落实中共十四届三中全会精神,紧紧抓住转变政府职能这一矛盾的主要方面,不以单纯撤并机构和裁减人员为目的,推动政企分开,使市场在资源配置中的基础性作用越来越大,逐步树立企业在市场中的主体地位。1998年改革,重点是精简机构,裁减人员,实现政企分开及减少政府对市场的干预。

三是政府职能转变是一个渐进的过程。党的十四届三中全会将政府职能转变定位于向政府管理经济的职能转变,强调政府的经济职能,对政府职能转变的认识尚未提升到服务社会的认识水平。这符合认识的一般规律。当市场经济发展到一定程度,对政府提供服务职能产生要求时,政府职能便会向社会服务职能转变,建设服务型政府。政府职能转变是政府机构改革的关键。一是政府职能转变是一种新的政府治理理念,机构改革在其导向下推进;二是政府职能转变与机构改革没有先后顺序;三是政府职能转变不是市场经济发展的要求与政府机构改革之间的中介,而是政府机构改革的方向。

在告别计划经济体制、向市场经济体制转变政府职能的过渡时期,进行政府机构改革同样会出现"收收放放""合合并并""膨膨简简"的怪圈。在这个时期,现行计划经济体制下的政府职能转变应是还权,政府因为拥有不属于自己的权力而庞大,不可能是"小政府",而是大政府。市场经济体制下的职能转变是放权,政府必须是"小政府",服务型政府。中国政府机构改革必须分清两类权力流转的界别,现行的职能转变是两步并为一步,既还权又放权。政府部门对分割掌握已久的权力尚未做好认识上和机制上的准备,所以进度迟缓,部门阻力很大;市场主体对突如其来的职能和权利尚未做好思想和资质上的接受准备,更不知如何运用这些权利和职能,所以显得手足无措,社会秩序躁动。政府的任务很重,一方面,坚持还权和放权,另一方面,要引导社会主体正确使用权利,制止滥用权利行为。

第五章 初步建立社会主义市场经济体制中的政府职能转变(2003—2012)

1998 年政府机构改革在很大程度上改变了计划经济体制下形成的政府机构设置的格局和模式,为 21 世纪政府机构改革奠定了良好的体制基础。21 世纪初中国加入 WTO,相应地对政府职能、行政管理体制和管理方式提出了改革要求。中国政府机构改革围绕正确处理市场经济条件下的政府与市场的关系,政府治理理念不断升华,政府职能转变内容不断丰富,政府职能转变途径不断拓展,政府机构设置不断创新。为实现建设"服务型政府"的目标,中国政府在加快政府职能转变、深化行政审批制度改革、进一步理顺中央与地方关系等方面不懈努力,并于 2003 年和 2008年分别进行了以解决政府管理中突出矛盾和问题为重点和探索建立职能有机统一大部门体制改革为主要内容的政府机构改革。

一、政府机构改革的背景

在某种程度上讲,背景就是改革的动因,它不仅决定改革的力度、方向,甚至决定改革的基本任务。新世纪之初,中国加入 WTO、社会主义市场经济体制建立和逐步完善、工业化进程进一步加快,许多经济指标已居世界前列,但经济发展面临的资源和环境约束问题日渐突出,人们对经济和社会的全面发展要求越来越强烈。全面建设小康社会、"以人为本"科学发展观以及建立和谐社会成为新的思想认同。转变经济发展方式成为发展的主题,转变政府经济职能和建立和谐社会成为改革的主题。①

(一) 中国政府机构改革是加入世贸组织的必然要求

2001 年底,中国加入世贸组织,这要求中国必须遵循国际贸易规则和惯例,以适应全球化经济潮流。但是长期以来,中国行政管理体制和机构存在的弊端,严重制约了经济社会发展活力,如果不深入推进行政管理体制和机构改革,就不能与国际市场接轨。加入世贸组织,与其说是对深化经济体制改革提出了新的要求,不如说是使深化行政管理体制改革具有了前所未有的紧迫感。因此,行政管理体制改革、政府职能转变必须在立足国情的前提下,更快更多地与国际规则对接,从而加速中国融入世界经济潮流的步伐。中共十六大着眼于中国所处的时代背景,就深化行政管理体制改革在政府职能转变、理顺关系、机构改革和政事分开四个方面作出部署。重点强调两项部署:一是改革国有资产管理体制,通过建立国资委,使其代表国家履行出资人职责,真正实现政企分开;二是完善政府经济调节、市场监管、社会管理和公共服务职能,减少和规范行政审批,完善宏观调控体系。这两项部署,既是经济体制改革的内容,更是政府机构改革的任务,对于政企分开、转变政府管理职能,加速与国际接轨的进程具有重大意义。

(二) 社会主义市场经济体制的初步建立②和逐步完善

随着社会主义市场经济体制的建立,人们的思想意识、价值观念、道德标准以及社会就业结构、利益分配结构、社会组织形式都发生了深刻的变化,社会利益结构日益复杂,这对政府的社会治理水平提出了更高的要求;同时,人民对于政府公共服务和公共产品数量和质量需求上升,特别是文化需求的期望值升高,这说明政府职能转变在这方面的滞后。市场经济体制改革的深入发展,迫使政府行政管理体制必须与其相适应,中国改革或制度创新进入了全新阶段——适应社会主义市场经济体制阶段。③

---

① 武力编:《中华人民共和国经济简史》,中国社会科学出版社 2008 年版,第 288 页。
② 江泽民:《全面建设小康社会 开创中国特色社会主义事业新局面》,人民出版社 2002 年版,第 3 页。
③ 李保民、刘勇:《十一届三中全会以来历届三中全会与国企国资改革》(下),《产权导刊》2014 年第 11 期,第 19 页。

1. 行政管理体制改革要与市场经济发展要求相适应

2003 年 10 月 14 日,中共十六届三中全会通过了《中共中央关于完善社会主义市场经济体制若干问题的决定》。该《决定》以增强公有制经济活力为目标,按照发展和完善社会主义市场经济体制要求,以公有制为主体扩大了所有制形式,国有资本、集体资本和非公有制资本作为多元投资主体,通过股份制发展混合所有制经济,逐步实行股份制作为公有制的主要实现形式。在看到现行行政管理体制对中国经济社会发展起到巨大的促进作用的同时,也应认识到其弊端也是非常明显的。政府职能越位、错位、缺位问题的存在,使政府做了许多不该做的事,而份内的事又没有做好,特别是政府对企业的管制过于直接、具体和微观,窒息了企业的活力;机构设置方面的叠床架屋、职责同构,条块分割,同时又存在职能交叉,使政府绩效难以提高。近年来,虽然将 GDP 作为官员政绩考核的主要指标在逐步弱化,但是科学的绩效考核体系仍未建立起来,重发展、轻服务,重管理、轻治理的行政风气仍然浓厚,形成了实际经济生活中的增长方式粗放、资源环境矛盾加剧等问题。这些体制性、机制性障碍,已阻碍了中国经济社会科学发展的全局。因此,必须进一步深化行政管理体制改革。

2. 政府职能已开始由"经济建设型"转向"服务型"

政府职能转变进入政府机构改革视域,可追溯到中共十一届三中全会。十一届三中全会公报指出:"大力精简各级经济行政机构,把它们的大部分职权转交给企业性的专业公司或联合公司。"[1]这里所说的"经济行政机构"就是精简的对象,"转交"就是还权、放权,将不该管的事情转移出去。虽然没有提及"职能转变",实际上就是要求经济行政机构转变职能。20 世纪 80 年代政府机构改革的目标就是实现政企分开,而途径正是转变职能。1987 年 4 月 25 日,国家体改委和劳动人事部在山东潍坊召开中等城市机构改革试点工作座谈会,座谈会的主要内容就是"紧紧围绕职能转变这个改革的中心环节进行试点工作。机构改革能否取得成功,关键在于能否实现政府管理职能的转变"[2]。中共十三大明确提出"这次机构改

---

[1] 中共中央文献研究室:《三中全会以来重要文献选编》(上),人民出版社 1982 年版,第 6 页。
[2] 张志坚:《见证:行政管理体制和劳动人事制度改革》(上),国家行政学院出版社 2012 年版,第 18 页。

136 of 304 改革开放以来政府职能转变研究

革必须抓住转变职能这个关键",转变职能概念第一次出现在中共代表大会文献上。十四届三中全会通过的《中共中央关于建立社会主义市场经济体制若干问题的决议》指出,政府管理经济的职能,主要是运用经济手段、法律手段和必要的行政手段来管理国民经济。党的十五大结合当时进行的国有企业改革,进一步将转变政府职能与国企改革结合起来,"转变政府职能,实现政企分开"。2002 年 3 月 5 日,朱镕基在九届全国人大五次会议上所作的《政府工作报告》指出:"必须进一步解放思想,彻底摆脱传统计划经济的羁绊,切实把政府职能转到经济调节、市场监管、社会管理和公共服务上来。"①探索实现政府职能转变的第二次突破。在"非典"发生后,以 2003 年 10 月中共十六届三中全会提出"树立和落实科学发展观"为标志,探索实现由经济建设型政府向服务型政府转变。

政府职能转变的第一次突破是以 1992 年中共十四大提出建立社会主义市场经济体制为标志。之所以称之为突破,是因为从 1978 年到 1992 年前的政府职能转变是在计划经济体制下的转变,而从 1992 年中共十四大开始,政府职能转变就含有适应市场经济体制需要的质的规定性,是在逐步建立社会主义市场经济体制中的转变中,已不是单纯计划经济体制下的职能转变。

1980 年代和 1990 年代的政府机构改革,已经逐步开始对工业专业经济部门进行裁撤。特别是 1998 年的改革撤销了全部工业专业经济管理部门,是以经济调节、市场监管为出发点,体现的是经济建设型的政府职能,但对社会管理和公共服务职能重视不够。2003 年"非典"的爆发,使中国共产党对长期以来主要履行经济建设型政府职能进行深刻反思:只注重经济增长而忽视社会管理和服务,忽视社会公平、公正、法治等方面的价值塑造,就会产生重大的社会危机。中共十六届三中全会将"坚持以人为本,树立全面、协调、可持续的发展观,促进经济社会和人的全面发

---

① 中共中央文献研究室:《十五大以来重要文献选编》(下),人民出版社 2003 年版,第 2281 页。

展"①作为新时期深化经济体制改革的指导思想和原则。② 从 2004 年、2005 年《政府工作报告》,党的十六届五中、六中全会,直到党的十七大提出政治、经济、文化、社会"四位一体"治国理政构想,提出"加快行政管理体制改革,建设服务型政府"的要求,更明确地实现了政府职能转变的新突破。③ 党的十八大总结长期以来政府职能转变的宝贵经验,重申"推动政府职能向创造良好发展环境,提供优质公共服务,维护社会公平正义转变。"④

(三) 行政管理体制改革处于更加重要的地位

行政管理体制改革是其他方面改革的关键环节。"以政府为重点的行政体制改革已经成为联系经济发展和政治改革的结合部和中间点"⑤。从经济体制改革方面来讲,要建立现代企业制度,就必须深化行政管理体制改革,为市场主体创造良好的社会环境,发挥市场在资源配置中的基础性作用,培育统一开放竞争有序的现代市场体系和宏观调控体系。这些改革甚至取决于政府自身改革的程度和力度。对于政治文明建设来说,如果行政管理体制改革不深化,那么反腐败的深入、行政权力的制约、党风政风建设就不能深化。由于行政管理体制改革所处的关键位置,就必须发挥其在全面改革中的枢纽作用,以促进其他方面的改革。

1. 行政管理体制改革"是全面深化改革和提高对外开放水平的关键"

中共十六届五中全会于 2005 年 10 月通过了《中共中央关于制定国民经济和社会发展第十一个五年规划的建议》,该《建议》突出政治体制改革的重要性,将政治体制改革与经济体制改革并举而不是分开推进。《建议》强调行政管理体制改革在新世纪中国对外开放进程中的重要性,"是全面深化改革和提高对外开放水平的关键",将行政管理体制改革的重要

---

① 中共中央文献研究室:《十六大以来重要文献选编》(上),中央文献出版社 2005 年版,第 755 页。

② 黄小勇:《中国行政体制改革研究》,中共中央党校出版社 2013 年版,第 20 页。

③ 黄小勇:《中国行政体制改革研究》,中共中央党校出版社 2013 年版,第 20 页。

④ 中共中央文献研究室:《十八大以来重要文献选编》(上),中央文献出版社 2014 年版,第 411 页。

⑤ 汪玉凯:《行政体制内涵式改革开启》,《人民论坛》2013 年第 35 期,第 47—49 页。

性提到如此重要的高度,是一个巨大的历史性进步。

2. "行政管理体制改革是深化改革的重要环节"

2007 年 10 月,中共十七大报告将科学发展观确立为统领中国行政管理体制改革的重要指导思想,并重点阐述了"加快行政管理体制改革,建设服务型政府",提出"行政管理体制改革是深化改革的重要环节"[①],对行政体制改革从规范政府行为、规范垂直管理部门和地方政府关系、大部制改革、减少行政层次、减少领导职数和加快推进事业单位分类改革等六个方面专门阐述,成为指导大部门体制改革的总体要领。

3. 把社会管理和公共服务放在更加重要的位置

新世纪初,党对于机构改革的认识已经不再停留在政企分开、政社分开、政事分开的具体措施上,而是把这些措施置于进入新世纪行政管理体制的整个背景下推进,强调行政管理体制改革的系统性、整体性。胡锦涛在 2008 年 2 月主持中共中央政治局第四次集体学习时,指出了政府职能转变要着眼于经济调节、市场监管、社会管理和公共服务四个领域,重点围绕社会管理和公共服务深化政府机构改革,把社会管理和公共服务放在更加重要的位置。3 月 3 日,中共中央、国务院共同印发《关于深化行政管理体制改革的意见》,该《意见》确立了行政管理体制改革的远景目标,并提出了更高层面的指导思想、基本原则和重要方针。《意见》对 30 年行政体制改革的经验教训进行总结,指出了在职能转变、职责配置、机构设置和监督制约机制四方面存在的"不相适应",这些"不相适应"就是行政体制改革要着力解决的问题。

二、市场经济体制下政府职能转变内容的丰富和发展

从 1985 年中国共产党首次使用转变职能概念以来,转变职能作为机构改革的关键的确发挥了重要的作用。但在职能转变的实际演进历程

① 中共中央文献研究室:《十六大以来重要文献选编》(中),中央文献出版社 2006 年版,第 1074 页。

中,存在着内容相对单薄,转变途径比较单一的情况。

从职能转变的内容上讲,中共十三大提出使政府经济管理职能由直接管理为主转变到间接管理为主,提高政府对宏观经济活动的调控能力;中共十四大关于政府职能的阐述主要侧重于宏观调控功能和对国有资产、市场的管理、监督功能;中共十五大提出政府职能侧重于扩大企业经营自主权、加强宏观调控和执法监管、注重培育和发展社会中介组织。

从职能转变的途径上讲,中共十三大没有明确提出政府职能转变的途径,但是提出了转变职能要按照经济体制改革和政企分开的要求来进行;中共十四大把政企分开作为政府职能转变的根本途径;中共十五大又深化了认识,明确提出政企分开的着力点是解放企业生产经营管理权,真正使企业走向市场。

一方面社会经济的发展需要政府提供更多服务,另一方面政府职能转变内容和途径的偏狭以及社会承担政府转出职能的载体的不足,这两方面使政府难以找到转移出的政府职能的承接载体,那么,本来应该由市场和社会承担的职能,就只好仍然由政府承担起来,如果政府感到不堪重负,就必然增加行政机构和人员编制来行使这些职能,导致政府机构膨胀。

因此,为适应市场经济不断发展和完善的需要,职能转变的内容要丰富,转变的途径要向新的领域拓展,要培养社会组织(非政府组织)。

(一) 中共十六大以来政府职能转变内容的新概括

在社会主义市场经济逐步发展和完善时期,中国政府机构改革以实现政府职能的根本转变为引领,以建设服务型政府为目标,继续抓住政府职能转变这一关键,积极推进。围绕这一改革理念,在总结和汲取前几次机构改革经验教训基础上,对政府职能转变内容的认识不断深化。

1. 政府职能向服务型政府转变概念的提出

随着社会主义市场经济的建立和逐步完善,中国将政府改革战略选择的核心定位于建设服务型政府。2004年2月21日,中央党校举办省部级领导干部"树立和落实科学发展观"专题研究班,时任国务院总理温家宝在研究班上的讲话提出建设服务型政府理念,2005年他在政府工作报告中又做了详细阐述。这是从经济建设型政府到服务型政府的重要转变,是我党政府治理能力理念的深刻变化。

2006年10月,中共十六届六中全会将加快服务型政府建设作为新时期行政管理体制改革的重要目标。

通过加快行政管理体制改革建设服务型政府,被写入中共十七大报告中。建设服务型政府的内涵,表现在政府职能要转变、政府与市场主体及政府内部机构之间的关系要理顺、政府内部结构要优化、政府工作效能要提高,最终落实在社会管理和公共服务上,提高政府治理能力和公共服务能力。

2. 政府职能转变根本目标的提出

本世纪初,我党对行政管理体制改革、政府职能转变和机构改革的认识有了质的提升。围绕建设服务型政府,在行政管理体制改革方面全方位推进。中共十七届二中全会通过了《关于深化行政管理体制改革的意见》,对行政管理体制改革的近期任务和2020年远景改革目标都做了具体规划和实施要求。该《意见》确立了到2020年建立起比较完善的中国特色社会主义行政管理体制。从三个维度上实现政府职能转变,一是从市场主体所需的环境上讲,要创造良好发展环境;二是从政府职责上讲,要为市场主体提供优质服务;三是从社会治理上讲,要维护社会公平正义。这三个维度的拓展,关键在政府。这一政府职能转变根本目标的提出标志着中国共产党对政府职能的认识又进入了一个更高的阶段和层次,也标志着政府机构改革从此有了明确的职能定位和发展方向。这既是政府职能转变的方向,也是对十六大以来关于政府职能转变的高度概括和提炼,更是中国政府在职能转变实践过程中确定经济调节、市场监管、社会管理和公共服务各项职能具体内容的科学依据。

中共十八大对服务型政府的内涵进行了阐述:"职能科学、结构优化、廉洁高效、人民满意"。[1] 目标是人民满意,实现方法是科学设计政府职能、优化组合政府结构、自身建设廉洁奉公、整体运转高效。中共十八大把深化行政审批制度改革和持续推进简政放权作为实现政府职能转变的

---

[1] 中共中央宣传部:《习近平总书记系列重要讲话读本(2016年版)》,学习出版社、人民出版社2016年版,第176页。

瓶颈突破。

(二) 中共十六大以来政府职能转变理念新拓展

中共十六大以来,中国共产党适应市场经济体制的基本要求,在科学发展观指引下,加深对政府职能转变的认识,将政府职能转变的途径扩展到政资分开、政社分开,以深化、加快政府机构改革。

1. 政资分开

政资分开是指政府在职能上不再同时将国有资本的所有者代表机构和社会行政管理机构双重身份集于一身,而是将国有资产所有者职能与社会行政管理职能分开。[①] 在国有资产的管理方面,将由实物化向价值化、货币化、证券化转变,同时,由单一的固定资产管理向地产、房产、有价证券、商品等资产一体化转变。[②] 政资分开是政企分开的必要条件。政企分开是把各级政府机构对经济的行政管理职责同企业自主经营权分开。政企分开的三层逻辑递进关系是:政府作为国有资产所有者权能与国有资产的社会经济管理法人关系划清;国有资产监管人职能与国有资产经营者关系划清;就国有资产代表政府的出资人所有权能与企业法人权能关系划清。这三重关系的划清是最终真正实现政企分开的充分必要条件。第一重关系是后两个关系能否划清的前提。所以,政资分开对政企分开起着非常重要的促进作用。[③]

中共十七大正式将政资分开与政企分开、政事分开、政府与市场中介组织分开作为深化行政管理体制改革的重要环节一并提出。

2. 政社分开

中共十七大没有直接提及政社分开,而是提出了"政府与市场中介组织分开",政社分开是中共十八大提出的。政社分开与政企分开、政事分开的内涵一致,就是把社会组织从政府统管下分离出来,成为市场主体,承担原本由社会组织承担却由政府包揽的部分社会治理职能。政府由对

---

① 吴爱明、刘文杰:《政府改革:中国行政改革模式与经验》,新华出版社 2010 年版,第 206 页。

② 张志坚:《见证:行政管理体制和劳动人事制度改革》(上),国家行政学院出版社 2012 年版,第 159 页。

③ 杨天宇:《对现行"国资委"模式缺陷的理论思考》,《华北电力大学学报(社会科学版)》2007 年第 1 期,第 48 页。

社会组织的直接统管转变为间接管理，职能转向为社会组织在市场经济条件下发挥作用提供服务，从而使政府集中力量为社会经济发展提供良好的公共产品和公共服务。

顾名思义，社会中介组织的功能就是"中介"，作用范围就是社会领域。社会中介组织就是依法或依据政府委托成立，遵循中立、公正和公平原则，以其自身特有的功能沟通不同市场主体之间的信息，代表、协调、维护组织成员利益，为社会提供各种服务的民间组织。有社会中介组织发挥重要作用的政府治理结构是现代市场经济体制下的政府行政管理体制的组织创新和制度创新。社会中介组织的特征是中立性、自愿性、专业性、自律性等。① 中介组织的划分标准主要有两类，一是按其活动领域，划分为市场类中介组织。这类中介组织包括：代理类、评估类、鉴证类、经济类、交易类等等；二是按其在市场经济中的社会功能作用，可划分为社会类中介组织。这类中介组织包括：公益类、慈善类等等。还有其他种种划分方法，这里不再一一列举。

中共十七大提出"政企分开、政资分开、政事分开、政府与社会中介组织分开"，中共十八大提出"政企分开、政资分开、政事分开、政社分开"②。此处政社分开"社"的内涵还包括社会中介组织之外的社团组织、基层自治组织等社会组织。社会组织的发展有一个前提，就是"政"和"社"必须分开，社会组织的地位要提升，最终形成一个多元化的、多中心的社会治理结构。

三、中共十六大以来政府职能转变实践新探索

在社会主义市场经济条件下，中国共产党继续坚持以往政企分开、政事分开改革，并在前期改革基础上在政资分开、政社分开方面展开了新的探索；同时，深化行政审批制度改革也是本次政府机构改革的重点内容，

① 马立、马西恒编：《中介组织与社会运行》，上海交通大学出版社 2012 年版，第 1 页。
② 中共中央宣传部：《习近平总书记系列重要讲话读本（2016 年版）》，学习出版社、人民出版社 2016 年版，第 175 页。

对加深政府机构改革起到了巨大的推动作用。

(一) 政资分开

新世纪以来,为适应 WTO 规则的要求,中国政府建立的国资委国有资产管理体制,成为深化国企改革的新亮点,它为实现政企分开,迎接经济全球化挑战发挥了重要作用。计划经济的长期发展,形成了政府管理经济的历史性惯性,政企分开有很多阻碍因素。一方面,国有企业所有权与经营权的关系是政企分开的关键,落实国有企业经营权,往往说易做难。另一方面,政府的行政管理职能不是代替企业直接管理生产经营,而是着眼于提高社会治理能力的行政管理。所有权与经营权如果厘不清,政府管理与企业经济活动的关系就难以划清。政府的行政管理职能,主要是统筹规划、组织协调、信息引导、政策导向、检查监督和提供服务。[①]

1. 国有资产监督管理委员会职能履行

国有资产监督管理委员会(下称"国资委")的建立是政企分开的重要组织条件。改革开放以来,政企分开之所以差强人意,一方面是政府操控企业具体生产经营活动,使企业成为政府的附庸,政府自己充当了既是裁判员又是运动员的角色;第二个原因就是政府控制资本不牢,出现国有资产所有权人缺位问题。从 1993 年以来改革专业经济管理部门,国有资本所有权人没有及时跟进,产生与企业脱钩的问题。国资委的建立之所以是政企分开的重要组织条件,就是因为国资委作为政府授权的特设机构能在一定程度上克服上述两方面弊端。国资委成立以来给国有资产监管注入新的动力,也极大地促进了国有企业的发展壮大。

(1) 国资委的成立

1988 年国有资产管理局成立,主要的职能就是将各专业经济管理部门的国有资产管理职能集中起来统一行使,但由于 1989 年 2 月国家开始的三年经济调整以及 1993 年开始的国务院机构改革对专业经济机构撤的少,合并增加的多,政府各专业经济管理部门仍然拥有对国有资产的管理权力,其职权范围也未得到相应调整。这样,各专业经济管理部门与国

---

① 张志坚:《见证:行政管理体制和劳动人事制度改革》(上),国家行政学院出版社 2012 年版,第163 页。

家国有资产管理局的职责职能就出现了交叉、重叠,职权行使上存在冲突,资产管理上出现缝隙。为改变这一问题,1998 年撤销国有资产管理局,由财政部行使国有资产管理职能。但是各专业经济管理部门仍然存在并行使职能,职能交叉与冲突的问题依然未解决。中共十五届四中全会颁布《关于国有企业改革和发展若干重大问题的决定》,该《决定》提出了国有资产"授权经营"的理念。经过试点以及对上海、青岛、武汉等 7 个城市国有资产管理体制经验的总结,初步形成了国有资产"授权经营"模式:以国资委、国有资产运营者和经营企业三者为中心形成上、中、下三个运作层,上层国有资产与社会经济的分离;中层监管与运营的分离;下层资产出资人所有权与企业法人财产权的分离。

2001 年 2 月,国家撤销了 9 个政府专业经济部门,消除了国有企业条块分割管理方式的状况,是中国政府经济管理体制的重大变革,标志着计划经济体制的终结。但是,出资人制度改革与专业经济部门撤销后对国有资产的管理之间出现断层,反而弱化了政府对国有资产的管理职能,并产生了国有资产管理混乱状况:政府对国有资产出现多头管理;出资人不到位,企业管理层出现各自为政现象;没有一个政府部门对企业改制、资产重组、经济结构调整作出统筹规划;中央政府管理半径太大,难以有效管理全部国有资产,造成国有资产严重流失。① 政企分开出现困境。

面对政企分开遇到的严重问题,为深化国有资产管理体制改革,堵塞国有资产严重流失漏洞,根据中共十六大关于构建适应社会主义市场经济的新型国有资产管理体制的框架精神,将国有资产管理职能从国有资产所有权职能中分离出来。政府公共管理职能不包含国有资产出资人职能。国有资产所有权职能主体具有委派或选定国有资产出资人的资格。建立国有资产管理体制框架,包括转变国有资产所有权职能、明晰产权关系和合理划分政府与企业职责,最终落实到国有资产所有权与经营权剥离。国有资产所有权职能与政府社会经济管理职能分离是新型国有资产

① 周放生:《国有资产管理体制改革的历史沿革》,《国有资产管理》2008 年第 11 期,第 51—52 页。

管理体制。在这个前提下,就可以运用各种经济手段促进社会经济发展。新型国有资产管理体制的前提是国有资产所有权职能与政府社会经济管理职能分离。

十届全国人大一次会议于 2003 年 3 月 10 日通过设立国务院国有资产监督管理委员会(国资委)的决议。属国务院直属正部级特设机构,省市(地)设地方国资委,形成国有资产垂直管理体系。设立国资委,国资委作为政府管理国有资产的部门,加强了中国政府公共管理职能,这是经济管理职能从国家国有资产所有职能分离出来的组织保证,明确了国有资产出资人的地位。国资委的设立使政府实现由管企业到管"资本运作"的转变,在一定程度上解决了政企不分、产权不明的问题。

(2) 国资委国有资产管理职能的法律规范

为了规范对国有资产监督管理和国有企业调整重组,推进政资分开,吸取国有资产流失的教训,国资委成立后加强了国有资产管理职能的法制建设。从对国有资产监督管理到完善监督管理体系,再到关于国有企业在市场竞争中优胜劣汰的法律性规定、政策性指导,关于国有资产的保值增值、防止流失建立了较为完善的法律和制度体系。关于国有资产监督管理的立法,始于 2003 年 5 月国务院颁布的《企业国有资产监督管理暂行条例》;监督管理体系的进一步完善见于国务院在 2005 年 4 月提出的《关于 2005 年深化经济体制改革的意见》。关于国有资本在市场经济竞争中可能会出现的国有资本调整和国有企业重组的情况,2006 年国务院转发国资委《关于推进国有资本调整和国有企业重组的指导意见》,指出到 2008 年国有企业政策性关闭破产任务要结束。2009 年 5 月,针对如何处理企业中国有资产问题,实施《企业国有资产法》。这部法律中首次用"国家出资企业"法律概念代替"国有企业"。《企业国有资产法》的实施,对于规范国资委对国有资产的监督管理职能,积极推进政资分开,具有重要的法律保障作用。

从国资委产生的动因来看,它是在政企分开遇到严重困境的背景下产生的。国资委的主要功能一是代表国家行使国有资产出资人资格,弥补国有资产所有权人缺位问题;二是作为政府授权的非行政特设机构,起到了防止政府既是裁判员又是运动员的角色混乱状况。

2. 政资分开面临的深层问题分析

(1) 国资委职能比较模糊

国家经贸委中指导国有企业改革和管理的职能、中央企业工委的职能和财政部国有资产管理局的部分职能经过整合,形成国资委的职能。国资委一方面行使由国务院授权的国有资产出资人代表职责,另一面还具有国有资产收益权、重大决策权和选择管理者权[1],同时又具有监督、指导、推进国有企业改革的职能。从国资委职能行使情况来看,国资委习惯于用行政管理方式监管国有企业,其国有资产出资人职能和政府管理者职能还是未分离,在很多方面存在角色冲突、职能模糊的问题,特别是企业管理者由国资委选定,客观上容易造成企业对国资委的依赖,本质上强化了行政干预,并未真正实现政资分开。

(2) 从国有资产权利主体上讲,存在国有资产所有者虚位问题

政资分开要求政府将其国有资产所有者职能与社会经济管理职能分开,使政府不再同时行使两种职能,通过构建独立的经济实体来行使国有资产所有权职能,这是国资委的真正职能。实践中的主要问题是,国资委实属政府行政机构,并没有组建成为行使国有资产所有权职责的经济实体,甚至成为地方"国有资产统计局",没有形成国有资产产权主体。[2]

国资委的职能定位要适合社会主义市场经济的发展要求,从政企分开的本质要义上讲,国资委应该是单纯的国有资产出资人,不应承担政府社会公共管理职能。因为政府社会公共管理职能不同于国有资产出资人职能,这表现在二者的价值追求上,前者的价值追求是维护社会整体利益,后者的价值追求是国有资产保值增值。只有从职能定位与价值追求上确认国资委的职能,才能保证国有资产所有者到位。

但是 2003 年以来的事实证明,只要国资委具有行政机构身份,国资委就会偏重直接参与国有企业管理而忽视国有资产所有者职能的行使,那么所有者虚置问题就得不到解决,同时"政资分开"也不可能实现。

(3) 从国有资产经营上讲,存在公共财政与国有资产财政混同问题

---

[1] 杨天宇:《对现行"国资委"模式缺陷的理论思考》,《华北电力大学学报(社会科学版)》2007 年第 1 期,第 49 页。

[2] 陈伯庚:《政企分开的难点剖析》,《学术月刊》2001 年第 10 期,第 51 页。

政资分开既然要求将政府的所有者职能与社会经济管理职能分开,那么,与这两项职能相联系的财政也应彼此分离,以便彻底实现政资分开,即建立与公共财政相对等的国有资本财政,分别以政府公共预算与国有资本经营预算去界定与规范政府行为,这样,就将政府双重身份的活动区分开了,也就实现了政资分开。[①] 其实践意义在于,一是它能够保证国有资产独立运营,避免公共财政对其侵蚀;二是能够使政府对国有资产经营状况承担有限财产责任,不再承担诸如动用公共财政资金对国有企业进行补贴的无限责任。但是这种设计的推行在实践上遇到的阻力主要是两方面:其一是国有资产利润是各级政府的财力组成部分,是政府施政的经济基础、财力依据以及直接的利益所在,这就从直接利益上固化了"政资不分";其二是地方财政部门从对国有资产的挤占中获得巨额利益。问题是,如果没有财政账户的这种分设,政府实际上仍要对国有资产随意干预并继续承担无限责任,"政资分开"将缺乏实际意义。[②]

(4)从企业法人财产所有权来讲,存在股权结构单一问题

从中共十四届三中全会提出建立现代企业制度,到中共十六届三中全会提出要大力发展混合所有制经济,再到2006年国务院转发国资委《关于推进国有资本调整和国有企业重组的指导意见》,国有大型企业现代企业制度建设步伐稳步并加快,国有大型企业股份制改革,投资主体多元化推行,国有企业改革的股权结构多样化方面取得重大进展。

但是,随着中国经济体制改革的深入推进,国有企业行业分布广、垄断地位强,阻止大批民营经济市场准入的弊端,使大批民营经济的市场准入普遍遇到"玻璃门"。因此,国有大型企业股份制改革进展缓慢,投资主体多元化难以形成。国有企业仍是一股独大,股权结构单一,由此难以形成国有企业治理机制商业化。[③]

企业治理机制难以实现商业化,就难以阻却政府行政权力对企业的

---

① 张馨:《政资分开是解决国有企业问题的核心思路》,《中国财政》2006年第12期,第1页。

② 杨天宇:《对现行"国资委"模式缺陷的理论思考》,《华北电力大学学报(社会科学版)》2007年第1期,第49页。

③ 张文魁:《"十二五"期间国有企业改革的方向和任务》,《决策信息简报》2010年第22期,第3页。

干预以便于政府兼用市场和行政手段从国企中攫取利益,而且政府也出于利益考虑,做实国企垄断地位,使企业成为政府的长效"大金库",企业仍旧是政府的附庸,从而政资、政企难以分开。只有实行股权结构多元化,方能在利益多元性的基础上建立国有企业治理机制商业化,从企业内部治理机制上建立起防止行政权力"入侵"的屏障,促使政资分开。

3. 政资分开的路径探索

一是国有资产管理正确定位和真正到位。从法理上讲,国有资产属于人民,全国人民代表大会代表人民对国有资产进行监督管理应是人民代表大会的权力所属。另一方面,既然国资委管的是人民的财产,那么,实现这一目标有两种途径:一是将现有的国资委隶属关系从隶属国务院归并人大,明确其身份,这样国资委在行使职权时才能名正言顺,同时避政企不分之嫌;或是在维持现有体制下,强化人民代表大会的监督,国资委不仅向人民政府汇报国有资产监督管理、保值增值情况,而且要向同级人民代表大会就相同内容负责。相比而言,前一种方式较为理想。但是,不论采取哪种方式,都应该加强人大在国家权力体系中的实际分量,使"橡皮图章变成钢印"。

将国有资产保值增值情况与国资委成员的个人利益——物质、升迁、荣誉、政治发展等利益密切联系起来,关注理性经济人特点,合理关切政府工作人员的正当利益诉求。用合理的利益考评和激励机制使他们的权利、责任与义务结合起来,使其以第一义务人的身份去尽职尽责,监管国有资产。

二是依法治资,统一监管。市场经济是法制经济,要依法治资。2007年《物权法》的颁布、2009年《企业国有资产法》的实施以及相关行政法规、规章对国有资产的权属、监管、经营等等均作了规定,对于堵塞国有资产流失"黑洞",国有资产保值增值,提供了法律保障。但在实际执行中,相关法律落实还不到位。对待国有资产采取双重标准,没有划归国资委统一管理是比较普遍的现象。2003年3月,国资委成立伊始,国务院只将国资委的财产监督管理对象限定为国有企业,而将其他国有资产置于监督管理之外。国资委的职责就是管理国有资产,凡是法律法规规定应由国资委管理的资产应一律纳入国资委管理范围,而不论这部分"奶酪"原属哪个部门管辖。同样令人费解的是,将原属于财政部直属的国有资产管理局中的"部分"国资管理权能划归国资委,而将中央文化企业国有资产的监督管理权限仍旧留在财政部行使。理顺部门关系、解决职能交叉问题是国务院机构改革的常识性问题,财政部作为国务院宏观管理部门难道不知道应将此管理权交予国资委?其中缘由恐怕是掌管中央文化企业监督管理权是"我的奶酪"。上行下效,山东省某地级市国资委负责人坦言:"很多部门都掌握着自己的企业,当成自己的自留地,就是不交给国资委当作公粮田。""我们国资委其实没什么可监督管理的。"

应该通过立法,赋予国资委相应的真正的监督管理权。无论是什么"大佬"掌控的国有企业、国有资产,都要归于国资委监督和管理,都要自觉接受国家审计部门的独立审计,一视同仁。实施统一监管有利于建立规则统一、权责明确、规范透明的监管体系,符合政企分开、政资分开的改革方向,是国资监管的目标。这一方面,任重道远。

三是围绕设计指标体系,建立稳定的契约关系。建立以国有资产的保值增值为核心,以国有持股投资企业的科技创新能力、企业竞争能力和长期续航发展能力为内容的指标体系。将一般竞争性企业、金融企业、国家特许经营性企业、自然垄断性企业和一般工商业区别开来,依据其不同的特点建立相应的指标体系。在实现这一指标体系的过程中,国资监管机构——国有资本投资运营公司——国有出资企业这一管理组织中,要按照市场经济规律和市场规则建立以稳定的契约关系为内容的委托代理关系,以约束三方行为,减少"道德风险"和"逆向选择"风险。

(二) 政事分开的继续推进

事业单位的存在,是计划经济时期行政一体化体制下的遗留物,集行政性、经营性、公益性职能于一身。由于职能混乱、行政等级严格,又使用陈旧的管理方式,所以,事业单位不同程度地具有政府机关的特点。政府机关的痼疾,在事业单位均有不同程度的体现。本世纪初的政事分开,是在社会主义市场经济体制初步建立、行政管理体制改革纵深发展的背景下进行的,公益性取向是事业单位改革的重点。

1. 政事分开着眼于建设服务型政府

中共十六大报告在"政治建设和政治体制改革"一部分中特别强调要

按照政事分开原则,改革事业单位管理体制。十六大以来,围绕政府职能转变,加快推进事业单位分类改革。中央编办于 2006 年 7 月下发《关于事业单位分类及相关改革的试点方案》,对事业单位的社会功能进行了切实的划分。根据《方案》,事业单位可分为行政性的、公益性的和生产经营性的三类。重要的是该《方案》规定,今后不再许可行政性、经营性事业单位设立。这是今后只准许设立公益性事业单位的规范性、政策性依据。这个《方案》是中国事业单位全面改革的总体思路框架。[1] 对于此前已经设立的行政性、经营性事业单位,依据建设服务型政府的要求已失去存在的合理性,必须按照政事分开、事企分开和管办分离的原则进行改革,转变职能。中共十七大按照事业单位的类型确定了事业单位分类改革的方针。中共十七届二中全会通过了《关于深化行政管理体制改革的意见》。该《意见》对事业单位分类改革提出了具体的措施,行政性事业单位要逐步改为行政机构,或将其职能划归相应行政机构;经营性事业单位,改革为企业;公益性事业单位,保留并强化公益性,整合资源,按照社会主义市场经济规律要求,完善法人治理结构,政府要加强对公益性事业单位的监管,保证其健康发展。

在总结中共十六大以来事业单位改革的经验基础上,中共中央、国务院于 2011 年 3 月颁布《关于分类推进事业单位改革的指导意见》,单独将分类推进事业单位改革提出指导性意见,重申了中共十七届二中全会的意见精神,并强调对公益性事业单位要将其保留在事业单位序列中,强化公益性。

中共十八大报告指出,深入推进政企分开、政资分开、政事分开、政社分开,建设职能科学、结构优化、高效廉洁、人民满意的服务型政府,将政事分开作为建设服务型政府的重要内容。在政府职能、政府结构、工作成效和人心向背层面上推进政事分开,通过解除对事业单位的束缚,实现政事分开,通过建立法治、科学、有效的体制,充分发挥各级各类事业单位积极性和创造性,直接服务社会。

---

[1]　吴爱明、刘文杰:《政府改革:中国行政改革模式与经验》,新华出版社 2010 年版,第 194 页。

2. 政事分开的基本思路是分类指导、强化公益性

其一是根据党中央、国务院部署,将事业单位分为行政管理类、公益服务类和生产经营类,按事业单位类别进行改革。要统筹兼顾,科学设计,通盘考虑,以避免出现区域间较大的偏差。要与党政系统其他部门的改革一同进行,在利益分配格局上不能出现太大的偏差。其二是突出事业单位改革的公益性职能,注意避免改革过程中出现公益服务市场化倾向。其三是强化事业单位内部管理体制改革,重点是机构编制、法人治理、人事管理制度改革,切实维护事业单位和职工的合法权益。

3. 事业单位改革的内容

(1)教育事业单位改革

对事业单位分类改革是在边改革边总结经验的过程中进行的。从2003年农村义务教育改革开始,事业单位改革逐步铺开。在总结2003年开始的农村义务教育改革、2005年开始的农村义务教育经费保障机制改革经验基础上,2006年修订《义务教育法》,全面保障农村义务教育。从2006年起,中国在西部地区免除义务教育阶段的学杂费,全部由政府承担。从2007年起,免除义务教育阶段的学杂费这一制度在全国施行。

(2)卫生事业单位改革

国家通过扩大医疗机构经营自主权、倡导社会力量办医、预防保健和卫生服务体系、加强农村基础卫生设施、改革医疗保障体制等举措,极大地促进了中国卫生职业的发展。统计显示,截至2003年,卫生单位数量增速达到74.57%。[1] 2009年3月17日,中共中央、国务院提出《关于深化医药卫生体制改革的意见》,提出了"人人享有基本医疗卫生服务"的目标。2009年以来,基本实现了使城乡居民享有医疗保障的目标。

(3)科技事业单位改革

按照"稳住一头,放开一片"的方针,国家通过鼓励科技机构转为科技经济实体、改善政府对科技机构的管理机制、推行各种形式的承包经营责任制和科技机构利益分配机制等改革,促进了中国科技与经济的结合,充

---

[1] 第一次全国经济普查项目研究选题组:《中国卫生行业发展的现状与特点》,《统计研究》2007年第3期,第58页。

分体现科技是第一生产力的地位。[①] 据统计,截至 2006 年底,科技经费支出 5790 亿元,取得科研成果 32683 项。[②]

(4) 城乡就业失业养老保险改革

注重城乡就业职业培训、城镇职工居民养老保险、农村"新农合"及养老保险,城乡就业失业养老保险改革取得极大成就。

(5) 清理整顿事业单位,推行事业单位分类改革,事业单位用人制度改革,工资福利制度改革等。

4. 政事分开主要经验

其一,打破政府对社会事业单位的垄断,使政府职能回归到对市场失灵的处置上来;其二,破除计划经济体制思维,使事业单位从政府的附庸地位中解放出来,并划清二者的职能边界;其三,事业单位改革,对其进行科学分类是改革的前提;其四,从实际出发,因地制宜,逐步推进改革。

5. 政事分开存在的问题

(1) 事业单位重行政性管理,轻法人治理

事业单位行政化倾向和行政化管理问题仍然不同程度地存在。由于改革开放以来事业单位改革的滞后,对事业单位依附于政府机关的"捆绑关系"一直未能破解。计划经济时期形成的国家干部旧观念,一直在事业单位中根深蒂固,成为现实事业单位改革难的重要历史原因。如有些高校的管理部门职员服务意识淡薄,官僚习气浓厚,以官员自居,背离高校育人职能,严重损害了党的教育方针的贯彻执行。尽管中共中央、国务院颁布《关于分类推进事业单位改革的指导意见》,提出了在 2016 年完善法人治理结构方面取得较大突破进展,但从现实事业单位改革进程来看,法人治理模式尚需时日。

(2) 重减轻财政负担,轻强化公共服务职能

2000 年前后进行的高校合并,是政事分开的重大举措,主要的目标是进一步完善高校运行模式、实现资源共享、发挥资源优势、生成规模效应、提高社会经济服务能力,打造世界一流大学。但在实际运作中,却出

---

① 汪玉凯:《中国行政体制改革 30 年回顾与展望》,人民出版社 2008 年版,第 258 页。

② 《2007 年科技统计资料汇编》,http://www.sts.org.cn. 2008—03/27。

现了"合校风",趁机"甩包袱""转负担",将濒临破产、倒闭的不同层次的学校、科研机构、文化机构并入大学,成为大学发展的沉重负担,使大学在提高社会服务能力的过程中步履艰难。另一方面,政府在促进事业单位改革过程中,注重的是政府财政负担的减轻,而不是为了推动高校提升社会公益服务能力,认为事业单位公共服务能力的提高是事业单位自己的事,对事业单位的社会服务作用及其与政府的责任关系认识不足,既然与己无关,何不高高挂起? 政府在构建社会治理体系和治理能力现代化过程中应具有远见卓识。

(3) 事业单位改革没有触及政事关系问题实质

改革开放以来事业单位改革的路径基本类比政企分开的模式,放权让利、管理自主权、合并扩张、内部机制挖潜等,这些措施对事业单位改革起了一些作用,但从总体效果上来看,不免有隔靴搔痒之感,没有激发事业单位活力,事业单位公益服务倾向仍旧淡漠。根本的原因就是没有触及政事关系的"灵魂"——政府与事业单位的管理体制和运行机制问题,政事改革长期以来进行的一直是一场没有触及"灵魂"的革命。

(4) 政事分开与事业单位改革目的相悖

政府主管部门的出发点是减轻事业单位造成的财政负担,所以将本来是解除事业单位对政府机关依附关系的还权放权行为,在实际执行起来就"跑了偏",成为事业单位公共服务市场化、增收创收的政策。相应地,事业单位在政府部门"给政策不给钱"思路指引下,将解决自身运行经费不足的问题放在第一位,以公共服务为导向的改革动力不足,市场化需求反而很强,没有将这些权力应用于公共服务供给能力的培养上,这容易造成对事业单位整体改革成效的侵蚀,湮灭了服务的公益性。从此来看,事业单位社会服务能力不足,政府应承担主要责任。

6. 对事业单位分类改革的对策建议

一是将推进事业单位分类改革置于政府与市场关系的厘清中推进。新世纪以来,围绕政府与市场关系这一经济体制改革的核心,政府推进了政企、政社、政资、政事分开改革,目的就是政府的职能与市场主体的职能互不交叉、互不重叠,实现社会整体效益最大化。市场在资源配置中的基础性作用是柔性的,很容易出现市场失灵,需要政府这只看得见的手来调节或者说干预,以弥补市场失灵,维护市场秩序,保障公平竞争,但前提必须是政府划清与市场的界限。事业单位分类改革,以及政企、政社、政资分开的改革,都是紧紧围绕提高政府社会治理能力而展开的。事业单位分类改革,一方面实现事业单位资源尽量由市场机制来配置;另一方面,事业单位要从由政府配置资源的接受者,转变为公共服务的供给者。由政府推动的事业单位分类改革,在政府、市场和事业单位之间的关系中产生了如下变化:改变了事业单位的身份,增加了市场配置资源的总量,减少了政府直接配置资源的总量,促进了政府职能的转变。

二是鼓励社会力量兴办公益事业是事业单位分类改革的一项重要任务。如同发展混合所有制能够激发国有企业快速健康发展一样,通过改革事业单位,培育社会力量中兴办公益性事业单位的机构,着眼社会主义市场经济发展要求,拓宽兴办公益事业准入领域,准入标准公平,充分发挥社会力量尤其是非政府组织兴办公益事业的积极性,引导释放社会"正能量"。这种由社会力量提供的公益服务,对提高政府服务职能,构建"服务型政府",有巨大的辅助作用。政府通过向社会购买公共服务,对事业单位形成"倒逼"机制,产生"鲶鱼效应",生成充分竞争态势。

三是推进事业单位分类改革必须注重改革的系统性、整体性和协同性。[1] 事业单分类改革是全面深化改革的一项重要任务。党中央和国务院对事业单位分类改革全面辩证地分析,认为事业单位改革不仅具有改革艰巨性,而且如果能够着眼于系统性、整体性和协同性,还能够促进其他方面的改革。据有关资料显示,截至 2005 年初,中国纳入政府事业单位编制的人员近 3000 万。[2] 这 3000 万从业人员与全部学科领域相联系,是社会智力成果的主要承载者。如果能够找准事业单位分类改革的突破口,做到事业单位改革与政治、经济、社会、文化、环境相匹配、相配套,就会与事业单位拥有的知识、技术、管理等智力成果结合起来,释放事业单位社会服务发展的巨大潜力,使智力成果很快转化为社会生产力,消除长

[1] 牛占华:《深刻把握十八届三中全会精神加快推进事业单位分类改革》,《中国机构改革与管理》2014 年第 4 期,第 10 页。
[2] 范恒山:《关于事业单位改革的思考》,《学习月刊》2005 年第 1 期,第 17 页。

期以来事业单位与社会生产实践活动脱节的问题。另一方面,事业单位分类改革的系统性规划,特别是与职工切身利益相关的内部制度体系改革是保证广大事业单位职工在单位转型过程中创造力、创新力持续的保证,是智力成果不贬值、不损毁的保证。由此看来,在事业单位分类改革过程中,改革的系统化、整体性和协同性是何等重要!

(三) 政社分开

社会组织的作用范围主要是社会领域。从现代市场经济和民主政治国家维度来讲,政府的经济职能不能具体地掌握快速变化的微观经济活动,社会职能也不能无缝隙地满足多样化的社会服务需要。社会组织恰好能弥补政府在上述两方面的缺位。从政府这方面讲,社会组织能够通过行使政府的部分职能,贯彻政府难以实现的意图;从社会的角度看,社会组织能够反映社会诉求,体现社会自主权利,代表社会利益并能够实现自我服务。社会组织的功能优势使政府意识到在能够减少政府行政成本的同时还能较为有效地实现治理目标。于是,一个国家与社会关系的新的结构衍化过程在这种理念的支配下迅速地展开:政府与社会之间新型的职能分工与合作关系使计划经济体制下形成的全能型政府模式很快"消瘦"下来,以政府、市场、社会组织为支撑的"小政府,大社会"政府治理模式正在逐步构建着。

1. 市场经济条件下社会组织产生发展的动因

(1) 市场经济体制的建立为社会中介组织的产生提供了利益驱动

市场经济体制的建立,迫使政府放松对资源配置的管控,政府"不该管、管不了、管不好"的那一部分社会资源被政府归还或释放给社会。而在长期计划经济体制管制下的社会民众在忽然获得支配资源的权利后,由于没有行使权利的历史传统而茫然,感到携带着资源参与市场经济竞争的风险竟然比在计划经济体制管制下大得多,为了不被淘汰,规避风险,提高市场竞争能力,实现自身利益最大化,就必须在行业中加强团结协作。在这样的背景下,市场主体之间就自愿、自发地组成各种旨在进行评价、协调、沟通、服务、维权等事务的社会中介组织。此外,市场经济的发展,永远不会消除垄断和实现信息的对称,因此,"市场是公平地提供社会产品和服务的最佳场所"的概念只不过徒具理想意义。社会中介组织能够降低垄断痼疾,使市场信息趋于对称,从而能够协助政府干预市场,减少市场失灵,也能够调节政府自身的失灵,维护良好的市场秩序。

(2) 单位结构的解体为中介组织的产生提供了发展空间

从某种程度上讲,单位就是计划经济体制的代名词。个体属于哪个单位,一是意味着他可能从所在单位获取所需的各种资源保障,如住房、医疗、入学、养老金等等;二是还象征着他的身份及社会地位。单位结构的破解,解除了这种人身依附关系,个体的生产自主与生活自治取代了生产与生活空间一体化的传统单位格局,对个体的身份及价值判断由单位主体转向更为客观的社会主体。[①] 同时,人们对各种社会需求的满足由依靠政府和单位转向社会。单位结构的解体给人们带来的宽广自由度和空间,使人们积极参与社会公共事务成为可能,而这种主观愿望的载体——社会组织的产生和存续就成为必然。社会组织重新使人们获得了单位结构解体所产生的心理归属感和群体认同感,在这个组织中,人们在政治、经济、文化、社会、心理等方面获得满足。

(3) 政府职能的转变为社会组织的发展提供了内在动力

2004 年 3 月,温家宝在《政府工作报告》中从四个方面概括了政府职能,即经济调节、市场监管、社会管理和公共服务。强调调节、监管、管理和服务四个"关键词",在政府职能转变中嵌入了新的理念,中国政府正在由经济建设型政府转向公共服务型政府。政府职能转变的过程就是向市场和社会还权和放权的过程,由于政府分出的权力与社会承接主体不可能形成一一对应关系,作为集体形式的社会组织成为政府职能转变中最为合适的承接主体。"分权与合作的前提就是国家与社会之间对公共事务的职能分工和责任分担"[②]。社会组织对政府职能的承接隐含的现代理念是,政府不是治理社会的唯一权威主体,政府应该与其他社会主体协调合作,共同承担社会治理的责任。由社会组织在为社会提供公共服务和公共产品时,其成本低廉、专业性强、兼顾效率公平的优势几乎就是天生的。社会组织的中立性,使它在行使监督、公证等职能时所具有的公平公

---

① 马立、马西恒编:《中介组织与社会运行》,上海交通大学出版社 2012 年版,第 3—4 页。
② 马立、马西恒编:《中介组织与社会运行》,上海交通大学出版社 2012 年版,第 3 页。

正性,可以对政府行为起到约束作用,是制约政府公权力的一支重要力量;社会组织还可以受政府委托,协助政府规范市场秩序,维护市场公平竞争。对政府的制约和协助,总是能够有利于社会的发展。社会组织这一"价廉物美"特点,备受政府重视和青睐,促进了政府转变职能与社会组织承接的良好互动。中共十七大报告关于政事分开的阐述以及中共十七届二中全会审议通过的《关于深化行政管理体制改革的意见》,均明确在新的历史条件下,要发挥社会中介组织在社会管理和公共服务中的作用。这意味着政府要从拥有无限权力、承担无限责任的"全能型政府"转向"有限政府",通过转变职能,同时加强政府和社会组织社会管理与公共服务的能力。市场不是万能的,政府不是万能的,社会组织也不是万能的,但是社会组织能够弥补前两者的不足。

2. 社会中介组织的发展阶段及基本类型

改革开放以来,中国社会组织的发展主要经过了两个阶段:

1980年代的启动阶段。1982年国务院提出,工业要按照行业管理、行业组织、行业规划进行调整。期间,国务院批准成立了中国食品协会和包装技术协会,还同时成立了若干社会中介组织。这些社会中介组织,虽然是官办社团,并不是现代意义上的社团,但是它的历史意义却在于新中国协会开始起步。[①] 1984年,中共十二届三中全会开始将行业管理作为经济体制改革的目标。随着有计划的商品经济的发展和经济体制改革的不断深入,中央和地方的一批行政机构改建成社会中介组织。那时建立的社会中介组织具有浓郁的行政机关风气,内部管理及职责行使完全是政府机关模式。

1990年代的快速发展阶段。市场经济的发展,促进了社会中介组织的兴起。1993年国务院机构改革是中国社会中介组织快速发展的拐点。1993年中央在对专业经济管理部门的改革中,将纺织工业部和轻工业部改为纺织总会和轻工业总会,将原轻工业部属的大部分专业局按其行业归属,分别组建并入自行车协会、皮革协会、陶瓷协会和家电协会。据统计,截至1997年全国性社团组织有1848个。1998年,再次对专业经济管

① 周天勇等:《中国行政体制改革30年》,格致出版社2008年版,第112页。

理部门进行改组分流,把这些局行使的 200 多项职能转给地方部门、社会中介机构和企业。2001 年 2 月,国家经贸委下属的 9 个专业局撤销。从数量上讲,机构数量的确减少了许多,但是这些并入协会的大部分专业经济管理部门仍然行使政府权力,仍旧是政府机构改革的对象。这一时期,一些具有少数民族特点的社会团体组织也发展起来。[①] 2001 年,中国社团总数达到 13 万多。[②] 截至 2003 年,全国性行业性团体共 25109 家,企业自建地方性团体、行业组织达 2000 多家。[③]

目前中国主要有三类中介组织:由政府机构改革转化而来,这类中介组织带有明显的官民两重性,是政社分开的重点;从国有企业分离出来组建而成的中介组织;社会自然自发形成的中介组织。中国社会中介组织绝大部分以前两类为主,最后一类为数很少。这一缺点是与长期以来高度集权的计划经济体制和家国一体的社会结构历史传统相一致的。[④]

3. 社会中介组织的基本功能

中共十四届三中全会颁布的《中共中央关于建立社会主义市场经济体制若干问题的决定》指出了社会中介组织的四项基本功能:"发展市场中介组织,发挥其服务、沟通、公证和监督作用。"[⑤]

服务功能。社会中介组织能够在政治、经济、文化、法律、科技、经贸等等领域为政府、社会和企业服务。

沟通协调功能。中介组织是政府与社会、企业、市场的纽带,起着从上到下和从下到上的双向沟通作用。从上到下来讲,可以协助政府进行法制、政策、路线的宣传和各种社会信息的传播,提高政府行政透明度;从下而上讲,可以反映民众呼声和诉求,提高政府社会回应能力。

公证鉴定功能。领域专业性、技术性是社会中介组织的特点之一,因而它能为市场主体提供公证服务、鉴定证明等。保护市场主体的利益,维护社会公平公正的秩序,创造良好市场环境。

① 泰安市伊斯兰教协会编:《泰安市伊斯兰教志》,宗教文化出版社 2021 年版,第 261—271 页。
② 毕监武:《社团革命:中国社团发展的经济学分析》,山东人民出版社 2003 年版,第 2 页。
③ 邢方霞、李敏昌:《中国行业协会现状与发展的路径选择》,《商场现代化》2007 年 4 月(中旬刊),第 360 页。
④ 周天勇等:《中国行政体制改革 30 年》,格致出版社 2008 年版,第 112—113 页。
⑤ 中共中央文献研究室:《十四大以来重要文献选编》(上),人民出版社 1996 年版,第 529 页。

监督管理功能。社会中介组织的资格认定、市场评估、质量检验和行业协会商会等,能够在市场活动中配合政府行使监督管理职能,规范市场主体行为。

2002年2月,李岚清在国务院举行的全国行政审批制度改革工作会议上明确指出:"对可以用市场机制代替的行政审批,要通过市场机制运作;对能够由社会中介组织承担的事项,要逐步转到社会中介组织。"[1]党的十六大报告中强调,要大力发展社会中介组织;党的十七大报告中也强调,要"发挥社会组织与扩大群众参与、反映群众诉求方面的积极作用,增强社会自治功能"[2]。

4. 政社分开实践存在的主要问题

(1) 政府与社会组织之间权能界限不清,使政社难分开

我国社会中介组织是由政府主导和创建的,中介组织带有明显的官民两重性,对政府具有很强的依赖性。政府是牵动社会变革的主导力量,政府根据自己的需求创造了中介组织,它只能在政府规定的规则框架内活动,仅仅是、俨然是政府的执行者和代理人。这些中介组织协会的领导有的是在职官员兼任、有的是退居二线的干部担任、有的是退休后"想继续发挥余热"又作"贡献",但均不是由协会选举产生。如人民网记者统计发现,海南、河南、福建、河北、湖北等十多个省级书法家协会均存在官员兼职现象。王岐山对此说:"现在有的干部玩过了,飘飘然了,忘记了执政党和老百姓的关系了。"[3]中介组织负责人都有相应的行政级别,主管人员能够与相应级别的政府官员、国企老总对调,是名不符实的政府机关;管理方式也是机关工作方式,工作宗旨也不是为企业服务,带有浓厚的行政色彩,根本没有协会的影子,甚至成为由同行业会员企业养活的负担。

社会中介组织对政府依赖的另一个原因是,中介组织过分依赖于政府主导的政治、社会和公信度资源。中介组织必须依赖于政府,否则可能

---

① 2002年2月,李岚清在国务院行政审批制度改革工作会议上的讲话。

② 中共中央文献研究室:《十七大以来重要文献选编》(上),中央文献出版社2009年版,第323页。

③ 《王岐山批地方书协"官气"重,部分兼职官员名单曝光》,http://news.ifeng.com 2015—01/19。

遭受釜底抽薪的厄运。独立性和自治性随时会遭到抹煞，从而失去社会管理中的独特作用。社会主义市场经济体制的初步建立，决定了我国社会中介组织由政府主导的过程将是漫长的。

在社会职能方面，到底哪些职能属于政府职责范围，哪些属于社会自我管理范围，一直没有过清晰的分界。政府和社会组织都搞不清。① 深究其因，就是政府在与社会组织分别进行社会职能承担时，由于政府的强势和主动，对社会职能作出功利性取舍，往往偏向承担那些收效大而成本低的社会管理职能，而将那些收益低成本大的职能释放给社会。并且，政府的这种取舍往往是动态的和随意的，有时也越位承担社会组织应该承担的职能。这在客观上造成职能界限的混淆，政社难以分开。

（2）社会组织素质偏弱，难以承担政府分离出的职能

居民或村民自治组织由于长期依赖政府，缺乏独立管理市民或村民的能力，特别是在市场经济体制下行政权威下降的情况下，这些组织在群众中的号召力就更弱了，管理能力也在下降。而在社会主义市场经济中成长起来的社会组织，由于资金、人才、经验等方面的不足，在社会职能的行使方面，能力低弱。总而言之，这些社会组织，如果要承担政府分离出来的社会职能，增强自我的自治性和独立性②，就必须具备与政府相当的能力。但从实际来看，差距还比较大。所以，政府就不能将社会职能分离出来交给社会组织去行使，政社也就难以分开。

（3）政府与社会组织之间的合作机制还不健全

政社分开并不是政府将部分社会职能交给社会就万事大吉，而是政府与社会组织之间要在社会治理上实现二者的协作，才能实现善治。但在实际运作中，政府与社会组织之间的诚实守信的信任关系、基于权利义务的契约关系等都是需要认真研究探讨的大问题。这也在一定程度上约束了政社分开的进展。

（4）某些政府部门对社会组织存在偏见

有些政府部门对社会组织认识不足，没有从现代社会治理角度看待

---

① 朱健刚：《论基层治理中政社分离的趋势、挑战与方向》，《中国行政管理》2010 年第 4 期，第 40 页。

② 王栋：《社团政社分离改革问题与对策研究》，《黑龙江社会科学》2013 年第 1 期，第 41 页。

社会组织的作用,仍然将社会组织看成政府的附属物。对政社分开产生的"伙伴关系"存在偏见[1],不愿意"屈尊"与地位"低"的社会组织建立合作关系。政社分开也受到观念上的阻碍。

5. 社会中介组织的社会化改革

社会中介组织的社会化改革是将政府与协会之间天然的"脐带"剪断,还原其行业独立社团法人地位,使其按照章程运行,以服务会员企业为宗旨,逐渐发展成真正意义上的社会中介组织。2007年,国务院下发了《关于加快推进行业协会商会改革和发展的若干意见》,就加强社会中介组织改革的总体要求、社会中介组织的职能拓展、协会的体制机制改革以及社会中介组织自身建设作了总体规划,对转变协会的行政性职能、逐步淡化其行政色彩、推进社会中介组织的社会化改革进程具有重要意义。

在中国,除了产生于体制内的社会中介组织外,还有自发形成的民间商会和村民自治组织、城市业主委员会等。对民间商会这类社会组织,主要是营造良好的政策环境,保证其健康发展。对于村民自治组织,主要是依据《村民委员会组织法(试行)》所规定的原则,正确引导村民自治组织在村民自治法律制度范围内活动。对于城市业主委员会自治组织来讲,城市居民委员会要正确处理好自己与业主委员会之间的业务边界,以维护业主的利益。通过建立和谐融洽关系,最终建立以居民委员会和业主委员会为主体的城市居民自治体制。[2]

(四) 行政审批制度改革

所谓行政审批,也称为行政许可,是行政机关依法对社会、经济事务实行事前监管的一种重要手段,是行政机关根据公民、法人或者其他组织的申请,经依法审查,准予其从事特定活动的行为。[3]

改革开放以来,行政审批制度并没有随着社会各项改革事业的发展而跟进,行政审批依然作为计划经济主要经济手段存在并起作用。行政审批制度改革的重要性和必要性是在本世纪初中国初步建立了社会主义市场经济体制时才凸显出来的。从中共十四大确立中国建立社会主义市

---

① 王栋:《社团政社分离改革问题与对策研究》,《黑龙江社会科学》2013年第1期,第41页。
② 周天勇等:《中国行政体制改革30年》,格致出版社2008年版,第121页。
③ 吴爱明、刘文杰:《政府改革:中国行政改革模式与经验》,新华出版社2010年版,第113页。

场经济体制后到本世纪初的历史阶段,社会经济发展状况使计划经济还有一些存在空间,所以行政审批制度的弊端暴露得不是很明显。在2002年中国已经初步建立社会主义市场经济体制后,行政审批弊端凸显,过多过滥的行政审批,使政府陷于具体繁冗的事务中不能自拔,有的行政审批行为演化为权力腐败行为。行政审批权力的大量存在还带来行政机构的膨胀,这些问题严重阻碍了政府职能的转变。更为严重的是中国加入WTO后,无时无处不在的行政审批对中国融入世界经济体系的进程产生了阻碍作用,我国行政管理体制必须着眼于世界"游戏规则"。所以,行政审批制度改革迫在眉睫。

1. 行政审批制度改革的指导思想

政府机构改革步履维艰的原因很大程度上在政府掌握着大量行政审批权力。行政审批制度改革是规范控制行政审批权的机制性保障。2001年10月,国务院转发监察部、国务院法制办、国务院体改办、中央编办制定的《关于行政审批制度改革工作的实施意见》。该《意见》全面阐述了行政审批制度改革的内涵。从改革行政管理体制方面讲,有利于建设中国特色的精干高效的行政管理体制,提高政府执政能力;从完善社会主义市场经济体制方面讲,能够促进政府与市场关系的划清;从廉政建设方面讲,可以预防和治理腐败,有利于建设清正廉洁的政府。为此,《意见》要求各级政府着眼于职能转变,减少和规范行政审批。各级政府要从微观管理转向宏观管理,加强服务和监督,弱化审批和管控。需要审批的项目要审慎、透明、清楚;不需要审批的项目一律交给市场。

《意见》的出台,意味着我国全面启动了行政审批制度的改革。

行政审批制度改革立足市场在资源配置中的基础性作用,体现制度创新价值理念,力图突破约束生产力发展的体制性障碍。政府宏观调控能力的提高、行政行为的规范、行政效率的提高、经济发展的促进以及行政机关的勤政廉政建设,均发轫于行政审批制度改革。应该讲,行政审批制度改革是建设现代行政管理体制的总枢纽。指导思想体现出的行政审批制度改革的要义涉及体制性障碍、宏观调控、行政行为、行政效率、经济发展和勤政廉政等方面。这一指导思想与政府机构改革、政府职能转变的指导思想基本一致,说明行政审批制度改革虽然是经济体制中某一方面一个非常具体的制度改革,但其所产生的意义可与整个政府机构改革相提并论。这是我国政府职能转变过程中的一个事关全局的重点转移。

行政审批制度改革的总体要求要符合市场经济规律,凡是带有约束企业、事业单位以及其他市场主体正常市场行为的行政审批,有损市场开放和公平竞争秩序的行政审批,已经不可能发挥有效作用的行政审批,必须予以废止;有些行政审批可以通过市场机制来代替,坚决推向市场。对于确需保留的行政审批,要建立健全监督制约机制,做到审批程序严密、审批环节减少、审批效率明显提高,行政审批责任追究制要得到严格执行。①

2. 行政审批制度改革遵循的基本原则

合法原则。行政审批事项要依法设置。法律、行政法规、地方性法规和依照法定职权、程序制定的规章认为可以设置行政审批的事项,可以设之。要及时更新行政审批事项清单和实施规范,清单要与法律法规规章的"立改废"有效衔接;不得随意设定审批事项、扩大审批范围或增设审批条件;严格按照法律法规、"三定"规定确定行政审批事项的监管主体和职责。此原则是避免部门利益法定化等弊病滋生的保证。

合理原则。主要是要有利于政府有效管理。行政审批项目应首先采取通过市场机制、社会中介组织、行业自律组织的途径来代替行政审批。对于经营性土地使用权出让、建设工程招投标、政府采购和产权交易等体现价值规律和公平公开价值诉求,又为社会所广泛关注的事项,要通过市场机制运作。当合法性原则与合理性原则发生冲突时,应遵从合理性原则。

效能原则。效能的提高依赖于部门间清晰的权限划分、简单的程序和有限的环节。涉及不同部门间的行政审批,为避免相互争权或彼此推诿,要由一个部门牵头,总揽协调各部门协同办理,要在规定的审批时限内办毕,提高整体效能。

责任原则。行政审批要落实责任追究制,谁审批,谁负责。坚决杜绝枉法审批,对于行政审批渎职行为,审批机关要依法承担法律责任。

监督原则。行政机关行使审批权限要在公平、公正、公开的原则下进

---

① 中共中央文献研究室:《十五大以来重要文献选编》(下),中央文献出版社 2011 年版,第 268 页。

行,程序、条件、审批对象、审批内容、审批时间和时限必须公开,便于公众监督。加强对行政审批人事后监督。[①]

3. 中共中央关于行政审批制度改革的系列阐述

2000 年 1 月,江泽民在中央纪委第五次全会上指出:"改革行政审批制度势在必行。"[②]十五届六中全会、中央纪委第七次会议、国务院第四次廉政工作会议,都强调要切实搞好这项改革。

十六大在完善政府的经济调节、市场监管、社会管理、公共服务的职能方面,提出"减少和规范行政审批"的要求。

十六届三中全会作出的《中共中央关于完善社会主义市场经济体制若干问题的决定》指出,政府要把经济管理职能转到服务市场主体和创造良好发展环境上来,就必须通过深化行政审制度改革实现职能转变。可见,行政审批制度改革直接关涉到政府职能的转变。

中国于 2004 年 7 月 1 日施行的《行政许可法》,是推动行政审批制度改革最为重要的法律保障。对行政许可的设定、实施机关、程序等作了明确规定,使行政审批制度改革有了法律的保证,这对于推动政府职能转变起到了促进作用。

2005 年 10 月,中共十六届五中全会通过的《中共中央关于制定"十一五"规划的建议》和中共十七大报告,均把减少和规范行政审批直接纳入行政管理体制改革中,认为减少和规范行政审批是深入推进政企分开、政资分开、政事分开、政府与市场中介组织分开的必要条件。行政审批既关系到宏观社会调控,也关系到微观政府机构改革。行政管理体制改革越深入,对行政审批制度的改革要求就越迫切。

2008 年 10 月,国务院转发监察部等部门制定的《关于深入推进行政审批制度改革意见的通知》,提出 2008 年下半年重点抓好两项工作:一是做好国务院机构改革过程中行政审批权的理顺、配置、转接工作,并在机构改革过程中认真解决行政审批职能的交叉、脱节和多头审批问题;二是编制并公布行政审批目录清单。

---

① 中共中央文献研究室:《十五大以来重要文献选编》(下),中央文献出版社 2011 年版,第 270—272 页。

② 中共中央文献研究室:《十五大以来重要文献选编》(中),人民出版社 2001 年版,第 1565 页。

4. 行政审批制度改革的成效

（1）推动了政府职能转变和管理方式创新

据统计,到2012年8月,国务院10年来共取消和调整了2497项行政审批项目,占原有总数的69.3%。[①]地方政府大面积的行政审批权力的下放,使中国从中央到地方的各级政府职能转变发生了显著变化。市场自我调节能力、社会中介组织的服务能力以及公民、法人和其他社会组织的市场自觉性都得到了明显的提高。由于行政审批权力的大部分消除和调整,使政府与市场、政府与社会、政府与其他市场主体之间的关系进一步明晰和贴近,政府的权力边界进一步划定,政府"缺位""越位"的现象逐步得以改变。由于不再受审批权限的羁绊,政府如释重负般地集中精力创新管理方式,社会管理水平和公共服务功能得到提升。在一定程度上实现了运用经济手段、法律手段和必要的行政手段管理经济社会的目标,提高了社会治理能力。这是行政审批制度改革最显著也是最重要的成效。

（2）促进了依法行政,削弱了部门利益

行政审批事项的设定、清理、调整和实施,都是依据法律、法规进行的,这本身就是依法行政的过程。这个行政过程,最敏感的问题就是所谓的部门利益的调整。部门本无利益可言,因为是人民的政府部门。但是理性"经济人"特性和市场经济的负面影响使相当数量的政府官员赋予其所在政府部门的行政行为以个人利益色彩,将部门职权、公务行为视为满足个人私利的把手,具体体现为部门所掌握的审批权限。审批权可以使部分官员设租寻租,谋取非法利益。行政审批制度改革,在客观上拆掉了部门利益平台,在一定程度上瓦解了权力寻租的基础。

（3）简化了审批环节,提高了审批效率

行政审批制度改革相关法律、法规、规章及政策的颁布,删除了审批过程中的繁文缛节,规定了审批的时限,并通过审批权力清单的颁布,使官民双方对各自及对方的权限、义务、责任都比较清楚,提高了办事效率,

[①] 舒泰峰:《国务院第6次改革行政审批项目 权力被指仍过大》,http://business.sohu.com/ 2012—10/11。

方便了人民群众。

（4）体现了以人为本观念，降低了社会成本

政府将行政审批的有关事项通过网络公开，使某些审批事项直接在网上操作；将行政审批服务中心设置在居民区、保税区或经济开发区等，就地服务；审批事项的减少，同时意味着民众行政成本的降低。除此之外，政府还通过听证会、专家论证会和审批公示制度，实现阳光审批，增强政府的社会回应能力，树立政府的良好形象。

5. 行政审批制度改革的经验

（1）领导层高度重视

为卓有成效地推进行政审批制度改革，国务院行政审批制度改革工作领导小组于 2001 年 9 月成立。时任国务院副总理李岚清任组长，国务院秘书长王忠禹、监察部部长何勇任副组长。为保证上下政令统一，使地方政府及时准确贯彻中央行政审批制度改革精神，还成立了由 28 位来自国务院和省市领导、专家组成的办公室，统一部署、协调、推进行政审批制度改革。改革伊始，初见成效，2002 年 11 月，国务院首批取消行政审批项目 789 个，并向社会公布，引起社会强烈反响。之后，在全国迅速掀起了清理审批项目、缩短审批时间、精简审批环节、完善审批机制、创新管理形式、建立严密的审批制约机制的热潮。时任审改办专家咨询组成员的中国社会科学院法学研究所教授周汉华说："在 2003 年前后，改革力度非同一般。"①之所以取得如此可喜成果，与中央领导的高度重视是分不开的。

（2）积极创新推广行政审批服务方式

中国第一家具有规范意义上的政府办事机构是 1999 年 9 月在浙江上虞市成立的"上虞市便民服务中心"②。随着行政审批制度改革的深入，各地政府因地制宜，建立了不同形式、不同名称的行政审批中心、行政审批服务中心、政务大厅等服务机构。基层政府管理方式创新的积极性，要继续保持、培养和鼓励。从表面上看，这种服务形式不过是政府办事地点

---

① 舒泰峰：《国务院第 6 次改革行政审批项目 权力被指仍过大》，http：//business. sohu. com/2012—10/11。

② 《建政府服务"大超市" 亮投资环境"金名片"》，http：//www. shangyu. gov. cn/bszn/bmfwzx. aspx？ LayID/2015—03/13。

由分散变为集中,也有进一步改进的空间,但它蕴含的实质意义和舆论导向却是,政府已经向服务型政府转变。托克维尔说:"舆论实际上都是具有统治作用的力量。"①这种舆论的力量在于促进社会对政府改革的认同。

(3) 实践与理论相结合,发挥学者智库的作用

2001 年 9 月,国务院成立行政审批制度改革工作领导小组,并组成由来自知名科研机构、高校专家如周汉华、应松年、马怀德等 16 位专家组成的咨询组,对行政审批制度改革进行科学的评估。在公共权力的行使过程中,往往会发生依法行政与科学行政的矛盾,比如工作人员只要严格按照审批制度办事,他就不会有责任风险,但僵硬的制度常常滞后于变化无常的实际,因而产生事实上的不公正、不公平;科学行政往往偏重事实,注重实际问题的解决而轻视制度的规范性,但往往要承担责任风险。制度与科学二者的价值追求发生了冲突,不能两全其美。把作为智库的专家咨询引进体制改革,就会运用科学的基本原理、原则对改革进行设计,合理配置权力,就能在一定程度上平衡二者的不对称,找到二者的契合点。

6. 行政审批制度改革的启示

(1) 行政审批权改革知难而进

尽管国务院 10 年来共取消和调整了 2497 项行政审批项目,占原有总数的 69.3%。但在一些产业领域,如石油、电力、电信等,政府的管控依然很强势,民营企业常常受到"玻璃门"的限制而不能进入。这说明,剩下的 30% 的审批权才是真正要改革的"冻土层",相关部门的官员仍旧将审批权视为本部门的"命根子",相关行政领域的行政审批权的坚挺,使行政权力对市场的干预发生了固化,使行政审批制度改革"碰到了南墙"②。

---

① ［法］托克维尔:《论美国的民主》(上),董果良译,商务印书馆 2009 年版,第 153 页。

② 政府职能转变的前提是政府向市场主体进行权力的转移,实现从权力到权利的转变。政府应是还权在先、放权在后。对政府来讲,在一定的压力条件下,还权的"积极性"要高于放权。但无论是还权还是放权,都不是情愿的。无论是政府还是市场主体,如果混淆了还的权力和放的权力的界限,对市场主体来说,会降低对权利的诉求,导致权利总量的减少,从而约束市场主体的行为,仍会作出"不找市场找市长"的选择;对于政府来说,就会产生"已经放了很多权""已经还了很多权利"的错觉,从而更为消极地对待行政审批制度改革。我国长期以来行政审批权放得缓慢,就是政府认为这些权力是放的而不是应该还的,在"放"权时,"自愿性"比较差。

(2) 部门内部行政审批项目权力运行和格局需要严格规范

现行存在于国务院部门中的行政审批事项的确切数额是多少，难以统计清楚，数据存在很大的弹性。如 2002 年行政审批项目清理时，各单位上报的总数约 2000 多项，但经过严格统计，成了 6000 多项。① 最后审改办确定清理调整的事项为 4100 余项。② 不能确切统计的原因在于掌握审批项目的部门，可根据清理调整的具体情况对行政审批项目进行拆分、合并。面对清理时，将一项审批权拆分为若干项；需要保留时，就将若干项审批权合并成几项或一项。总而言之，为要保留审批权，设计出种种对策。还有些部门，置《行政许可法》的规定于不顾，擅自设立审批权。如 2011 年交通运输部发布《关于加强进口游艇管理的公告》，就是在没有法律依据情况下的行政审批设置。③

(3) 行政审批事项的法律依据要与时修订

现行行政审批项目由两部分组成，一是 2004 年 7 月 1 日实行的国务院保留的 500 项审批权，二是 2004 年以前依照法律、法规设定的审批项目。2004 年审批项目设定的法律依据已不适合当今形势的需求。如中小学国家课程教材的审定是依据 1987 年 10 月制订的《全国中小学教材审定委员会工作章程》，虽经 1996 年修订，但距离现在已逾 20 年时间，有些条文应及时修订。而在卫生、教育等社会领域，行政审批改革更为滞后。众所周知的南方科技大学历经 5 年筹建历程，最终于 2012 年 4 月教育部才准许成立。重要原因就是 1986 年颁布的《普通高等学校设置暂行条例》中关于大学的人数、审批时间等的严格规定卡住了脖子。

(4) 改革的阻力来自观念和利益方面

政府行政审批的现代理念应该是，事关公共安全、公共利益的重大事项，公共资源的开发利用，市场主体双方明显不对称的领域，对市场主体

---

① 舒泰峰：《国务院第 6 次改革行政审批项目 权力被指仍过大》，http://business. sohu. com/ 2012—10/11。
② 吴爱明、刘文杰：《政府改革：中国行政改革模式与经验》，新华出版社 2010 年版，第 111 页。
③ 舒泰峰：《国务院第 6 次改革行政审批项目 权力被指仍过大》，http://business. sohu. com/ 2012—10/11。

职业操守有特殊要求的领域进行行政审批。但现实中,政府官员在进行审批时,着重于行政审批的管理作用、市场准入的管理上以及试图通过限制一方市场准入来保护另一方的利益等方面,这些陈旧的观念延缓了行政审批制度改革的进程。另一个对行政审批改革造成严重阻碍的原因是本质上是个人利益的部门利益。对一个部门行政审批权力的清理,主要是在三方面产生影响:一是失去利用此项行政审批权寻租的机会;二是取消内设机构、精简人员,任何一位行政领导都不想使本部门"门前冷落";三是失去了依靠此项审批权收费的由头。这三方面的影响会减少甚至截断部门工作人员的部分福利来源。所以,各部门清理整顿的行政审批权力多是"含金量"少、几乎没人申请、无权无利的项目,部门或地方保护主义和既得利益的阻挠是行政审批制度改革成效不大、反弹较快的主要原因。① 因此,行政审批制度改革更不能依靠政府自身进行。② 如 2008年 5 月成立的行政审批制度改革部级联席会议,取代原行政审批制度改革领导小组。部级联席会议的主要成员由国家发改委、工信部、财政部、民政部等 12 家部委组成,"部级联席会议的主要部门其实是改革的对象,比如发改委,这就相当于改革的对象自己改自己了。"周汉华说。③ 因此,2008 年后的一段时间内,国务院行政审批制度改革鲜有实质性进展,有些方面处于停滞状态。

(5) 行政审批制度改革要着眼于审批项目的社会需要而不是其数量

由于行政审批项目的增减要随着经济社会发展而变化,所以行政审批项目总数是不固定的。对于行政审批制度改革要把焦点置于行政审批项目的性质类别而不是数量上。清理调整的指导思想应是审批项目的社会使用性而不是数量。10 多年来,国务院行政审批权的清理调整,之所

① "转变经济发展方式与深化政府改革研究",郭丽岩撰写,国家发改委宏观经济研究院。

② 2012 年国务院部委对 2497 项审批权力解禁,这些放开的权力占国务院所有审批权力的 69.3%,据此可以推算国务院所有审批权力应是 3603 项,剩余 1601 项。剩下的 1601 项审批权力的调整,是比攻坚战更为艰难的革命,因为"大佬"部委位高权重,集决策权与执行权于一身,是市场经济条件下的高度集权。这种集权必须打破,职能转变才能冲破约束。将决策权与执行权分立,大部委只管宏观决策,执行决策由专门的部门来落实,既分工也分家,从机制上降解大部委集权揽权的条件。

③ 舒泰峰:《国务院第 6 次改革行政审批项目 权力被指仍过大》,http://business. sohu. com/2012—10/11。

以没能深度推进,原因之一就是将清理调整的重点放在审批项目数量而不是类别性质上。如上所述,某些国务院部委很擅长搞行政审批权数字游戏以及"上有政策下有对策"的做法,如果不能从审批项目类别性质上入手,仍是重视数量的增减,就会始终有减不完的审批权,也始终有增不完的理由。

四、中央与地方财税制改革的顺利推进

中央与地方分税制改革始于 1994 年,到上世纪末,已经建立了比较完整的分税制。新世纪以来,为适应中国的市场经济发展的要求和与 WTO 规则接轨,中国中央与地方分税制改革主要在以下两方面进行了深化,基本实现了一般性转移支付。

(一) 分税制改革的主要内容

新世纪之初的分税制改革主要是在 1994 年分税制改革和之后的调整基础上进行的,主要的目的是创造条件基本实现国务院一般性转移支付的目标。经过努力,尽管存在一些不足,但从 1994 年以来实行的中央与地方财税制改革取得了成功,这对实现公共服务均等化,对深化政府机构改革起到了重要的促进作用。

1. 成品油税费改革

譬如从 2009 年元旦开始实行的成品油税费改革,由于取消养路费,地方财政收入相应减少了六项,中央通过成品油税费改革,返还地方财政。这种改革规范了政府税收行为,也鼓励了地方政府积极性。为照顾地方政府既得利益,2009 年中央把地方上解收入列入中央财政税收返还,通过对地方税收返还对冲地方上解收入,补充地方财政亏缺,并相应取消地方上解中央收入科目。地方政府将这部分收入投入地方公共设施建设,营造良好市场环境。

2. 一般性转移支付的规模和比例不断提高

2009 年,中央将财力性转移支付改为一般性转移支付。一般性转移支付,按照客观公正的原则,采用统一设计的公式进行分配,使财政补助

程度与地区困难程度正相关,具有明显的均等化效果。① 一般性转移支付曾是 1994 年分税制改革所希望达到的目标,现今已经发挥了作用,一般性转移支付有效缓解了经济落后地区财政运行中的突出矛盾,使地区间基本公共服务均等化步伐大大加快,也促进了区域间协调发展。

(二) 分税制改革的主要成效

分税制改革建立了财政收入划分的长效机制,政府间的财政关系趋于规范;中央财政的宏观调控能力逐渐增强;中央转移支付体系已初步建成,对公共服务均等化产生了积极的促进作用,尽管这种均等化仍是初级的基础性的。这种财税体制反映了市场经济发展的要求,体现了公共财政运行的规范,为社会主义市场经济体制的全面建立及完善奠定了基础。

1. 基本建立起适应市场经济要求的分级财政体制框架

1993 年 12 月 15 日,国务院发布《国务院关于实行分税制财政管理体制的决定》,按照决定要求,20 多年来通过不断总结经验教训,推进制度创新,逐步形成了对中央与地方的事权财权的明确划分,通过一般性转移支付实现事权与财权基本匹配,使各级政府财政在法律规范的范围内履行职责。分税制改革比 1994 年前的财政包干体制更为完整,其最大的优点就是尊重与体现中央与地方的共同利益及其各自利益,消除了传统财政体制不能兼顾中央与地方财政利益的弊端,基本实现了财政体制的稳定与明晰,调动了中央与地方两个积极性。这是 1994 年以来分税制财政体制改革最大的功绩。

2. 较好地处理了中央与地方利益分配关系,国家财政实力显著增强

从近 20 年的统计数字看,调整后的中央与地方财政收入稳步增长。2012 年全国公共财政收入达到 56175.23 亿元,而 1993 年是 4349.00 亿元,增长了 11.92 倍。国内生产总值中全国公共财政收入占比由 1993 年的 12.30% 提高到 2012 年的 22.58%。②

3. 中央政府宏观调控能力稳步提升,区域协调发展整体推进

新世纪初,中央政府财政实力的不断提升与充实,如,1993 年中央本

① 杨志勇:《"十二五"时期的财政体制改革》,《经济研究参考》2011 年第 4 期,第 16—24 页。
② 彭健:《分税制财政体制改革 20 年:回顾与思考》,《财经问题研究》2014 年第 5 期,第 74 页。

级财政收入占全国公共财政收入的比重是 22%,到 2010 年,这一比重提高到 52.40%。这一变化过程,始于 1994 年开始的分税制改革,增强于后续中央与地方收入划分格局的调整。中央财政实力的增强使中央有能力在全国范围内均衡地区间财力差异、促进区域协调发展。如,中央对地方转移支付由 1994 年的 590.00 亿元增加到 2012 年的 40233.64 亿元[1],18 年间增长了 67.2 倍。

4. 优化了经济结构,弱化了地方盲目投资的冲动

1994 年分税制改革伊始,一个明显的效果就是在一定程度上阻隔了地方财政收入与地方经济发展的直接关联度。2000 年实行的所得税分享改革进一步从制度安排上抑制了地方政府工业的粗放经营和投资的盲目性,促进了地方经济发展方式的转变和经济结构的调整。

从改革的实践来看,1994 年的分税制改革存在着如何从制度上确保中央与地方事权和支出责任相适应的问题。[2] 分税制改革要建立事权与支出责任相适应的制度,加强事权与支出责任相适应的制度化建设,巩固改革成果。

五、2003 年、2008 年国务院机构改革

社会主义市场经济体制下的政府不仅是有限政府,还必须是有效政府,必须为市场主体提供廉价高效的服务。中共十七大在探索公共服务职能转变的基础上,提出建设服务型政府。只有建立在组织整合、信息整合、业务整合、服务及其提供途径的整合等多层面整合基础之上的服务型政府[3],才能提供优质高效服务。

国外整体政府治理理论创始人佩里·希克斯认为,整体性运作的目标就是如何使政府的功能进行整合,以便更有效地处理公众最关心的一

① 彭健:《分税制财政体制改革 20 年:回顾与思考》,《财经问题研究》2014 年第 5 期,第 74 页。
② 武力编:《中国的走向》,时代出版传媒股份有限公司 2014 年版,第 106 页。
③ 蔡立辉、龚明:《整体政府:分割模式的一场管理革命》,《学术研究》2010 年第 5 期,第 42 页。

些问题。① 现代社会治理单靠政府的力量已经难以实现公共管理目标,必须通过对政府内部各部门、各要素的整合,对政府与社会的整合以及社会组织之间的整合,来实现现代社会公共治理目标。大部门体制政府机构,正是整体政府治理模式的体现。

2003 年国务院机构改革已经初步形成大部门体制格局,2008 年国务院机构改革则是对 2003 年改革的发展和深化。

(一) 2003 年以着力解决行政管理体制突出矛盾和问题为重点的国务院机构改革

2003 年国务院机构改革是在世纪之初国际、国内特定的时代背景下进行的。② 这次机构改革首先针对中国经济社会发展中出现的阶段性问题,重点解决政府管理体制中暴露出的突出问题和矛盾,同时加强宏观调控部门的改革,并积极探索新的政府管理方式,为后续政府机构改革奠定基础。

1. 改革的指导思想和原则

由于社会主义市场经济体制初步建立,对政府机构改革提出了相应的要求:要与市场经济的初级水平相适应,改革的力度不宜太大,必须采取既积极又稳妥的方针。扭住政企分开、政资分开、政事分开的改革抓手,按照精简、统一、效能原则,遵循依法行政的法制保障,聚焦行政管理体制中的突出矛盾和问题,以进一步转变职能为枢纽,以科学设置政府机

---

① 竺乾威:《从新公共管理到整体性治理》,《中国行政管理》2008 年第 10 期,第 57 页。

② 一是党的十六大报告指出:"发展社会主义民主政治,建设社会主义政治文明",是全面建设小康社会的目标。这一目标对行政管理体制和机构改革意义重大,是世纪之初政府机构改革的方向和目标,它从更高的层面上对政府机构改革提出了要求。二是 2003 年我国爆发的严重的"非典"疫情,对我国政府管理体制特别是危机管理体制提出了严峻的考问,使党和政府将行政管理运行体制中暴露的问题进行了深刻的检视,清醒地认识到长期以来发展中存在的缺陷是偏重经济建设而忽视了社会管理与公共服务的职能,于是郑重地将"社会管理,公共服务"与"经济调节,市场监管"并列为政府职能的重要内容,进入十六大报告。三是中国加入WTO 以后,产生了危机效应。虽然改革开放以来的几次政府机构改革,特别是 1998 年的改革,使政府职能转变、政府机构设置、政府工作效率、工作人员素质、依法行政水平均有显著的提升,但是由于计划经济体制的影响依然存在,行政管理机制运行中仍然存在着一些与经济全球化发展要求不相适应的问题,有的甚至还比较严重,比如行政审批权下放难问题。所以,着力解决政府机构中存在的这些问题以适应国际惯例的要求,就成为当务之急。况且,这也是我国对 WTO 准入作出的承诺。四是根据党的十六大的部署,从中央到地方(省、地级市)建立国有资产监督管理委员会(国资委),代表国家履行出资人资格。这对进一步推动政企分开,促进政府职能转变提供了有利的条件和契机。

构为手段,以理顺政府部门职责为切入点,整体提振政府治理能力。

2. 改革的主要内容重点解决社会管理问题

改革指导思想中所强调的"行政管理体制中的突出矛盾和问题"是"非典"危机所暴露的问题以及与 WTO 不相适应的问题,主要存在于国有资产管理体制、宏观调控体制、金融监管体制、流通管理体制以及食品与生产安全监督体制,这些方面存在的问题是 2003 年国务院机构改革的重点。根据中共十六届二中全会通过的《关于深化行政管理体制和机构改革意见》以及据此制定的经十届全国人大一次会议通过的《国务院机构改革方案》的规定,2003 年国务院机构改革的主要内容是:

(1) 设立国务院国有资产监督管理委员会(简称国资委)[1]

(2) 调整组建国家发展和改革委员会,完善宏观调控体系

当时国家宏观调控体系存在的问题是:发展规划与产业政策的不协调,重要农产品和工业品的进出口计划多头管理,对有利可图的审批项目"拉山头""抢摊位"现象严重,同时存在职能交叉问题。为解决上述问题,从宏观上综合协调改革和发展的全局工作,更有效地在整体上指导和推进改革,将国家体改办的职能、中小企业发展职能、多种所有制企业的宏观指导职能,国家经贸委所属的产业政策、原材料和重要工业品进出口计划等政策性职能,经济运行调节、技术改造、投资管理、行业规划等过程性职能,一并划归发展和改革委。

成立后的发展和改革委主要职能是总体规划经济发展政策、经济总量平衡、整体设计经济体制改革。发展和改革委要在职能衔接、工业发展指导、能源发展战略、区域经济协调发展、西部大开发战略和自身建设等方面进行职能的有效整合,特别是在减少行政审批和微观事务管理方面,要更好地发挥市场机制对经济活动的调节作用。[2] 发展和改革委掌控着很多重要的事关经济社会发展的审批权限,从某种程度上讲,发展和改革委就是中国经济体制改革走向及程度的风向标。

(3) 增设中国银行业监督管理委员会(银监会),健全金融监管体制

---

[1] 关于国资委的权能来源、职责、性质,前文有述,在此不再重述。

[2] 阚珂编:《中国人民代表大会年鉴 2004》,中国民主法制出版社 2004 年版,第 165 页。

　　银监会是国务院直属正部级事业单位。中国人民银行的对存款类金融机构的监管职能、中央金融工委的一些职能整合并入银监会。银监会根据国务院授权主要是对银行、金融资产管理机构、信托投资公司及其他存款类金融机构进行监管,证监会、保监会是保障国家金融安全的监督管理机构,三者各司其职,职责界限分明,相关工作协助推进。中国人民银行将监管存款类金融机构的职能分离,也是政事分开的体现。这样,中国银行能够强化货币政策的制定和执行职能,加强货币政策的宏观调控职能,防范化解金融风险,提高金融服务能力。中国人民银行与银监会之间要按照政事分开的原则和要求各自履行其职责,在金融监管方面二者的监管工作是相互补充、互相促进的,避免出现职能交叉、职能越位等问题。

　　(4)组建商务部,进一步推进流通管理体制改革

　　WTO 规则要求必须具备统一、开放、竞争、有序的市场体系,内外贸市场体系必须遵循这一要求。当时中国的流通管理体制状况是:国家经贸委、外经贸部和国家计委职责交叉重叠,容易出现管理空隙、扯皮推诿或职权冲突:国内贸易、对外贸易、反倾销、反补贴工作由国家经贸委、外经贸部负责,而产品的进出口则由三家部委共同负责。这种内外贸服务体系的分割和进出口配额分割的状态,不仅产生行政管理体制固有的如效率低下、交叉扯皮、机构臃肿等常见弊病,而且很不符合 WTO 的规则要求。为此,将国家经贸委的部分职能(部分职能划归发展和改革委)、原国家计委的组织实施农产品计划的职能、外经贸部的职能合并整合,组建商务部。商务部列国务院组成部门,其职能目标主要是扩大内需、拉动消费、拓展外贸和促进统一市场的形成。大商务的建立,体现了国务院机构设置的前瞻性,增强了机构职能的稳定性和连续性。

　　(5)组建食品药品监管局,加强食品安全监管体制

　　根据国家卫生部(2003 年)统计,在 2003 年全国重大食物中毒事件达379 起,12876 人中毒,323 人死亡。[①]为改变卫生工作"多头管理,无人负责"的状况,改革方案提出在原国家药品监管局的基础上组建国家食品药品监督管理局,仍列国务院直属机构,对食品、药品、化妆品安全管理综合

---

① 　中国灾害防御协会:《中国灾害大事记 2001—2003》,地震出版社 2006 年版,第 192 页。

监督和协调。

（6）组建国家安全生产监督管理局

将原属国家经贸委所属的安全生产监管局分出，组建该机构，列国务院直属机构，行使安全生产监督管理职能。

（7）取消国家经济贸易委员会和对外贸易经济合作部

此外，将国家计划生育委员会更名为国家人口和计划生育委员会。这是一个有中国特色的政府机构设置。长期以来，计划生育是第一国策，"控制人口数量，提高人口素质"是计划生育工作的长期指导方针。由于片面控制人口数量，却忽视了人口社会结构、人口发展规律、人口老龄化、国民整体素质提高等战略性问题。建设小康社会，加强社会管理和公共服务，必须以人为本，重视人口科学研究，将其纳入公共管理范畴。国家计划生育委员会的更名，标志着党和政府人口战略规划呈现出新的理念。

改革后，国务院组成部门有部委 28 个，直属特设机构 1 个，直属机构 18 个，办事机构 4 个，直属事业单位 14 个，共计 65 个部门。

3. 改革的基本特点

（1）强化了经济调节和市场监管的职能

组建后的国家发展和改革委的主要职能，一是对经济和社会发展进行宏观调控；二是通过减少行政审批和微观管理事务，为市场机制发挥对经济活动的调节作用创造适宜的空间。设立银监会的目的，一方面是强化对金融市场运行的监管，提高抵御和应对金融风险的能力；另一方面能够通过强化人民银行在制定和执行货币政策方面的职能，更好地发挥其在金融市场宏观调控体系中的作用。国资委的设立则是强化对国有资产的管理，使国有资产保值增值；食品药品监管局的改组，也主要是强化对食品、药品、化妆品的监管。

（2）突出重点，稳中求进

重点解决了行政管理体制中的突出矛盾和问题。譬如，国有资产管理体制中的问题是"所有者缺位，管理者越位"，这一问题造成国有资产管理松懈，导致国有资产流失、国有企业长期发展动力不足以及滋生严重的官员腐败。针对这一问题，组建国资委，从管企业转变为资本运营，代表国家履行出资人职责，根据责任、权利、义务相一致的要求，实现管资、管

人、管事的统一,确保国有资产保值增值。食品药品化妆品生产经营中的
违法违规、严重侵害人民生命财产安全的事件以及生产领域中频发的重
大安全事故,暴露出这些管理领域中存在的严重问题,对此,成立国家食
品药品监督管理局和国家安全生产监督管理局,以加强相关领域中的监
管力度。这次机构改革没有对机构进行大的调整,人员也没有进行大幅
度的精简,而是有针对性地解决经济管理中存在的问题和矛盾。①

(3) 机构改革更加注重职能的整合

1998 年国务院机构改革的重点是撤销专业经济管理部门,消除计划
经济体制存在的组织基础,所以裁撤的机构多,裁减的人员多。2003 年
改革,则将改革的重点转移到政府职能的整合上,机构及人员随着职能一
并转移。首先明确界定各部门的职责分工。严格落实"三定方案",明确
规定一件事情只能或尽量由一个部门办,避免"一权双授"和"多龙治水"
等现象发生。比如国资委组建方案,不是另起炉灶,而是将原属财政部、
国家经贸委和中央企业工委有关国有资产管理的职能,连同内设机构一
起进行整合。商务部也是整合原属国家计委、国家经贸委和外经贸委的
职能而成。这样做,既有利于进一步转变政府职能,又有利于减少多门管
理,便于集中统一监管。

(4) 职能履新,法律先行,保证职能平稳衔接

将改革的成果用法律的形式固定下来一直以来是行政管理体制改革
所要实现的目标。2003 年这次改革可以说初步实现了这一愿望。全国
人大常委会根据国务院的提议,审议通过了《关于中国银行业监督管理委
员会履行原由中国人民银行履行的监督管理职责的决定》,保证了新成立
的银监会监管职能的行使;国务院颁布《企业国有资产监督管理暂行条
例》,为国资委依法行使国有资产监督管理职能提供了法律保障。这些法
律条文的颁行,不仅在行政管理体制改革的过程中保证了职能衔接平稳
过渡,同时也是依法治国、依法行政的具体体现。

4. 改革的主要成效体现了政府职能转变

改革开放以来,中国从实行有计划商品经济到社会主义市场经济,迫

---

① 吴江:《我国政府机构改革的历史经验》,《中国行政管理》2005 年第 3 期,第 13—14 页。

切要求政府机构从适应计划经济体制转变到适应新的经济形式。以政府
职能转变为关键，以逐步改善政府与市场关系为核心，以政企分开、政事
分开、政资分开、政社分开为抓手，对传统的管理体制和管理方式进行改
革。截至2003年，政府机构改革实现了两个"跨越"：一是1998年改革，
从体制上消灭了专业经济部门，基本上结束了与传统计划经济体制相适
应的政府机构设置的格局和模式的历史，使政府机构"脱离计划经济体
制"阶段；二是2003年政府机构改革，是在社会主义市场经济初步建立的
历史条件下进行的，开始向与市场经济相适应的行政管理体制转变。建
设服务型政府成为政府机构改革的目标。

前几次政府机构改革成效不彰，究其原因，有两方面：一是前几次改
革都是计划经济体制下的改革。从中共十四大开始，中国进入社会主义
市场经济体制与计划经济体制并存的历史时期。这个时期的特点，是市
场经济刚刚提出，几乎不能发挥作用；计划经济虽已开始衰弱，但仍然较
有实力并发挥着作用，不能立即退出历史舞台。二者处于此消彼长的状
态。这种态势主导下的政府机构改革必然是：与计划经济体制相适应的
政府职能及机构设置模式渐弱，而与市场经济体制相适应的政府职能及
机构设置模式渐强。由于市场经济的发展，这一过程的机构改革，具有向
市场经济过渡的明显趋向，如1993年组建对外贸易经济合作部，就是为
了加强宏观调控、信息提供、有效调控社会经济活动；但是由于计划经济
体制的存在，这一过程的改革仍然具有权力在部门之间的转移、机构实质
上并未"消肿"、个别公司仍行使计划经济体制行政职能等弊端，如国务院
不设部委分管的直属国家局，而将其划归外经贸委，从表面上看机构数目
减少了，实质上这些机构仍然存在并发挥作用。计划经济体制在一定程
度上导致政府机构改革的不彻底性。

二是前几次改革没有着力转变政府职能。改革开放以来，从"计划经
济为主，市场调节为辅""社会主义经济是有计划的商品经济"到"国家调
节市场，市场引导企业"，中国共产党一直在市场取向的改革道路上披荆
斩棘。直到中共十三大提出机构改革必须抓住转变职能这个关键，转变
政府职能才成为机构改革的主线并始终扭住不放，机构改革才取得实效。
从此，便开始了以市场为取向的政府职能转变的改革与计划经济强大的

惯性相角力的过程。但是从 1988 年对计划经济专业经济管理部门的调整走过来的 1993 年"大力度"整合专业经济管理部门,仍然是在计划经济体制的框架内进行"三定",并且 1993 年国务院机构改革还对专业经济部门加强,转变政府职能的力度微弱。1998 年的改革致力于破除计划经济体制专业经济管理部门,没有把重点转移到转变政府职能上来而是聚焦于精兵简政,但是 1998 年改革为后来的职能转变基本上消除了体制障碍,这是 1998 年机构改革的历史性贡献。

在 1998 年改革的基础上,2003 年改革能够有条件将精力集中于转变政府职能,而且,"入世后最大任务是转换政府职能"①。所以,2003 年改革不再将精兵简政作为重点,而是通过转变政府职能,创新政府组织结构,更好为经济建设服务。在 2003 年政府机构改革中,建立和完善了国有资产监管体系——国资委、宏观调控体系——国家发展和改革委、市场监管体系——银监会、食品药品监管局和安监局、大商务管理体系——商务部,从而通过对行政组织结构的创新,实现了政府职能适应经济社会发展需要的转变,政府职能转变在市场经济意义上实现了突破。

5. 改革中存在的问题

1998 年改革号称"规模最大、力度最大、决心最大的革命",被称为"第七次革命",还引起了"世界瞩目"②;2003 年改革,实现了政府职能转变的突破,并着力解决长期存在的社会主要问题和矛盾。在看到两次改革取得比较明显的成效的同时,也要看到其存在的许多问题,有的还比较严重。根据《国务院关于 2006 年度中央预算执行和其他财政收支的审计工作报告》显示,截至 2005 年底,隶属于 31 个中央部门的各级各类单位(不包含经国务院批准的内设机构和派出、分支机构)共有 5074 个,资产总额 4479.78 亿元,在职人员 164.12 万人。"有一个中央部门下属单位就有 100 多个,既有儿子部门、孙子部门,还有重孙子、重重孙子部门,三五个人就成立个部门,挂个牌就收费。"前国家审计署审计长李金华说,中央部

① 龙永图:《入世后最大任务是转换政府职能》,《扬子晚报》2001 年 11 月 7 日,第 1 版。
② 刘智峰编:《第七次革命——1998—2003 中国政府机构改革问题报告》,中国社会科学出版社 2003 年版,第 3 页。

门下属各类事业单位也应该加快改革的步伐。① 这些单位约 1/3 是 1998
年改革后成立的。这些部门所属单位存在的主要问题如下：

（1）一些部门的部分行政职能由其所属事业单位承担

《国务院关于 2006 年度中央预算执行和其他财政收支的审计工作报
告》显示：审计署对国务院所属的 25 个部门进行抽查，这些部门的部分行
政职能由其所属的事业单位或类似机构行使，并获取巨额收入。有 73 个
从属于 11 个部门的事业单位承担了部门审批、管理和监督等行政职能；
有 42 个从属于 7 个部门的各类中心办理了技术性、事务性公共服务职
能，而这些公共服务职能是本应由行业组织或社会中介机构承办的；有 10
个从属于 3 个部门的社团组织利用其与中央部门的日常工作关系和与中
央部门的挂靠关系，直接或间接地参与行使了部分行政职能。到 2006 年
底，上述 125 个所属单位通过代行行政职能，取得收入 4.56 亿元。这些
从属于国务院机构的事业单位，何以能够代行国务院部门的职能？原因
是，这些事业单位的负责人很多是从部门分流出来的，职责也随人转移。

（2）一些部门办经济实体问题仍未得到根本解决

《国务院关于 2006 年度中央预算执行和其他财政收支的审计工作报
告》显示：在 25 个被抽查的部门中，有 22 个（竟占 88％）部门直接开办或
管理经济实体，属于典型的官办企业。这里的问题是，中央高度重视政企
分开，为何国务院的一些部门却经营企业？许多经济实体依附于部门职
能和资源，经营与部门职责、资金分配和使用相关的业务，俨然是国务院
职能部门；还有一些实体假借其特殊地位对某些行业领域进行垄断。国
务院部门及所属单位办经济实体现象比较普遍。

（3）所属单位依托部门权力收费的问题比较突出

《国务院关于 2006 年度中央预算执行和其他财政收支的审计工作
报告》显示：在对 26 个部门进行抽查时，发现有 5 个部门将其收费转移、
分解给其下属单位，涉及资金 4.48 亿元，这 5 个部门中的下属单位仅在
2005 和 2006 两年就获取 1.15 亿元。12 个部门中的 28 个下级单位，依

---

① 刘世昕：《国家审计署审计长李金华委员：部委的"儿孙"部门也该减减了》，《中国青年报》
2008 年 3 月 13 日，第 1 版。

托部门的权力、资源及影响收费,涉及 45 个收费项目,仅 2006 年收费就达 3.37 亿元,同比增长 10.8％。《报告》还显示,收费是部门下属单位的生存方式,有些单位收费管理混乱,容易滋生腐败,严重降低政府公信力。

这些问题的产生根源是,长期以来所推进的政企分开、政社分开、政事分开尚未彻底分开,不同程度地存在"夹生饭"问题。部门之间的职能仍然存在交叉重叠,部门间管理体制和运行机制关系没理顺;政府行政行为法治理念缺失;许多下属事业单位等部门越位行使从属部门职权,形成事实上的"二政府";有的部门为牟取部门利益,与下属单位利益捆绑,靠收费甚至乱收费牟取利益;最后是国务院机构改革过程中,部门分流人员的主要去向就是所属事业单位。① 这些分流人员将分流前的官僚作派及权力范围也带到了新的事业单位。这些问题的存在,对党的纯洁性、政府公信力和治理能力均产生了严重侵害。

6. 改革的启示:重大经济社会发展国事对职能转变会产生重要影响

2001 年底,中国加入 WTO,因为严峻的挑战迫在眉睫,中国行政管理体制改革具有了内外双重互动、以适应 WTO 规则为导向的特点,政府机构改革具有了世界意义。相应地,2003 年国务院组建发展和改革委,成立银监会、增设国资委,突出宏观调控、公共服务和监督管理职能。而"非典"的爆发促成了政府职能理念上的质变和实践上的跃进。政府对效率或公平的态度,决定了政府职能对效率或公平的取向,这种选择以政府与市场的关系变化为转移。政府与市场的关系以政府与社会、政府与公民个体的关系为基点,而不是与后两个关系并列,政府通过政府职能与市场发生关系。政府职能通过对包括企业、事业、社会团体及公民在内的市场主体发生作用,体现公平与效率的价值。如果政府职能偏重于效率,成为经济建设职能型政府,就会忽视以人为主体的社会公平,产生社会问题,从而出现有增长而无发展的社会弊病。所以政府职能要着眼于人与社会的全面发展。从 1988 年到 2003 年这一时期的改革,政府主要侧重

---

① 全国人民代表大会常务委员会办公厅公报编辑室:《中华人民共和国全国人民代表大会常务委员会公报》2007 年第 5 期,第 474—475 页。

于效率,在经济调节、市场监管方面投入大。在机构改革方面的体现就是逐渐整合、裁撤专业经济管理部门,直到 2001 年全部撤掉专业经济部门,为市场经济发展、建设清除了体制上的障碍。但对于社会存在的问题关注不够,在社会管理、公共服务方面的投入少,逐渐积累并隐含巨大危机。这是我国改革开放以来经济社会发展中的一个深刻的教训。2003 年爆发的"非典型性肺炎"是特大突发公共卫生事件,这一事件将长期以来偏重经济建设而忽视社会管理和公共服务造成的严重危机暴露出来,党和政府对此进行了深深的反思并迅速采取措施付诸实践,在机构改革上强化了食品药品监督管理职能,更为重要的是提出了建设服务型政府的目标,实现了政府职能认识上的第二次转变。

2003 年国务院机构改革,在机构设置方面有所创新。重点在宏观调控体系、金融监管体系、流通管理体制和食品安全生产监管体系方面进行改革。将性质、职能相近的部门、职能交叉或相似的部门整合成立大部门,使大部制有了雏形,为 2008 年国务院大部制机构改革积累了经验,奠定了基础,揭开了国务院机构改革新的篇章。

(二) 2008 年以大部门体制改革为重点的国务院机构改革

中共十七大首次提出"大部制"这一概念,中共十七届二中全会通过的《关于深化行政管理体制改革的意见》对"大部制"作了进一步的阐述。根据中共十七大和十七届二中全会的部署,十一届全国人大一次会议于 2008 年 3 月通过了《国务院机构改革方案》,以"大部制"为重点的新一轮政府机构改革就此展开。这次国务院机构改革是中共十七届二中全会确定的实现到 2020 年行政管理体制改革目标的起点,同时具有承上启下的作用。

1. 改革的动因

一是 2003 年机构改革为此次机构改革创造了良好的条件。经济全球化、争取全面建设小康社会奋斗目标和改革开放进入攻坚克难共同的阶段背景赋予这两次改革共同的内涵和动力。党的十七大召开后的 2008 年政府机构改革的显著特点就是"大部制"改革,"大部制"成为中国行政管理体制改革的最大亮点之一。2003 年改革已经开始了向"大部制"改革的过渡,所建立的商务部、国资委、银监会、国家发展和改革委以及食品药品监督管理局都具有大部制的特征,并为本次改革积累了一定的经验,有利于改革的进展。

二是党的十七大对机构改革提出了明确的要求。党的十七大报告提出"行政管理体制改革是深化改革的重要环节",要求"抓紧制定行政管理体制改革总体方案"。"加大机构整合力度,探索实行职能有机统一的大部门体制"①,建立健全部门间协调配合机制。党的报告中首次确定大部门制改革是政府机构改革的目标,为本次机构改革确定了基调。

三是现行机构运行存在的问题。面对出现的新形势新任务,现行行政管理体制存在的问题暴露得更加明显。主要有"多":政府对微观经济运行仍存在干预过多问题;"弱":政府社会管理和公共服务能力比较弱;"低":政府部门之间职能交叉、权责不一致,行政效能低下;在机构体制机制设置方面,机构与职责不匹配、运行和管理制度不够健全;对公权力运行的监督制约机制不够完善,权力腐败现象严重。这些问题的存在在一定程度上制约了经济社会发展。深化行政管理体制改革倍显重要性和紧迫性。

四是降低行政成本的需要。2008年温家宝在全国"两会"期间提出深化财政体制改革、把人民的钱花在人民身上的要求。长期以来,我国在行政管理中的财政成本投入过高,出现行政效率与行政支出严重负相关的现象。2008年"两会"期间,九三学社中央的提案数据显示,我国的行政成本高于世界平均水平25％。② 国家统计局的数据清晰地显示了我国行政支出的快速增长,国家财政支出从1995年的996.54亿元增加到2006年的7571.05亿元,12年间增长了6.6倍;从1978年到2006年,行政管理费用占财政总支出的比重由4.71％上升到18.73％。在发达国家中美国的预算内行政管理费用占财政总支出的百分比是最高的,达到9.9％,我国是其近2倍。唯有从行政体制改革着手,才能从根本上遏制行政成本过高的弊端。大部制的改革也许是控制行政成本最根本的方法。③

---

① 中共中央文献研究室:《十七大以来重要文献选编》(上),中央文献出版社2009年版,第25页。
② 唐敏:《行政成本难降主因》,《瞭望》2008年第17期,第56—57页。
③ 吴爱明、刘文杰:《政府改革:中国行政改革模式与经验》,新华出版社2010年版,第59页。

2. 改革的指导思想、基本方针和思路

根据《关于深化行政管理体制改革的意见》提出的精简、统一、效能的原则,为全面建设小康社会提供坚实的组织保证,强化政府组织结构、政府机构设置、行政运行机制几方面建设。

改革要坚持积极稳妥的方针,一些关键领域、重点领域在条件允许的情况下要大胆突破;在可能存在困难和风险的领域,要扎实稳妥有效,不可急于求成,产生"夹生饭"。在 2008 年世界金融危机形势下,政府的宏观调控能力尤为重要,既要积极稳妥,又要扎实有效。

国务院机构改革的基本思路是,宏观调控体系尤为重要,突出能源、资源、环境管理体制的重要性,加强社会治理体制,建设人民满意的服务型政府。

3. 改革的主要任务

国务院机构改革的主要任务包括 8 个方面:

(1) 完善宏观调控部门职能

对于国家发展和改革委、财政部、中国人民银行,要建立健全协调机制,要合理配置职能,形成科学权威高效的宏观调控体系,提高宏观调控水平。2008 年《国务院机构改革方案》特别对国家发展和改革委职能作了强调,要求其进一步减少微观管理事务和具体审批事项,特别是在投资体制、规划和产业政策管理方面。2003 年的《国务院机构改革方案》也对其提出过类似要求。可见,国家发展和改革委在转变职能和宏观调控方面,确实要处理好宏观和微观、间接与直接等方面的问题。

(2) 成立国家能源局等 7 个职能部门(见表 5-1)

表 5-1 2008 年国务院机构改革内容

改革后机构及归属	职责	职能变化情况	取消或减少的部门
国家能源局归属国家发展和改革委	保障国家能源安全	整合国家发展和改革委的能源行业管理有关职责及机构、国家能源领导小组办公室职责、国防科工委的核电管理职责	国家能源领导小组及其机构。

改革后机构及归属	职责	职能变化情况	取消或减少的部门
工业和信息化部(下属国家国防科技工业局和国家烟草专卖局)	管规划、政策、标准,指导行业发展,确保企业的生产经营活动独立和企业的市场主体地位	整合国家发展和改革委的工业行业管理的有关职责、国防科工委核电以外的职责、信息产业部的职责、国务院信息化工作办公室的职责	国防科工委、信息产业部和国务院信息化工作办公室
交通运输部(下属国家民用航空局及国家邮政局)		整合交通部、中国民航总局的职责、建设部的指导城市客运职责	交通部、中国民航总局
人力资源和社会保障部(下属国家公务员局和国家外国专家局)		整合人事部、劳动和社会保障部的职能	人事部、劳动和社会保障部
环境保护部			国家环境保护总局
住房和城乡建设部			建设部
国家食品药品监督管理局归属卫生部			

来源:依据2008年国务院机构改革自绘(时间:2020年10月)

　　这次国务院机构改革涉及变动的部门有15个,正部级部门减少4个。调整后的国务院部门共有63个,其中部委27个,直属特设机构1个,直属机构16个,办事机构4个,直属事业单位14个,另加1个办公厅。

　　4. 改革的基本成效凸显社会组织作用、社会发展需要和政府责任

　　体现"三定"原则,针对政府管理中存在的突出矛盾和问题,通过大部制改革,政府职能向市场主体服务转变,大部门之间职责关系交叉明显减少,强化了部门责任,机构编制得到有效控制。改革取得显著成效。

（1）取消、下放或转移政府部门的一些行政职能

国务院共有 61 个部门根据"三定"规定，释放 70 余项行政职能，包括：一类是行政审批、微观管理和评比表彰等方面的事项，这些职能要么是管得过多的审批事项，要么是政府干预经济的具体事项，要么是本不该由政府管的事；另一类是释放给地方政府的事项；最后一类是按照政事分开、政社分开的要求，转交给事业单位、中介组织承担的技术性和具体性事务。

（2）加强宏观调控及职能管理

在能源管理、人口计生、社会保障、食品安全、环境保护及教育等涉及国计民生、群众利益的社会管理和公共事务方面，61 个部门共加强了 140多项职能。

（3）注重强化政府责任

如在加强市场监管方面，对商务部、海关总署、工商总局和质检总局强化了责任；在公共安全方面，加强了公安部的责任。61 个中央部委中，共明确和强化了 260 多项政府责任。这使政府部门及工作人员的责任意识和服务意识大大加强，改善了政府形象，也便于责任追究制的执行。

这次机构改革的最大成效是注重社会改革和社会发展，改变了 90 年代以来以 GDP 为导向的局面，纠正了只注重经济建设而忽视社会发展、进步的单方面发展政策。但在将这些政策落实到解决社会发展具体问题时，遇到了极大的困难，没有实质性进展，使得社会政策的贯彻仍然停留在非常低下的水平。[1]

5. 改革的主要经验

（1）贯彻执行"三定规定"

"三定规定"，即定职能、定机构、定编制，是对大部制改革的具体实施和细化。这一规定始于 1988 年国务院机构改革，经过 1993 年、1998 年、2003 年到 2008 年改革，其内涵不断丰富和发展，是中国政府机构改革的

---

[1] 厉以宁、林毅夫、周其仁等：《读懂中国改革：新一轮改革的战略和路线图》，中信出版社 2014年版，第 238 页。

主要经验之一。"三定规定"主要的功能就是科学规范部门职能、合理设置机构和优化人员结构，是此次大部制改革的中心环节。此次大部制改革的"三定规定"将每一项改革指标具体化。具体的做法是：按照建设服务型政府的要求转变职能，政府的工作重心集中于重点领域的社会管理和公共服务，对于一些影响职能转变的不该管的事项，坚决予以剥离；职责交叉问题仍是棘手的问题，厘清工作关系，明确部门分工，规定一件事只能由一个部门负责；对于需要几个部门共同负责的事项，要明确牵头部门，搞好协调配合，分清主次；责权利对等一致，落实责任追究制；按照精简、统一、效能的原则，控制人员编制和领导职数。

(2)"积极稳妥""循序渐进"

此次改革所采取的方针就是积极稳妥、循序渐进，不毕其功于一役。这一做法的优势一是避免了"轰轰烈烈"的"运动式"改革局面，避免了形式主义，消除改革中出现的"夹生饭"。在一定程度上消除了互相推诿、明减暗增的老毛病。二是符合中国渐进式改革的特点。减少社会风险、降低改革成本。大部制改革要调整的关系不是过去改革所调整的范围狭窄的部门精简、权力下放，而是包括中央部委之间、中央与地方、中央与大型国企的关系，触及利益主体之间庞大的利益关系。比如，组建交通运输部，就涉及若干部委的权力再分配，涉及原交通部、中国民航总局、各大民航公司的切身利益。之所以保留铁道部，利益因素是重要原因。所以政府机构的每一次重组、分拆，都将引起相关利益格局的强烈反映，牵一发而动全身，只能循序渐进。

6. 改革的不足——职能重叠交叉，管理缝隙问题比较严重

在同一监管对象上设置多重监管职能，具备形式上的"多管齐下"、管理互补效果。但是各个监管主体在行使监管职能时各司其职，之间是不对接的，更达不到有机地协同，"多管齐下，没下一管""都管，都不管"，这就出现不同管理职能之间的缝隙和空白。2003年"非典"之后，成立食品药品监督管理局，列国务院直属机构。负责对食品、保健品、化妆品安全管理的综合监督和组织协调，不代替卫生等部门负责的食品安全监管职能，但要着力强化综合监督和组织协调的权威，强化牵头组织对重大事故查处的职能，加大执法力度。卫生部负责的食品安全监管职能与食品药

品监管局负责的食品综合监督职能几乎是同一职责,极易产生多头管理、政出多门、责任推诿、互相扯皮的状况。2008 年爆发毒奶粉事件,其主要原因就是卫生部和食品药品监管局分段切块,"两家监督,都不负责"造成奶粉生产过程质量安全监管出现缝隙和断带,分散的责任,弱化了各方的责任感。事实说明必须将对食品卫生监管职能由一个部门承担,以强化责任。所以在 2008 年国务院机构改革方案中明确规定:"由卫生部承担食品安全综合协调、组织查处食品安全重大事故的责任,同时将国家食品药品监管局改由卫生部管理",①结束了食品卫生监管扯皮状况。城市窨井盖造成人身安全事故一直解决不好,原因就是一个井盖由热力、供电、自来水、园林、市政、煤气、供暖等 10 多个部门管理,职能重叠交叉,管理空白严重,"打渔的不管摸虾的事""八个部门管不好一头猪"。这反映出政府职能配置时,对经济管理对象和事务未能进行更高层次的整体性规划、科学界定和概括。②

　　这次政府机构改革承载着"建设服务型政府"以及强化和完善宏观调控的双重目标和任务,着力解决政出多门、职责交叉问题。从它的改革内容上来讲,它在历次机构改革中不是精简力度最大的一次,但却是政府服务职能最为明确的一次。由于它是 2008 年 2 月颁布的《关于深化行政管理体制改革的意见》确立中国行政体制改革总体目标后的第一次改革,所以,具有承上启下,继往开来的历史作用。以建设服务型政府为中心、以深化大部制改革为重点的机构改革将会持续下去。

六、对本阶段政府机构改革的简要分析

　　本阶段政府机构改革是按照社会主义市场经济体制的要求展开的,政府职能转变和行政审批制度改革进一步深化,中央与地方关系进一步

---

① 国务院办公厅秘书局、中央机构编制委员会办公室综合司:《中央政府组织机构 2008》,党建读物出版社 2009 年版,第 35 页。

② 邱霈恩:《目前我国行政管理体制中存在的突出问题及相关分析》,《甘肃行政学院学报》2009 年第 5 期,第 40 页。

理顺,政府机构设置更加科学,服务型政府建设取得初步成效。政府机构改革是一个历史过程,这一过程将随着新问题的不断解决、新障碍的不断克服等改革实践的深入推进而继续发展。

(一) 私利已逐渐成为政府机构改革深入推进的障碍

随着社会主义市场经济的发展,经济建设型政府逐渐显露出其缺点,政府要围绕实现转变经济发展方式转变职能。本阶段政府机构改革在政府职能转变内涵、政府职能转变实现途径、政府机构设置模式都呈现出崭新的内容。在这一实践探索中,中国为建设服务型政府,加大了行政审批制度改革力度,对部门利益、部分官员个人利益进行重大调整,也遇到了巨大阻力。政府职能转变越是向纵深发展,政府机构改革越是触及官员利益,改革遇到的阻力也就越大。利益博弈已成为政府机构改革深入开展的深层障碍。

(二) 经济建设型政府产生了许多深层负面影响和矛盾

经济建设型政府就是以 GDP 增长为唯一价值取向的政府,唯 GDP 增长是政府追求。[①] "以经济建设为中心"并不意味着政府的唯一职能就是经济建设。将以"经济建设为中心"机械地理解为构建"经济建设型政府",恰恰阻碍了"以经济建设为中心"基本路线的落实。那么,经济建设型政府的弊端是什么?

1. 导致资源配置上的重政府轻市场现象

改革开放以来政府在经济快速发展、实现公平与和谐方面发挥了很好的作用,同时,由于政府长期主导经济发展,僭越了自身的合理边界,过度干预市场对资源配置的基础性作用,由政府垄断各种权力和资源,遏制市场配置资源的主导作用,形成经济建设型政府,经济建设型政府就是政府主导型经济发展模式。这种模式下的经济发展的动力是要素驱动,即劳动力资源、土地、环境、资本等要素被政府而不是市场充分调动起来,成为经济增长的动力要素。由于政府控制生产要素,因此各种要素市场发育就不充分,而政府通过行政权力而不是市场竞争来压低要素价格获取

---

① 中国(海南)改革发展研究院编:《建设公共服务型政府》,中国经济出版社 2004 年版,第 42 页。

阶段性有效的事半功倍的竞争优势,这种竞争优势必然导致高投入、高污染、高排放、高能耗、低创新附加值的粗放式经济发展方式。[①] 由此带来的问题是:社会机会不均等、社会矛盾加剧、权力寻租贪污腐败严重等,加剧了机构改革的困难。

2. 导致政府职能转变上的重发展轻服务现象

长期以来,由于是政府而不是市场在决定社会资源的配置,注重经济领域的资源注入而忽视了公共服务领域的培育,因而出现了生态环境、社会保障、医疗卫生、住房就业、基础教育等公共服务和基础设施等方面的孱弱,出现了发展不平衡问题,政府在公共服务领域存在制度性缺位,造成贫富差距拉大、民事纠纷增加、国民基础教育薄弱等社会问题,偏离了政府职能转变的旨意,也延缓了政府职能转变的进程。

3. 导致行业竞争上的重国有轻民营现象

目前,在一般竞争性领域国有资本依然一股独大,甚至出现国进民退。政府垄断行业如钢铁、石油、煤炭、电力、通讯等重要的生产要素领域,并没有形成市场竞争格局。民营企业在市场准入、贷款、融资等方面要经过重重审批,纳税压力巨大,其发展环境堪忧。因此,比照成熟市场经济的发育过程,中国的市场经济还没有真正形成。民营经济的创新意识和创造力受到严重遏制,计划经济思维作祟,抑制了政府职能转变承接载体的成长。

(三) 提出了中国行政管理体制改革长期目标

中共十七届二中全会确立了行政体制改革近期 5 年目标和 2020 年目标,这使中国行政管理体制改革具有了改革的长远规划。它的重要意义在于:

其一,改变了建国以来行政管理体制调整和改革主要是解决阶段性问题、眼前问题的一贯做法,有利于将改革所要解决的紧迫性问题与长远目标结合起来,更能全面地把握行政管理体制改革形势,探寻改革规律。

其二,改变了改革开放以来行政管理体制和机构改革与中国共产党

---

① 厉以宁、林毅夫、周其仁等:《读懂中国改革:新一轮改革的战略和路线图》,中信出版社 2014
年版,第 270 页。

代表大会召开周期相一致的传统做法,使适时改革、与时改革、及时总结经验、省察不足成为长效机制。如,2007 年中共十七大之后开展的政府机构改革,是在继续 2003 年改革基础上持续进行的,所进行的大部制改革探索为后续政府机构改革积累了良好的经验。对行政审批制度不断深化改革的进展也是新世纪以来行政审批制度改革的持续贯彻和接力推进。

其三,有利于巩固改革成果,积累经验,提高中国行政管理理论水平。中国行政管理理论建设滞后,在解决实际问题时,不得不"行必看西方,言必称希腊",将理论探寻的视角投向国外,但往往产生"橘生淮南则为橘,生于淮北则为枳"的"水土不服"现象。确定行政管理体制改革的长远规划目标,有利于保持政策的连续性,把握改革的脉络,建构具有中国特色的行政管理理论体系。

总之,本阶段政府机构改革,是在新的国际国内形势特别是国内社会转型形势下进行的,建设有限政府和服务型政府理念逐渐取代全能型政府和管制型政府传统观念。在这一新的重塑政府理念的引领下,政府职能转变更加注重公共服务职能和社会管理职能[1],这在 2003 年、2008 年政府机构改革特别是国务院机构改革中得到了充分体现。

---

[1] Christopher Pollitt. *Joined-up Government: a Survey Political* [J]. Studies Review, 2003, 1(1):pp. 34 - 36.

第六章　加快完善社会主义市场经济体制中的政府职能转变(2013—2020)

新世纪以来世界经济呈下行趋势,直接导致我国外部需求萎缩,而我国外部需求是支撑经济30年高速增长的重要因素。随着我国进入人均收入中等偏上国家,容易出现经济分配结构失衡,甚至经济停滞不前、严重下滑的问题,这就是"中等收入陷阱"。2012年以来的国内经济形势显示,"中等收入陷阱"已初露端倪。新世纪之初,我国国民经济呈现"三期叠加"阶段性特征:一是经济增速进入换挡期;二是经济结构调整进入阵痛期;三是前期刺激政策消化期。中央作出"三期叠加"的重要判断,为科学制定并精准实施经济政策提供了依据。世界经济形势的下行引起中国经济增长向常态化的中高速阶段转移。

基于上述经济形势,2013年12月,习近平在中央经济工作会议上谈到要注重处理好经济社会发展的各类问题时,提出要稳中求进、改革创新。2014年11月9日,亚太经合组织工商领导人峰会召开,习近平在讲话中正式阐述了中国经济进入新常态及其特点:增长速度要从高速转向中高速,发展方式要从规模速度型转向质量效率型,经济结构调整要从增量扩能为主转向调整存量、做优增量并举,发展动力要从主要依靠资源和低成本劳动力等要素投入转向创新驱动。新常态呈现出的新特点,表明我国经济要向更高级形态迈进,社会分工向更优化发展,经济结构向更合理化演进的趋势,这也是我国经济向更高级发展必经的阶段。实现这样广泛而深刻的变化并不容易,对我们是一个新的巨大挑战。①

---

① 中共中央文献研究室:《习近平总书记重要讲话文章选编》,中央文献出版社、党建读物出版社2016年版,第383页。

　　行政管理体制改革是上层建筑适应经济基础客观规律的必然要求，贯穿我国实现两个一百年奋斗目标的全过程。中共十七届二中全会通过的《关于深化行政管理体制改革的意见》确定的深化行政管理体制改革的总目标，是到 2020 年建立起比较完善的中国特色社会主义行政管理体制，并且提出到 2020 年在政府职能转变、政府组织机构和政府管理方式三个方面实现根本性转变，建设人民满意的政府。① 在总结十七届二中全会以后行政管理体制改革经验和规律的基础上，2013 年 11 月，中共十八届三中全会通过的《中共中央关于全面深化改革若干重大问题的决定》，围绕建立"科学的宏观调控，有效的政府治理"理念，在十七届二中全会提出的到 2020 年实现行政管理体制"三个根本性转变"基础上，增加"政府公信力和执行力"举措，目标是"建设法治政府和服务型政府"。中共十七届二中全会后的 5 年为实现深化行政管理体制改革的总体目标打下坚实基础②，十八届三中全会提出"到 2020 年，在重要领域和关键环节改革上取得决定性成果"③。

　　从十七届二中全会到十八届三中全会，再到 2020 年，这个历史阶段正是中国"中等收入陷阱"初露端倪、经济形势"三期叠加"浮出水面、世界经济形势下行不可逆转的历史时期，也是中共中央作出我国经济发展进入新常态重大判断时期。在这样的历史条件下，十七届二中全会与十八届三中全会均把 2020 年作为我国行政管理体制改革取得阶段性目标的收官之年，通过深化改革消除体制性障碍，深度解决特定社会历史阶段经济社会发展中的突出矛盾和问题。

　　中共十八大以来我国进入加快完善社会主义市场经济体制阶段。④

---

① 中共中央文献研究室：《十七大以来重要文献选编》(上)，中央文献出版社 2009 年版，第 267 页。
② 中共中央文献研究室：《十七大以来重要文献选编》(上)，中央文献出版社 2009 年版，第 267 页。
③ 全国人大常委会办公厅、中共中央文献研究室：《人民代表大会制度重要文献选编》(四)，中国民主法制出版社 2015 年版，第 1662 页。
④ 胡锦涛：《坚定不移沿着中国特色社会主义道路前进 为全面建成小康社会而奋斗——在中国共产党第十八次全国代表大会上的报告》，人民出版社 2012 年版，第 19 页。

一、政府机构改革的背景

基于对我国经济发展进入新常态重大判断,综合分析国际国内形势,中共中央从国际与国内两个方向寻找突破口,以成功使我国经济向形态更高级、分工更优化、结构更合理的阶段迈进,从而实现广泛而深刻的变化。

(一) 国际战略视野:全球治理体系与"一带一路"国家发展倡议的提出

1. 全球治理观。中共十八大报告提出,"要倡导人类命运共同体意识,在追求本国利益时兼顾他国合理关切,在谋求本国发展中促进各国共同发展"[①]。"人类命运共同体"是着眼于人类社会发展进步由中国政府提出的新理念,是以应对人类面临的共同挑战为目的的全球价值观,这种价值观已开始形成并逐步成为国际共识。2011 年《中国的和平发展》白皮书提出,要以"命运共同体"的新视角,寻求人类共同利益和共同价值的新内涵。全球治理观与可持续发展观、国际权力观和共同利益观共同构成"人类命运共同体"的理论内涵。

这一理论内涵的现实表现是国家间利益相互交叉和渗透。国家之间的沟通与合作更加有利于自身发展和安全;国家间加强联系,会开拓合作的领域、构建共同的话语权;国家必须作出正确的革新来应对新的变局。这已成为主权国家新时代共识。

治理这一概念既可以存在于国家内部管理领域,也可以存在于国际领域。基欧汉在《全球化世界的治理》一书中认为,"治理"是正式和非正式的指导并限制一个团体集体行动的程序和机制。[②] 他将治理分为超国家层次、国家层次和次国家层次,但无论哪个层次,政府仍是全球治理中的首要主体。

全球治理是伴随全球化以来全球公共问题的出现而产生的解决机

---

① 中共中央文献研究室:《十八大以来重要文献选编》(上),中央文献出版社 2014 年版,第 37 页。

② [美]约瑟夫·奈、约翰·唐纳胡编:《全球化世界的治理》,王勇、门洪华等译,世界知识出版社 2003 年版,第 10 页

制。全球公共问题,一是具体的公共问题,包括人口问题、环境问题、资源能源问题、粮食问题、贫困与饥荒问题以及国际犯罪问题等。另一种是制度性问题,即如何调整国内政治与国际体系的协调问题、对国际行为监管的合法性问题、国际司法建设问题、国际制度与本国利益冲突问题、局部战争解决机制问题等等。"全球公共问题不能得到持续的解决,既威胁到国际体系的稳定,也威胁到国内政治经济的发展"①。因此,在全球化视野下,各主权国家在面对越来越多、越来越复杂的全球公共问题时,必须作出抉择。

新时代国际体系和国际政治经济秩序重新构建,中国对国际制度的遵守和承诺,使政府部门不能够再徇守原有国内事务不为所动,在日益复杂的对外事务压力下,必须作出机构上的改革②,这是全球化将国际压力引入国内的效应。

中国作为负责任大国,面对全球化问题的解决,必然要提供公共产品。那么,中国会通过哪些方面的改革,采取怎样的治理模式来参与全球治理,中国政府必须及时作出承诺。

在国家执行开放政策、参与全球治理的过程中,作为管理者的政府处在全球治理的前沿,参与国际事务的领域更广阔、方式更灵活、渠道更便捷、成效更显著。因此,政府职能的国际化增强,促使政府机构的开放与改革,更好地参与国际事务从而进一步实现全球治理。

中国政府参与全球治理,也需要相应的政府治理的支撑,要在体制与机构上实现与国际接轨。本阶段政府机构改革与中国政府积极参与全球治理的大趋势非常契合,新一轮政府机构改革正是着眼于参与全球治理的现实需要而展开。③

2."一带一路"国家发展倡议

"一带一路"是"丝绸之路经济带"和"21世纪海上丝绸之路"的简称。

---

① 苏长和:《世界政治的转换与中国外交研究中的问题》,《教学与研究》2005年第11期,第33页。

② 杨紫翔:《全球治理视野下的国内政府机构改革——以中国为例(1978—2008)》,上海外国语大学硕士学位论文,2010年,第15页。

③ 李永辉:《从全球治理视角看党和国家机构改革》,《中国机构改革与管理》2018年第10期,第17页。

2015 年 3 月,中国发布《推动共建丝绸之路经济带和 21 世纪海上丝绸之路的愿景与行动》,标志着中国开始启动"一带一路"新型区域合作机制。从"一带一路"合作倡议所提出的发展环境、发展目标、共享资源以及合作路径和方法来看,它是在我国经济社会发展进入新常态背景下,党和政府对国内国际两个大局作出的重大发展与合作部署,对于开创我国全方位对外开放新格局、优化经济发展空间、促进地区及世界和平发展具有重大的长远意义。

"一带一路"倡议的共建原则,一是遵循市场规则,坚守市场运作。遵循市场规律和国际通行规则,促进中国市场与国际市场接轨的弥合度,坚持市场对资源配置的决定作用,更好发挥政府作用;二是坚持互利合作共赢。兼顾各方利益和关切,寻求发展契合点,各尽所能,合作共赢,共同发展,力求各方利益最大化,促进经济要素有序自由流动、资源高效配置和市场深度融合。①

这对中国处理好政府与市场的关系、政府与企业的关系以及中央政府与省级及以下政府的关系提出了更高的要求和挑战,这些关系的核心就是政府职能转变。"一带一路"共建原则的基本理念就是通过变革权力过分集中的行政管理体制,创造条件使社会力量能够在现代发展的意义上限制政府权力,构建公共权力在政府和社会之间科学、合理的配置机制,逐渐建立社会自我管理、自我发展的机制以及约束政府权力的机制。

然而,长期以来,中国经济社会生活中存在着阻碍社会发展的一些问题,如收入差距、城乡差别、官员权力寻租腐败、社会矛盾突出等。重要原因之一是政府机构设置不合理、不科学,而政府职能转变不能准确到位则是其中的主要原因。要遏制并最终解决这些深层次问题和矛盾,达到"一带一路"基本原则的要求,就必须以政府职能转变为核心,建设服务型政府,建立行政权力监督制约机制等。因此,以"一带一路"倡议推进为契机,加快政府职能转变研究,深化政府机构改革,尤为迫切。

随着市场经济机制在经济运行中的主导地位的逐步确立,政府培育

① 中国国际经济交流中心"一带一路"课题组:《"一带一路"愿景与行动 "一带一路"视角下的重点领域与路径》,中国经济出版社 2019 年版,第 270 页。

市场、替代市场呈现出不必要性,而且"经济建设型政府"及其产生的政治经济社会问题会阻碍"一带一路"实施过程中中国政府与国际的接轨,进而会妨害"一带一路"倡议的推进。中国政府应通过实现两种"转型"——全能型政府向有限政府转变、经济建设型政府向服务型政府转变,以适应"一带一路"倡议的推进。

(二)国内战略布局:发展理念的变革与重大战略部署的实施

1. 发展理念的深刻变革——创新、协调、绿色、开放、共享的发展理念

(1)五大发展理念促进改革

2015 年 10 月,中共十八届五中全会通过《中共中央关于制定国民经济和社会发展第十三个五年规划的建议》,提出了创新、协调、绿色、开放、共享五大发展理念。这些发展理念是"十三五"规划任务和措施的高度凝练和精神内核,是新时期提高政府治理能力现代化的基本理念,是促进经济社会全面发展必须实现的总体目标,是到 2020 年争取实现全面建成小康社会目标的总体规划。

五大发展理念触及长期以来制约发展的重要因素——创新问题,触及经济发展不平衡、不协调、不可持续的问题,触及发展在资源、能源和生态方面的问题,触及如何适应全球化的问题,触及改革发展成果如何惠及最广大人民群众的问题。这些长期存在的问题的解决,均寄希望于改革,均已到了必须从制约发展的深层次体制机制障碍上来破解的时候了。

五大发展理念不仅体现"问题导向",而且指向全面深化改革。

创新,必须为市场主体提供并保证充分自由的环境,破除体制与思想上的束缚,建立良好的市场经济体制。为此,必须深化市场改革,为创立公平竞争的环境作出稳定的制度安排。

长期以来,转变增长方式、调整经济结构始终没有取得突破性进展,导致经济发展不平衡、不协调和不可持续,根子就在于没有形成有效的资源配置方式。要实现增长方式的转变和经济结构的调整,必须通过改革,尽快完善市场经济体制。核心就是正确处理好政府与市场的关系,推进政府改革,简政放权,使市场在资源配置中起决定作用,政府只需搞好服务。产能过剩是经济发展不平衡、不协调和不可持续问题的典型反映,根本原因就是由政府而不是市场在决定生产要素的分配,市场机制

在要素市场上还不能起决定作用。

增长方式的转变、经济结构的调整成功与否同样决定着能否实现绿色发展，那种靠政府大规模投资、靠高能耗高排放拉动经济增长的粗放增长方式，必须通过改革加以纠正。争取协调发展、绿色发展必须靠市场才能解决。①

创新、协调、绿色、开放、共享的发展理念既是国民经济和社会发展理念，更是新时代政府机构改革的理念。

(2)"以人民为中心"价值理念的树立

中共十六届三中全会将"坚持以人为本，树立全面、协调、可持续的发展观，促进经济社会和人的全面发展"②作为新时期深化经济体制改革的指导思想和原则。把人的全面发展作为全面、协调、可持续发展观的目的。中共十七大将"以人为本"作为科学发展观的核心内容加以阐述："科学发展观，第一要义是发展，核心是以人为本，基本要求是全面协调可持续，根本方法是统筹兼顾。"③这一发展理念反映了当时我国具体的社会发展要求，是发展观的一个重要阶段。十六届三中全会与中共十七大关于"以人为本"的阐述内涵是一致的。

中共十八大关于把"坚持人民主体地位"作为夺取中国特色社会主义新胜利的首要要求，通过发挥人民主人翁精神，使人民管理国家政治、经济、社会、文化，积极投身中国特色社会主义建设，实现人民当家作主的宪政权利。中共十八届五中全会对人民主体地位作出了新表述，提出了"坚持以人民为中心"的发展理念，使党的人民观进一步演化成为人民中心论④，核心是经济社会发展以人民力量为中心，以人民利益需求为导向。力量来源于人民，利益用之于人民。中共十九大"新时代中国特色社会主义思想"提出了"必须坚持以人民为中心的发展思想，不断促进人的全面发展、全体人民共同富裕"①的治国理念。以"人民为中心"同"以人为本"的提法,在本质上是一致的,但"以人民为中心"的命题更具有科学性:一是更能体现中国共产党全心全意为人民服务的宗旨,二是更能体现"人民主体"的社会主义本质。② "以人民为中心"的理念来源于党的群众路线,目标是把人民群众作为执政党服务的对象。从"以人为本"发展到"以人民为中心"不仅仅是提法的改变,而是我们党在发展理念表述科学性上的重要提升,也是我们党在发展理念认识上的一次飞越。③

中共十八大以来,中共中央将推进国家治理体系和治理能力现代化作为全面深化改革的总目标,这使得发挥各行业各阶层人民群众的积极性和专长来参与社会治理成为必然。从"以人为本"到"以人民为中心"价值理念转变的表述,更加突出了人民群众实践主体性,在全面推动深化改革的进程中把依靠人民力量置于至关重要的地位,这对于动员人民群众积极参与改革、主动参与社会治理,推动社会进步,引导党政领导干部正确处理政府与市场关系、自觉坚守职能边界具有重要的指示意义。④

2. 重大战略部署的实施

(1) 决胜全面建成小康社会战略的实施

小康社会是有中国风格的人民生活水准,这一概念的最初提及是在1979 年 12 月 6 日邓小平首次提出的"小康之家"概念。这一人民对于美好生活的憧憬在 1982 年正式写入中共十二大报告中,报告指出"人民的物质文化生活可以达到小康水平"⑤,正式成为全党全国人民的奋斗目标。伴随"三步走"发展战略奠定的物质文化基础,中共十六大提出"全面建设小康社会",并将其作为 21 世纪头 20 年的奋斗目标。2007 年,党的十七大赋予邓小平小康社会理论以新的时代内涵,阐述了全面建设小康社会奋斗目标的新要求。经过近 30 年奋斗历程,邓小平关于小康社会的理论

① 习近平:《习近平谈治国理政》第 3 卷,外交出版社 2020 年版,第 15 页。

② 常绍舜:《从"以人为本"到"以人民为中心"》,《社会科学报》2018 年 2 月 8 日,第 3 页。

③ 常绍舜:《从"以人为本"到"以人民为中心"》,《社会科学报》2018 年 2 月 8 日,第 3 页。

④ 杨愉:《从"以人为本"到"以人民为中心"的理论演进及升华》,《中共南昌市委党校学报》2019 年第 1 期,第 30 页。

⑤ 中共中央文献研究室:《十二大以来重要文献选编》(上),人民出版社 1986 年版,第 14 页。

不断丰富与发展。

从改革开放到中共十七大召开的近 30 年间,我国社会实现了从"小康之家"到"全面小康"的历史性跨越,是从计划经济体制到社会主义市场经济体制逐步完善的历史性跨越,也是中国政府从管理型政府向服务型政府逐渐转型的历史性跨越。

2012 年,中共十八大提出的"两个百年奋斗目标"之一就是在中国共产党成立一百年时全面建成小康社会。全面建成小康社会位居"四个全面"战略布局之首,对于统领新时代决胜全面建成小康社会的生动实践具有重要意义。

(2) 中共十九大社会主义现代化强国"两步走"战略实施

中共十九大综合分析国际国内形势和中国发展条件指出:"第一个阶段,从 2020 年到 2035 年,在全面建成小康社会的基础上,再奋斗十五年,基本实现社会主义现代化。""第二个阶段,从 2035 年到本世纪中叶,在基本实现现代化的基础上,再奋斗十五年,把我国建成富强民主文明和谐美丽的社会主义现代化强国。"[1]中共十八大确定的第二个百年奋斗目标是到新中国成立一百年时把我国建成富强民主文明和谐的社会主义现代化国家。十九大对此作了两处"微调",一是加了"美丽",二是把"现代化国家"改为"现代化强国",增强了第二个百年奋斗目标的内在要求。

中共十九大召开之时,我国经济发展已经由高速度增长转向高质量发展阶段,最突出的问题是发展质量不高,所以十九大报告在部署第二个百年奋斗目标时,没再提及 GDP 翻番类目标。高质量发展的目标,要通过建设现代化经济体系,全面深化党和国家机构改革,发挥市场资源配置决定性作用,通过质量变革、效率变革和动力变革三个方面的体制机制来实现,着力解决不平衡不充分的发展问题。

(三) 中国社会主要矛盾的新变化对建设服务型政府的迫切要求

中共十九大指出:"中国社会的主要矛盾是人民日益增长的美好生活需要和不平衡不充分的发展之间的矛盾。"[2]发展的不平衡主要表现在:从

---

① 《中国共产党第十九次全国代表大会文件汇编》,人民出版社 2017 年版,第 23 页。
② 《中国共产党第十九次全国代表大会文件汇编》,人民出版社 2017 年版,第 15 页。

国家发展全局上讲,主要表现为东中西发展不平衡、城乡发展不平衡、发达地区与欠发达地区发展不平衡;从国家发展领域来讲,主要表现在经济、政治、文化事业以及生态文明建设等方面的不均衡;群体不平衡是指不同行业群体、不同地区群体以及不同代际群体之间的不平衡。"不充分发展"是对社会整体发展态势而言,内涵是对外开放的广度与深度、民主与法制建设、环境保护以及意识形态建设等方面不充分。

服务型政府建设是解决新时代社会主要矛盾的基础性工作,它包括两个方面:

1. 建设服务型政府以人民群众美好生活需要为转移

一方面,十九大报告提出的公共服务领域的基本目标就是民生问题,涉及幼、学、劳、弱、病、住等主要问题。目前,公共服务领域存在的主要问题,一是公共服务质量总体不高,特别是在教育、医疗、收入分配、环保、养老、住房、文体休闲等方面依然存在不少问题;二是基本公共服务均等化的目标差距还很大,基本民生惠及措施覆盖面太低。因此,十九大将解决民生问题作为实现美好生活需要的第一步。另一方面,满足人民公共服务的需求是治国理政的重点。新时代服务型政府建设是一个结构复杂的系统工程,它以"核心公共服务体系"、"基本公共服务体系"以及"支持性公共服务体系"为支柱,各体系相辅相成,又形成各自子系统及其运行的职能体系。"核心公共服务体系":包括义务教育、基本医疗卫生、基本社会保障三大基础性公共服务;"基本公共服务体系":包括教育、环保、公共基础设施、就业、住房保障、公共安全等基本民生需要;"支持性公共服务体系":包括信息、生态环境、文体休闲、文化科技等。公共服务体系应是包括从核心到基本再到支持性的立体型、多层次的高水平公共服务体系,也是按步骤分层次分步重点推进的过程。①

2. 建设服务型政府以消除三大差距为重点

新时代社会主要矛盾的另一方面——不平衡不充分的发展主要表现

---

① 郭道久:《新时代对服务型政府建设提出更高要求》,《中国机构改革与管理》2018 年第 1 期,第 23—24 页。

在贫富差距、城乡差距和地区发展之间的差距。① 这些差距正是社会主要矛盾发展区域不平衡、领域不平衡和群体不平衡的具体体现,是解决社会主要矛盾的切入点。三大不平衡之间又相互交织,正是制约人民对美好生活需要的瓶颈,是建设服务型政府不能回避也回避不了的问题。

二、新时代政府职能转变内涵及实践

(一)国家治理体系和治理能力现代化的时代演进

改革开放以来,中国共产党以转变政府职能为抓手所进行的政府机构改革,总的目标就是提升政府治理能力,并由此带动廉洁高效的政府运行机制的构建,中共十八届三中全会明确提出了国家治理体系和治理能力现代化的建设目标并取得重大成就。这个过程是国家治理体系和治理能力不断由近代化到现代化的历史演进过程。新时代政治稳定、经济发展、社会和谐、民族团结正是国家治理体系和治理能力现代化建设的成果。新时代政府职能科学化转变的过程,也是国家治理体系和治理能力现代化方略接续演进的过程。

1. 中共十八大提出"国家治理"理念

中共十八大提出"更加注重发挥法治在国家治理和社会管理中的重要作用"。强调法治在治国理政中的作用,说明法治理念在党治国理政中发挥着越发重要的作用。由"国家统治"转向"国家治理",说明党对权力的主体、性质、来源、运行的向度和所及的边界等几方面有了全新的认识。在新世纪探索服务型政府经验基础上,中共十八大确立"以人民为中心"的治国理念,把服务型政府定格在人民满意的高度,明确提出"建设职能科学、结构优化、廉洁高效、人民满意的服务型政府"②。既发挥法治在治国理政中的作用,又把制度建设摆在突出位置,开启了新时代政府治理能

---

① 郭道久:《新时代对服务型政府建设提出更高要求》,《中国机构改革与管理》2018 年第 1 期,第 24 页。
② 中共中央文献研究室:《十八大以来重要文献选编》(上),中央文献出版社 2014 年版,第 22页。

力建设新篇章。

2. 十八届三中全会提出推进国家治理体系和治理能力现代化重大命题

随着加快社会主义市场经济体制步伐的迈进,中国在国家治理体系和能力方面,面临诸多新的严峻挑战。为此,中共十八届三中全会提出:"全面深化改革的总目标是完善和发展中国特色社会主义制度,推进国家治理体系和治理能力现代化。"[①]"国家治理体系和治理能力现代化"的内涵是我国国家制度体系和制度执行能力的现代化,二者是一个有机整体,是同一政治过程中相辅相成的两个方面。

同时,充分发挥市场在资源配置中的决定性作用,更好发挥政府作用,把政府如何更好地发挥在市场经济中的作用作为国家治理体系与治理能力现代化建设的实践途径,把国家治理体系与治理能力现代化的要义物质化为政府职能,在加快完善社会主义市场经济体制中推进国家治理体系和治理能力建设。

3. 十九大报告提出推进国家治理体系和治理能力现代化分"两步走"战略

十九大全面总结了党的十八大以来国家治理体系和治理能力现代化建设成就,首次明确提出了国家治理现代化的时间表和路线图。第一阶段,"从 2020 年到 2035 年,在全面建成小康社会的基础上,再奋斗十五年,基本实现社会主义现代化""各方面制度更加完善,国家治理体系和治理能力现代化基本实现"[②];第二阶段,"从 2035 年到本世纪中叶,在基本实现现代化的基础上,再奋斗十五年,把我国建成富强民主文明和谐美丽的社会主义现代化强国""实现国家治理体系和治理能力现代化"[③]。这说明国家治理体系和治理能力现代化贯穿于新时代"两步走"发展战略征途中,体现于"两个一百年"奋斗目标的伟大实践中。

---

① 中共中央文献研究室:《习近平关于全面深化改革论述摘编》,中央文献出版社 2014 年版,第 23 页。

② 中共中央宣传部:《习近平新时代中国特色社会主义思想学习纲要》,学习出版社、人民出版社 2019 版,第 64 页。

③ 《中国共产党第十九次全国代表大会文件汇编》,人民出版社 2017 年版,第 23 页。

十九大报告从实现"两个一百年"奋斗目标的战略高度出发,赋予国家治理体系和治理能力现代化新内涵,是一份大力推进国家治理体系和治理能力现代化的宣言书。

4. 十九届三中全会将实现国家治理体系和治理能力现代化作为深化党和国家机构改革的导向

十九届三中全会着眼新时代、有效治理国家和社会、落实"以人民为中心"的发展思想,通过了《中共中央关于深化党和国家机构改革的决定》,并指出:"深化党和国家机构改革是推进国家治理体系和治理能力现代化的一场深刻变革。"①这一论断,揭示了党和国家机构改革必须把握的正确方向。

单兵突进政府机构改革,成效欠佳。十九届三中全会把党的领导机构和国家机构的改革合并推进,尽管所要解决的仍是机构设置和职能配置方面的问题,但已是将改革置于国家治理体系和治理能力现代化方略的高度进行。党和国家机构改革亟需深化。

十九届三中全会公报中6次提及"国家治理体系和治理能力现代化",分别从重要性、必要性、导向性和紧迫性几方面论及其理论意义和现实意义,是新的历史时期全面推进国家治理体系和治理能力现代化总的指导思想、全面改革的路线图和重大的战略部署。

5. 十九届四中全会提出国家治理体系和治理能力现代化分"三步走"战略

十九届四中全会的鲜明主题,是研究坚持和完善中国特色社会主义制度、推进国家治理体系和治理能力现代化若干重大问题。全会提出"到我们党成立一百年时,在各方面制度更加成熟更加定型上取得明显成效;到2035年,各方面制度更加完善,基本实现国家治理体系和治理能力现代化;到新中国成立一百年时,全面实现国家治理体系和治理能力现代化,使中国特色社会主义制度更加巩固、优越性充分展现"②。国家治理体系和治理能力现代化分"三步走"战略,凝聚了改革开放以来尤其是中共十八大以来党中央治国理政的政治智慧,将会成为实现中华民族伟大复

① 《中国共产党第十九届中央委员会第三次会议文件汇编》,人民出版社2018年版,第4页。
② 《中国共产党第十九届中央委员会第四次全体会议文件汇编》,人民出版社2019年版,第7页。

兴的强力战略支撑。

实现国家治理体系和治理能力的现代化是把中国特色社会主义各方面的制度优势转化为治理国家的效能。国家治理体系和治理能力现代化,是一种全新的政治理念,表明我们党对社会政治发展规律有了新的认识,是对马克思主义国家治理理论的重要创新,是新时代政府职能转变的指示。

(二)新时代政府职能转变的内涵

1. 服务型政府价值追求与实践的差距

服务型政府治理理念的发展和完善过程,是中国共产党治国理政思想与时俱进的过程。2004年2月21日,温家宝在中央党校"树立和落实科学发展观"讲话时提出建设服务型政府理念。2008年2月,胡锦涛主持中共中央政治局第四次集体学习,中心内容就是国外政府服务体系建设和我国建设服务型政府,阐述了服务型政府的价值目标。胡锦涛指出:"建设服务型政府,根本目的是进一步提高政府为经济社会发展服务、为人民服务的能力和水平,关键是推进政府职能转变、完善社会管理和公共服务,重点是保障和改善民生。"途径是"创新公共服务体制,改进公共服务方式,加强公共服务设施建设"①,目标是逐步实现基本公共服务均等化,形成惠及全民的基本公共服务体系。

胡锦涛再次强调政府职能要转变到"经济调节、市场监管、社会管理、公共服务"上来,"把公共服务和社会管理放在更加重要的位置,努力为人民群众提供方便、快捷、优质、高效的公共服务"②。围绕建设服务型政府,除继续完善组织机构、体制机制,推进政企、政事、政资、政府与社会组织分开外,新提出了:(一)社会与市场共同参与公共服务供给机制,突破政府单一公共服务供给机制;(二)公共服务均等化。通过完善公共财政体系,把更多公共资源尤其是公共资金投向公共服务薄弱的农村、基层、欠发达地区和困难群众,使公共服务均等地不断地惠及全国。

自2004年提出建设服务型政府以来,经过党的十七大直到十七届五

---

① 胡映兰:《改革开放以来中国共产党社会建设的理论与实践》,人民出版社2014年版,第282页。

② 胡锦涛:《扎扎实实推进服务型政府建设 全面提高为人民服务能力和水平》,http://news.cctv.com/xwlb/2008—02/23。

中全会,政府在公共服务、公共产品的提供和公共服务均等化方面取得了巨大成绩。但是在建设服务型政府的过程中,出现的一些问题值得深思:一是当经济建设与公共服务发生冲突时,一些地方政府仍是重经济建设轻公共服务;二是社会组织参与公共服务的能力很弱,在未来长时间内,社会组织仍然附属于政府,政社分开、政事分开依然步履维艰;三是政府在推行公共服务过程中,反而出现了不同程度的侵害公民权益的事件,有些地方甚至出现大规模群体性维权事件,严重损害了党的执政基础;四是政府资源错配现象时有发生,既造成资源浪费,又造成产能严重积压,还引发社会矛盾,政府主导经济发展方式已形成惯性;五是财政资金公共资源在投向公共服务薄弱的农村、基层、欠发达地区和困难群众时,出现地区差异较大现象。① 政府在推行公共服务均等化过程中存在盲目性,尚未精准施策。

这些问题的出现,使以提供公共服务为职能重心的服务型政府面对的几乎是全方位的社会问题。② 为什么会出现这种情况? 2002 年,中共中央明确提出政府职能转变的方向是"经济调节,市场监管,社会管理,公共服务"③,突出了政府的"公共服务"职能,但将"经济调节"功能明确为政府的首要职能。这说明,一方面在当时虽已初步建立了社会主义市场经济体制,但仍然采取政府主导市场经济发展的模式,或者讲经济调节功能较之公共服务职能更受政府重视;另一方面,对于市场在资源配置中的作用认识不足,本质是政府与市场关系失当问题。这也就是出现上述问题的原因。值得说明的是,上述问题的出现并不是政府在注重某一项职能的同时忽视了其他职能,而是政府职能发挥上的顾此失彼。

2. 新时代政府职能转变的内涵

面对国民经济呈现"三期叠加"阶段性特征,中共中央作出国民经济形势"新常态"重大判断。2008 年 2 月,中共十七届二中全会通过《关于深化行政管理体制改革的意见》,提出政府职能向创造良好发展环境,提供

① 竺乾威:《服务型政府:从职能回归本质》,《行政论坛》,2019 年第 5 期,第 97 页。
② 竺乾威:《服务型政府:从职能回归本质》,《行政论坛》2019 年第 5 期,第 98 页。
③ 中共中央文献研究室:《十六大以来重要文献选编》(上),中央文献出版社 2005 年版,第 479 页。

优质公共服务,维护社会公平正义转变。2013 年 11 月,中共十八届三中全会通过的《中共中央关于全面深化改革若干重大问题的决定》,提出要"加强中央政府宏观调控职责和能力,加强地方政府公共服务、市场监管、社会管理、环境保护等职责"①,去掉了 2002 年提出的政府四大职能之一的"经济调节",将公共服务职能列为政府的首要职能,且首次将环境保护列为政府四大职能之一。

十八届三中全会指出:"使市场在资源配置中起决定性作用和更好发挥政府作用。"②那么,政府如何发挥作用方能做得"更好"?

第一,从政府与市场的关系来讲,就是"保持宏观经济稳定,加强和优化公共服务,保障公平竞争,加强市场监管,维护市场秩序,推动可持续发展,促进共同富裕,弥补市场失灵"③。科学划清政府与市场的界限。

第二,从政府与中国共产党治国理政理念的关系来讲,要体现人民中心论。中共十八大提出"五位一体"④总体布局和整体性发展战略。中共十八届五中全会提出"以人民为中心"的新发展观,使党的以人为本观念发展成为人民中心论。中共十九大科学阐释了人民中心论,提出经济建设要贯彻新发展理念,建设现代化经济体系,促进人的全面发展观,是对十八大以来的发展理念进行的新的科学概括,丰富了"五位一体"的整体发展观。党的整体发展观,要求政府职能要全方位转变,整体性履行。

2018 年 2 月,中共十九届三中全会通过《中共中央关于深化党和国家机构改革的决定》,对新时代政府职能转变做出创新性阐述。转变职能既是国家机构改革的重要任务,也是党的机构改革的重要任务。秉承十八届三中全会关于政府与市场关系的科学论述,提出要坚决破除体制机制弊端,中共十九届三中全会将政府职能转变概括为:围绕推动高质量发

---

① 中共中央文献研究室:《十八大以来重要文献选编》(上),中央文献出版社 2014 年版,第 521 页。

② 中共中央文献研究室:《十八大以来重要文献选编》(上),中央文献出版社 2014 年版,第 498 页。

③ 中共中央文献研究室:《十八大以来重要文献选编》(上),中央文献出版社 2014 年版,第 500 页。

④ 2012 年中国共产党第十八次全国代表大会对"全面推进经济建设、政治建设、文化建设、社会建设、生态文明建设"的概括表述。

展,建设现代化经济体系,加强和完善政府经济调节、市场监管、社会管理、公共服务、生态环境保护职能,调整优化政府机构职能,全面提高政府效能,建设人民满意的服务型政府。此《决定》从七个方面阐述了如何进行政府职能转变建设人民满意的政府,要把国家发展战略、宏观经济发展规划体现于宏观管理部门职能配置中。

(三)十八届三中全会前后政府职能转变内容的变化

十八届三中全会中共中央成立全面深化改革领导小组,负责改革总体设计、统筹协调、整体推进、督促落实。

2015年4月18日,国务院成立推进职能转变协调小组,并由6个专题组①和4个功能组②组成。目的就是要形成左右联动、上下贯通的高效机制,实现政府职能深刻转变。

1. 十八届三中全会前以“放、管”为主要内容

李克强分别于2013年5月13日和11月1日,对中央与地方政府职能转变和机构改革作出重要指示:政府改革全国一篇文章,要做到上下联动。国务院机构职能转变主要是“放、管”,地方政府职能转变主要是“接、放、管”、机构改革“控、调、改”。不论是国务院机构还是地方政府,“放和管”是两个轮子。

(1)国务院机构职能转变

“放”,国务院机构职能转变的突破口和抓手是行政审批制度改革,即简政放权。这是“释放改革红利、打造中国经济升级版的重要一招”③,因为简政放权事关促进经济稳定增长、推动经济转型、释放就业创业创新活力、更好发挥地方政府作用。“管”,该管的事必须管住管好,加强市场监管、优化行政审批程序、宏观管理、依法行政。

(2)地方政府职能转变和机构改革

李克强强调,政府改革是篇大文章,必须做到上下联动。否则,“如果

---

① 行政审批改革组、投资审批改革组、职业资格改革组、收费清理改革组、商事制度改革组、教科文卫体改革组。
② 综合组、督查组、法制组、专家组。
③ 中共中央文献研究室:《十八大以来重要文献选编》(上),中央文献出版社2014年版,第294页。

上动下不动、头转身不转,政府职能转变和机构改革就可能变成'假改''虚晃一枪'"①。地方政府职能转变要抓好"接、放、管",机构改革要抓好"控、调、改",后者是前者的条件。可以讲,这是地方政府"放管服"改革的"六字方针"。"接、放、管":接好中央下放给地方的职能;放权;管好地方事务。"控、调、改":控制总量;调整优化结构;改革机制释放潜力。

(3) 遇到的阻力

从中央政府来讲,在民间投资准入方面,存在"玻璃门"和"弹簧门"阻拦。李克强总理讲到,某企业新上一个项目,要经过 27 个部门、50 多个环节,历经 6—10 个月。② 有些部门审批事项边减边增、明减暗增。在推动经济转型方面,在服务业方面存在行政审批过多的问题,市场准入的门槛仍然过高。在促进就业创业创新活力方面,政府部门仍然存在限制过多问题。据统计,目前国务院部门许可的个人资格有 110 项,各级政府部门颁发的资质资格证书有 229 种。在发挥地方政府作用方面,国务院统辖把控的事权过多,如仅中央部门拨到省的涉农资金就有约 100 个专项③,这样就会产生多头管理、撒胡椒面、跑冒滴漏等诸多弊端。

从地方政府来讲,受地方和部门利益影响,在下放权力方面,出现了一些"错放、空放、乱放"的现象。有的地方政府把复杂的、管理责任大的职能下放,保留"含金量"较高的职能;有的放权有水分,动辄上百项,但"干货"不多。各地缺乏全局观、大局观,打"小算盘""小九九",在职能转变、机构改革中"走过场""变戏法"。

上述职能转变、机构改革中遇到的阻力,本质是政府部门利益作祟。

"放管服"改革是新时代国家治理体系与治理能力现代化建设的切实可行的重要举措,也是一项重大的社会变革。从社会意识与社会存在的辩证关系上讲,推动社会变革,必须要有与之相应的社会意识。从政府机构改革遇到的阻力历史来看,部分政府官员对政府机构改革的认识还不

---

① 中共中央文献研究室:《十八大以来重要文献选编》(上),中央文献出版社 2014 年版,第 446 页。

② 《李克强在国务院机构职能转变动员电视电话会议上的讲话》,http://finance. people. com. cn/n/2013—05/15。

③ 《李克强在国务院机构职能转变动员电视电话会议上的讲话》,http://finance. people. com. cn/n/2013—05/15。

到位,他们恰恰是改革的阻力。因此,必须对政府工作人员进行习近平新时代中国特色社会主义思想教育,端正和提高这个群体对新时代国家治理体系与治理能力现代化的认识,使他们在改革过程中增强主观能动性,积极推动政府机构深化改革。

2. 十八届三中全会后以"放管服"为主要内容

(1)党对政府与市场关系科学定位的探索

1993年11月,中共十四届三中全会通过《中共中央关于建立社会主义市场经济体制若干问题的决定》,对中共十四大确定的社会主义市场经济体制进行总体规划。十四大以来,中共中央不断加深政府与市场关系的认识。中共十五大提出"使市场在国家宏观调控下对资源配置起基础性作用",前提必须是在政府宏观调控之下;十六大提出"在更大程度上发挥市场在资源配置中的基础性作用",在何种程度上算"更大",必须由政府来把控;十七大提出"从制度上更好发挥市场在资源配置中的基础性作用",开始了体制机制上的设计,但什么样的制度设计才是"更好",尚需进一步的探索;十八大提出"更大程度更广范围发挥市场在资源配置中的基础性作用",体现了发挥市场配置资源作用的迫切愿望和力度,对政府与市场关系的认识深化了,但尚需进一步的突破。总之,使市场在资源配中发挥基础性作用,总是处于不断的深化认识之中。

中共十八届三中全会提出使市场在资源配置中起决定性作用,更好发挥政府作用,同时指出,市场在资源配置中起决定性作用,但并不是全部作用。既然市场起决定性作用,那么,政府所起的作用就是非决定性作用,非决定性作用如何才能做到更好?十八届三中全会指出,一是科学的宏观调控,二是有效的政府治理,加强和优化公共服务,弥补市场失灵。

2014年5月26日,习近平在中央政治局第15次集体学习时,除了强调如何更好发挥政府作用外,还强调政府要把该管的事管好管到位,该放的权力一定要放足放到位①,重申了十八届三中全会前政府职能转变的"放""管"。

---

① 中共中央宣传部:《习近平总书记系列重要讲话读本(2016年版)》,学习出版社、人民出版社2016年版,第177页。

（2）"放管服"职能转变举措的提出

2015 年 5 月 12 日,李克强总理在全国推进简政放权放管结合职能转变工作电视电话会议上指出,深化行政体制改革、转变政府职能的总要求是"放管服"三管齐下。全面阐述了"放管服"内涵：

"放",就是推动简政放权向纵深发展,重点围绕就业创新创业、审批中介事项、审批程序、企业登记注册以及不合规不合理收费问题。"管",就是创新监管理念,加强市场监管,创新监管机制和方式,目的是使市场和社会活而有序。"服",就是政府要提供公平、可及、全方位公共服务,对于基本公共服务,政府要履行兜底责任。

（3）"放管服"具体措施

① "放"和"管"两个轮子。简政放权、放管结合是推进政府机构改革、转变政府职能的"先手棋",放和管是两只并重的轮子。"一放就乱,一管就死"是中国政府机构改革的痼疾,原因就是放与管关系处理失当。下放权力,监管必须到位；强调管理,必须是权力下放条件下的管理。管的主体主要是市县地方政府,地方政府要加强市场监管职能和力量,纵向倒底,横向倒边,不留监管盲区。地方政府必须履行市场监管职责,将工作重心由事前审批转移到事中事后监管,创新监管方式,消除随意性,杜绝"劣币驱逐良币"市场乱象。

② 简政放权"当头炮"。当头炮瞄准的目标就是"制度后门"和"灰色地带",又称"中梗阻",是一些机关部门置国家政策法规于不顾,在行政审批权改革过程中"明减暗增""边减边增",打"太极拳",把持手中的审批权力,"吃、拿、卡、要",是政府职能转变简政放权的"最后一公里""硬骨头"。"中梗阻"现象,对政府形象、公信力、社会公平和效率、市场机遇、群众利益均产生了严重的破坏作用。"当头炮"要轰掉的正是制造"中梗阻"的部分政府官员。

③ 五个"再砍掉一批"。深化简政放权,要找准监管服务的"盲点"、清除阻碍创新创业的"堵点"、切准事业发展的"痛点"。2015 年 5 月 12 日,李克强总理提出五个"再砍掉一批"。再砍掉一批审批事项,切实降低就业创业创新门槛,包括投资项目、资质资格许可、评比达标表彰等事项。再砍掉一批审批中介事项,坚决拆除"玻璃门""弹簧门"和"旋转门"。主

要是使中介机构与政府机关脱钩,摘掉中介机构"二机关"的"红顶",斩断中介机构以政府名义搞审批的利益链条,营造公平竞争的营商环境。再砍掉一批审批程序。着力破除审批"当关"、公章"旅行"、公文"长征",实现"横向联通"、"纵向贯通"的线上审批监管平台。再砍掉一批登记注册和办事的关卡,实现"三证合一""一照一码",清除创业创新"堵点"。再砍掉一批违法违规不合理的收费,减轻企业和群众负担。

④"三个清单"。为配合"五个再砍掉一批"措施落地,发挥制度对权力的刚性约束作用,李克强提出要坚持职权法定原则,建立"三个清单"——政府权力清单、政府监管清单和企业负面清单[①],划清政府与市场、社会、企业的边界。权力清单使政府明确能做什么,监管清单使政府明确该管什么、不该管什么,企业负面清单使企业明确哪些属于"法无禁止即可为"的事项。通过建立权力清单,依法管好"看得见的手",用好"看不见的手",挡住"寻租的黑手"[②]。

⑤"两随机,一公开"。2015 年 7 月,国务院发布《关于推广随机抽查规范事中事后监管的通知》,为检查督导事后监督情况,要求各级政府通过随机抽取监管对象、随机抽查监管人员的方式,检查事后监督的落实情况,并及时将抽查情况及处理结果向社会公布。"两随机,一公开"是简政放权的一项配套措施,是推进政府职能转变过程中的监管机制。其主要功能就是强化事中事后监督,有效防范政府对市场的过度干预,也有效避免了市场主体与政府官员之间互相寻租的空间,同时增强了社会主体对政府行为的监督,是深化"放管服"改革的重要举措。《关于推广随机抽查规范事中事后监管的通知》确定的目标是,到 2020 年底,实现全覆盖、常态化。

⑥"三去一降一补"。2016 年 1 月,习近平在《推进供给侧结构性改革》讲话中提出 2016 年经济工作任务是"三去一降一补",即:去产能、去

---

① 《简政放权五个"再砍掉一批"推动"三个清单"划分权责边界》,http://www.gov.cn.2015—05/13。

② 国务院办公厅政府信息与政务公开办公室:《国务院取消和调整的行政审批项目等事项目录(2013 年 5 月—2015 年 7 月)》,人民出版社 2015 年版,第 30 页。

库存、去杠杆、降成本、补短板。①"三去一降一补"既是中央提出的 2016 年经济工作任务,也是经济改革的措施,对于提高供给体系现状、投资有效性、新发展动能培育、传统比较优势提振、内生动力挖掘,均具有重要意义。为此,2016 年 5 月,李克强总理在全国推进简政放权、放管结合、优化服务改革电视电话会议上的讲话上阐明了"三去一降一补"对抑制经济下行压力、降低制度性成本、促进大众创业万众创新、培育国际竞争优势、提高政府治理能力的重大现实价值,同时指出,必须以"三去一降一补"为牵引,在更大范围、更深层次上推进"放管服"改革。

(4)"放管服"改革成效

"放管服"改革是经济体制改革和行政体制改革的牛鼻子,是政府的一场刀刃向内的自我革命。革命对象就是传统管理体制、权力寻租和非法利益,改变坐拥部门利益的官本位官僚主义习气,而这些阻碍社会发展的政府痼疾无不以行政审批权为始作俑者。"放管服"改革就是粉碎这一阻碍政府职能转变"硬骨头"的硬招和"先手棋"。

实践证明,"放管服"改革成效显著:"放",五年来国务院部门行政审批事项下放与削减 44%,国务院核准的企业投资项目减少 90%,行政审批中介服务事项压减 74%,废止非行政许可审批。中央政府定价项目缩减 80%,地方政府定价项目缩减 50% 以上。②外商投资项目 95% 以上改为备案管理,工商登记 87% 以上改为前置审批,资本注册由"实缴制"改为"认缴制""多证合一、一照一码"深化改革。企业税负显著降低,2013—2016 年累计为企业减轻负担 2 万多亿元。网络民意调查显示,截至 2017 年 6 月中旬,群众对"放管服"改革的满意度达 89.9%,民众对三个方面的满意度特别突出,一是 96.6% 的群众认为"放管服"改革激发了大众创业万众创新;二是 84% 的群众认为便民服务质量提高;三是 82% 的群众认

① 去产能:即化解产能过剩,是指为了解决产品供过于求而引起产品恶性竞争的不利局面,寻求对生产设备及产品进行转型和升级的方法;去库存:主要是化解房地产库存;去杠杆:防范金融风险压力,促进经济持续健康发展;降成本:即帮助企业降低成本,特别是制度性成本;补短板:补基础设施建设短板和补民生建设短板。
② 国务院研究室:《十三届全国人大一次会议〈政府工作报告〉学习问答》,中国言实出版社 2018 年版,第 143 页。

为改革进一步优化了营商环境。①

（5）问题：国务院部门行政审批事项知多少？

2013 年 3 月 17 日，新履职的李克强总理在答记者问时承诺："现在国务院各部门行政审批事项还有 1700 多项，本届政府下决心要再削减三分之一以上。"②2015 年 5 月 12 日，国务院部门共取消或下放行政审批事项 537 项，本届政府承诺减少 1/3 的目标提前两年多完成。③ 削减包括国务院部门取消或下放的行政审批项目。

2012 年 1 月 6 日，中央政府网站在总结自 2001 年实施行政审批制度改革以来，国务院部门共取消调整审批项目 2183 项，占原有审批项目总数的 60.6%。④ 由此可知，2012 年初还有 1437 项行政审批权分布在国务院各部门。到 2013 年 3 月份，行政审批权就增至 1700 多项，也就是说，在从 2012 年至 2013 年 3 月的近 15 个月中，国务院各部门行政审批权增加了 263 项。

本届政府成立以来，着力扎实推进行政审批权改革，促进了政府作用的正确发挥。但通过研究相关数据发现，国务院部门从 2013 年至十九大召开前取消和下放的行政审批权始终没有统一的数字。

数据一：根据李克强总理从 2014 年至 2017 年政府工作报告显示的数据，从 2013 年到 2016 年，国务院取消或下放的行政审批权共 1138 项（2013 年 416 项，2014 年 246 项，2015 年 311 项，2016 年 165 项）。中共十九大召开前，国务院印发《关于取消一批行政许可事项的决定》，明确国务院部门取消与下放行政审批事项 52 项。⑤ 截至十九大召开前国务院共取消或下放审批权 1190 项。而 2018 年 3 月《政府工作报告》指出：5 年来国务院部门行政审批事项削减 44%，如果基数是 1700 项，那么，减少了 748 项。二者相比，相差 442 项。

---

① 《李克强在全国深化简政放权放管结合优化服务改革电视电话会议上的讲话》，http://www.gov.cn/xinwen/2017—06/29。

② 李克强：《本届政府下决心要削减三分之一以上国务院行政审批事项》，http://news.sina.com.cn/o/2013—03/17。

③ 李克强：《简政放权　放管结合　优化服务　深化行政体制改革　切实转变政府职能》，http://www.xinhuanet.com/politics/2015—05/15。

④ 《我国行政审批改革十年来取消调整六成审批项目》，http://www.gov.cn/jrzg/2012—01/06。

⑤ 《关于取消一批行政许可事项的决定》，http://www.gov.cn/xinwen/2017—09/29。

数据二：根据 2017 年 2 月 10 日《人民日报》刊载以及同日中央人民政府网站登载的数据显示，从 2013 年新一届政府成立以来国务院共分九批取消或下放了 618 项行政审批权，其中取消 491 项，下放 127 项。[1] 这与十九大前统计的取消或下放审批权 1190 项相比，差 572 项。同是权威部门公布的数字，为何相差悬殊？ 这会使社会对政府"放管服"改革的信任度降低。

数据三：国家发展与改革委胡德巧在十九大召开前撰文指出，2014 年底国务院共减少(取消和下放)行政审批事项 538 项，2015 年分两批共取消行政审批事项 230 项，2016 年取消 165 项[2]，共 933 项。根据李克强总理政府工作报告显示的数据，从 2014 年至 2016 年减少 1138 项(2013 年 416 项，2014 年 246 项，2015 年 311 项，2016 年 165 项)。933 项比之 1138 项，相差 205 项。

数据四：本届政府承诺减少 1/3 审批权的目标完成，国务院部门共取消或下放 537 行政项审批事项[3]，由此推知，本届政府成立时国务院部门各类审批应是 1611 项。但是，根据李克强总理 2013、2014 年政府工作报告显示的数字，这两年共减少 662 项。如果按 2015 年 5 月李克强总理宣布本届政府完成减少 1/3 审批权的承诺计算，本届政府成立时国务院部门各类审批应是 1986 项。1611 项、1986 项，均与本届政府履职时国务院部门各类审批达 1700 多项不符，并且差别很大。

由此看来，国务院各部门掌握的行政审批事项始终处于变动中，各部门列示权力清单参照的标准也不统一，这在一定程度上会降低政府职能转变简政放权的公信力。

三、中央与地方政府关系：深化转移支付改革

财政分权理论是中央对地方转移支付的理论基础。该理论认为，基

---

[1] 《总理力督，国务院取消下放 618 项"审批权"》，http://www.gov.cn/xinwen/2017—02/10。

[2] 胡德巧：《坚持市场化改革，处理好政府与市场的关系》，《中国发展观察》2017 年第 18 期，第 19 页。

[3] 李克强：《简政放权　放管结合　优化服务　深化行政体制改革　切实转变政府职能》，http://www.xinhuanet.com/politics/2015—05/15。

于政府为社会提供的公共产品具有全国性与地域性差别,地方政府在提供地域性公共产品时,要比中央政府有更高的效能。因此,中央政府在提供涉及地域性公共产品时,勿要越过地方政府为具体地方提供公共产品,而是给予地方政府一定自主权,用中央政府拨给的支付款来提供地域性公共产品。由于在1994年分税制改革财权上移中央后,地方财政不足以支付提供地域性公共产品的费用,这就需要中央政府通过均衡性质的一般性转移支付提供给地方政府,使地方政府因地制宜地自主提供地域性公共产品。在中央政府提供的全国性公共产品外,对于中央委托给地方政府完成的事项支出,则需要中央通过专项转移支付提供。

(一)分税制改革后,中央转移支付由来

中央对地方的转移支付,无论是一般性转移支付还是专项转移支付,目标是公共服务均等化,由于我国经济社会发展不平衡不充分,在中央要求各地提供大致均等的公共服务的社会治理形势下,一些发展较为落后的地区必须在中央一般性转移支付的支持下或者说在中央政府发挥资源配置的作用下才能达到或接近公共服务均等化的水平。2006年,《国民经济和社会发展十一五规划纲要》提出对欠发达地区的财力支持要以公共服务均等化为原则。2016年3月,《国民经济和社会发展十三五规划纲要》通过并进一步阐述了基本公共服务均等化内涵,基本公共服务均等化是指全体公民都能公平可及地获得大致均等的基本公共服务,其核心是促进机会均等,重点是保障人民群众得到基本公共服务的机会,而不是简单的平均化。①

财权与事权的合理划分是正确处理中央与地方关系的关键,而科学有效的财政转移支付机制既是优化中央与地方财权、事权关系的措施,也能倒逼中央与地方财权、事权的合理配置。因此,深化转移支付改革是中央与地方政府关系改革的"先手棋"。

截至中共十八届三中全会召开,1994年以来不断深入推进的分税制改革,在合理划分中央与地方财权事权、弱化地方政府盲目投资、提升中

---

① 《国家发改委有关负责人解读〈"十三五"推进基本公共服务均等化规划〉》,http://www.gov.cn/xinwen/2017—03/03。

央政府宏观调控能力、增强国家财政实力等方面取得了重要进展,已基本建立起适应市场经济要求的分级财政体制框架。十八届三中全会以来,改革清理转移支付中的专项资金和专项转移支付成为处理中央与地方关系的重点,同时也是深化政府机构改革、简政放权、剪除部分官员权力寻租纽带的重要措施。

1994 年分税制改革之后,由体制补助、专项补助和税收返还等构成的转移支付体系初步形成。但是,这种转移支付体系带有明显的"基数法"色彩[①],已不适应市场经济发展的要求。为缓解地方财政运行中的主要矛盾,使落后地区财力与其他地区财力适度均衡,也由于当时调整地方利益难度大、中央用于转移支付的财力有限以及技术性问题,只能采取过渡性转移支付办法,在条件成熟时建立完全标准化的转移支付。1995 年财政部印发《过渡期转移支付办法》,在不调整地方既得利益的前提下,兼顾公平与效率,对民族地区适度倾斜,这既是《过渡期转移支付办法》的指导思想,也是其优点。但其局限性也很明显:第一,由于地方既得利益刚性,中央财力有限,决定了过渡期转移支付力度有限;第二,由于技术性因素限制,转移支付方式规范化程度低,必须辅之以"政策性转移支付";第三是奖惩力度有限。2000 年 1 月,财政部印发的《过渡期财政转移支付办法(1999)》,与 1995 年的《过渡期转移支付办法》相比,没有什么大的变化。

中共十五大提出逐步实行规范的财政转移支付制度。2001 年 12 月 31 日《国务院关于印发所得税收入分享改革方案的通知》发布,据此,财政部制定了《财政部关于 2002 年一般性转移支付办法》。《办法》把中央分享的所得税收入作为弥补地方财力缺口的补助,称之为财力性转移支付,并专门设立了具有地区间财力均等化的一般性转移支付,明确提出采用规范的一般性转移支付。在阐述一般性转移支付的原则时,取消了"不触动地方既得利益"原则,对老少边地区适当照顾。至此,过渡期转移支付办法不再使用。2009 年,将财力性转移支付改称为一般性转移支付,把 2002 年专门设立的一般性转移支付更名为均衡性转移支付。一般性

---

① 　张弘力编:《中国过渡期财政转移支付》,中国财政经济出版社 1999 年版,第 21 页。

转移支付遵循基本公共服务均等化原则,其目标仍局限于平衡不同地区的财力。

中央财政转移支付执行状况是中央与地方关系的晴雨表。

2006年3月,《国民经济和社会发展十一五规划纲要》颁发,在第19章第6节中明确指出,按照公共服务均等化原则,加强对"老少边穷"欠发达地区的支持力度,加大对中西部地区的支持力度。中央转移支付要逐步把基本公共服务均等化作为政策目标,逐步使广大居民享有均等化基本公共服务。中央转移支付开始突破单纯平衡不同地区财力问题的局限。

2011年3月,《国民经济和社会发展第十二个五年规划纲要》共6次提及基本公共服务均等化概念,但没有阐明其含义。2017年3月,国务院印发《"十三五"推进基本公共服务均等化规划》,从保障公民宪政权利视角阐明了基本公共服务均等化的科学内涵。[1] 至此,促进基本公共服务均等化成为中央对地方的转移支付的重要功能。

目前,中央政府财政转移支付包括三种形式:一是一般性转移支付,此类转移支付的特点是由接受转移支付的地方政府自由支配接受的转移资金,主要用于提供公共服务;二是专项转移支付,其特点是资金专款专用;三是税收返还。税收返还是一种税收优惠形式,由于采取"基数法"计算,多征多返,少征少返,体现的是对经济发达地区既得利益的保护,对均衡地区间财力以及促进公共服务均等化并没有什么作用,而且还会加剧地区之间新的财力差距。

专项转移支付作为一般性转移支付的重要组成部分,自1994年分税制改革以来一直没有规范化,基本的程式是地方申报、领导批示。地方政府的"活动能力"直接决定获得专项转移支付款项,存在很大漏洞,为权力寻租腐败造成可乘之机。2000年8月,《中央对地方专项拨款管理办法》正式颁布,尽管本办法存在不足之处,但专项转移支付毕竟有章可依了。2015年12月,财政部印发《中央对地方专项转移支付管理办法》,对专项

---

[1] 国家发展和改革委员会:《"十三五"国家级专项规划汇编》(上),人民出版社2017年版,第309页。

转移支付设立和调整、预算编制、申报、发放和监督等方面进行进一步规范,将专项转移支付按照财权和事权划分为了委托、共担、引导、救济、应急等五个大类,加强了专项转移支付的管理。

分税制改革以来,我国实行转移支付措施在实现中央宏观调控战略、增强国家凝聚力、实现基本公共服务均等化、校正地方财权事权不平衡等方面取得巨大成效。但是,把中央对地方转移支付举措置于中国共产党治国理政方略下考察,还存在许多亟待解决的问题,特别是专项转移支付问题严重。

(二) 转移支付存在的问题

从表6-1可以看出,11年来,一般性转移支付数额逐年上升,平均每年上升3.11%。特别是从2015年国务院提出一般性转移支付的规模要占到转移支付总量的60%以来,一般性转移支付占比稳步提升,至2019年达到78.02%。专项转移支付数额呈下降趋势,平均每年下降2.64%;税收返还亦呈下降趋势,平均每年下降0.46%。因此,长期以来未解决的转移支付结构不合理问题(主要是一般性转移支付占比偏低、专项转移支付占比高)正在逐步得以解决。

表6-1　中央对地方财政转移支付汇总表①

年份	转移支付(亿元)				占比(%)		
	总额	税收返还	专项转移支付	一般性转移支付	税收返还	专项转移支付	一般性转移支付
2010	32341.09	4993.37	14112.06	13235.66	15.44	43.64	40.93
2011	39921.21	5039.88	16569.99	18311.34	12.62	41.51	45.87
2012	45361.68	5128.04	18804.13	21429.51	11.30	41.45	47.24
2013	48019.92	5046.74	18610.46	24362.72	10.51	38.76	50.73
2014	51591.04	5081.55	18941.12	27568.37	9.85	36.71	53.44
2015	55097.51	5018.86	21623.63	28455.02	9.11	39.25	51.64
2016	59400.7	6826.84	20708.93	31864.93	11.49	34.86	53.64

① 黄蓉:《中国财政转移支付制度改革研究》,《金融经济》2019年第20期,第8页。

年份	转移支付(亿元)				占比(%)		
	总额	税收返还	专项转移支付	一般性转移支付	税收返还	专项转移支付	一般性转移支付
2017	65051.78	8022.83	21883.36	35145.59	12.33	33.64	54.03
2018	69680.72	8031.57	22927.09	38722.06	11.53	32.90	55.57
2019	85611.64	11251.78	7561.70	66798.16	13.14	8.83	78.02
2020	90361.75	11375.42	8111.21	70875.12	12.59	8.98	78.43

数据来源：财政部预算司，2008 年—2019《全国财政决算》，2020 年为中央对地方转移支付预算。由于我国转移支付的名称及结构是在 2009 年对转移支付科目进行调整后确定的，故数据采集始自 2009 年。

1. 中央与地方财权、事权严重不匹配

单纯比对中央与地方财政收支数量，并不能精准说明中央与地方财权、事权划分不匹配问题。将地方与中央的支出与收入分别求比值，再将比值进行二次比值，这样，就能非常清晰地显现问题。表 6-2 是从 2008 年至 2019 年中央与地方收支比值汇总表。从数额上观察，中央与地方的收入支出均在增加，从比值上来看，地方支出与收入的比值从 2008 年至 2019 不低于 1.7，但从 2015 年以来直线上升，到 2019 年达到 2.016。中央支出与收入比值，从 2008 年以来一直稳定在 0.4 左右。这说明，12 年来地方的支出额度持续上涨，而中央的支出保持稳定。将地方与中央的支出/收入值进行二次比值，问题更加明晰：2008 年至 2019 年，地方政府财政支出比值一直是中央政府财政支出的 4 倍以上，2011 年高达 5.478 倍。中央与地方财权事权严重不匹配。

表 6-2 中央与地方财政收支比率汇总表

年份	地方(亿元)		中央(亿元)		百分比		
	收入	支出	收入	支出	地方（支出/收入）	中央（支出/收入）	地方/中央 比率
2008	28649.79	49248.49	32680.56	13344.17	1.719	0.408	4.213

年份	地方（亿元）		中央（亿元）		百分比		
					地方	中央	地方/中央
	收入	支出	收入	支出	（支出/收入）	（支出/收入）	比率
2009	32602.59	61044.14	35915.71	15255.79	1.872	0.425	4.405
2010	40613.04	73884.43	42488.47	15989.73	1.819	0.376	4.838
2011	52547.11	92733.68	51327.32	16514.11	1.764	0.322	5.478
2012	61078.29	107188.34	56175.23	18764.63	1.755	0.334	5.254
2013	69011.16	119740.34	60198.48	20471.76	1.735	0.340	5.103
2014	75876.58	129215.49	64493.45	22570.07	1.703	0.350	4.866
2015	83002.04	150335.62	69267.19	25542.15	1.811	0.367	4.935
2016	87239.35	160351.36	72365.62	27403.85	1.838	0.379	4.850
2017	91469.41	173228.34	81123.36	29857.15	1.894	0.368	5.147
2018	97903.38	188196.32	85456.46	32707.81	1.922	0.383	5.018
2019	101080.61	203743.22	89309.47	35115.15	2.016	0.393	5.130

数据来源：财政部预算司,2008—2019年《全国财政决算》。

2. 指定用途及专项转移支付资金比重过高

依据2010—2019年《全国财政决算》和国务院关于中央预算执行和其他财政收支的审计工作报告公布的数据可以看出（表6-3），10年来，一般转移支付中指定用途的资金与专项转移支付资金之和，占国家转移支付总额的比重均在59%以上（除2011年和2016年[①]、2018年外），2013年和2014年达到76%以上。中央深化"放管服"改革以来，从2017年逐渐下降。

---

① 2016年《全国财政决算》与国务院关于中央预算执行和其他财政收支的审计工作报告,没有对一般性转移支付中指定用途资金的数额或比例进行说明。2016年审计工作报告中,只说明了一般性转移支付中7大类的90个子项中,有指定用途的66个,既没有指明指定用途的资金数额,也没有说明指定用途的资金占一般性转移支付数额的比例。没有参考意义。

表 6 - 3　一般性转移支付中指定用途资金、专项转移支付资金占比汇总表（单位：亿元）

项目＼年	2010	2011	2012	2013	2014	2015	2016	2017	2018	2019
转移支付总额	27347.72	34881.33	40233.64	42973.8	46509.49	50078.65	52941.43	57028.95	61649.15	66798.16
一般性转移支付中指定用途及专项转移支付资金	16734.26	16693.4	25918.51	33161.17	35705.68	35123.63	￥	34317.78	35091.76	39407.66
占比	61.19%	47.86%	64.42%	77.15%	76.77%	70.14%	%	60.18%	56.92%	59.00%

数据来源：财政部预算司,2010—2019 年《全国财政决算》;2010—2019 年国务院关于中央预算执行和其他财政收支的审计工作报告。

3. 专项转移支付存在的问题

(1) 部分专项资金分配交叉重复、部门多头管理和分配

作为宏观调控部门中的相关部委,对专项转移项目具有审批权限,部委中的相关司局处室也争相攫取专项转移支付项目的分配权,把大的项目拆解细化为若干子项目。这些部门决定着申报项目的去留和资金分配的规模,其工作人员成为项目单位争相巴结、拉拢的目标,"跑部钱进"歪风盛行。现实中,相关部门工作人员利用专项转移支付项目审批权进行权力寻租,腐败案件触目惊心。

一是专项资金分配存在"碎片化、部门化、司处化"问题。2013年"农林水事务"类专项转移支付项目中的66项,分别由中央本级9个主管部门的50个司局、114个处室参与分配管理。[1] 2014年财政部安排专项转移支付133项,实际执行中被拆解为明细专项362项,其中的343项由43个部门参与分配,涉及123个司局、209个处室。又如,卫生计生委疾病预防控制局有10个处参与"公共卫生服务补助"分解成的21个明细专项中的13项。[2] 2015年的农业综合开发专项支付项目执行中被拆解成13个明细专项,其中3个由财政部分配,10个由财政部分别会同其他5个部门分配。由于专项转移支付管理薄弱,"小、散、乱""撒胡椒面"状况痼疾难改。如,2015年,发改委安排给25个省的5806个乡镇卫生院周转宿舍建设专项补助款中,有的单个项目仅5万元。[3]

二是专项转移支付项目设置交叉重复。如,2012年由财政部和主管部门将质量技术监督补助等3个专项共计9.8万元切块后,按照不同的分配方法和标准分配。由于存在多头分配,资金使用非常分散,效益极低。2012年,审计署抽查中央专项转移支付2290.31亿元的3.7万多个项目,在分配给18个省后,50万元以下的项目占44%。[4] 有的专项设置交叉重复,2013年,分属于财政部、发展改革委管理的"国家水土保持重点建设工程补助"等6个专项、"水土保持专项资金"等6个专项之间,财

---

[1]　2013年《国务院关于中央预算执行和其他财政收支的审计工作报告》。
[2]　2014年《国务院关于中央预算执行和其他财政收支的审计工作报告》。
[3]　2015年《国务院关于中央预算执行和其他财政收支的审计工作报告》。
[4]　2012年《国务院关于中央预算执行和其他财政收支的审计工作报告》。

政部管理的"农业科技推广示范""名优经济林"等 21 个专项之间,发展改革委管理的"物流业调整和振兴""农产品冷链物流"等 13 个专项之间,在资金投向、补贴对象等方面均存在严重交叉现象。①

三是项目层层拆解,管理办法滞后。专项转移支付项目确定后,在执行过程中又被拆解细化为明细专项,再拆分为子项,但事项渠道、管理办法未作相应改变。2013 年,有 363 项具有专项性质的转移支付明细项目,其中的明细专项"中央基建投资"又分为 110 个子项。② 同年底,财政部已对"农林水事务"类中的 23 个专项整合为 10 个,但在实际安排资金时,整合后的 6 项仍按整合前的 16 个专项管理,审批程序无实质性改变。③ 2015 年,有 52 项专项转移支付实际又分解为 301 个具体事项;2015 年,对财政部两个司分配的两个专项进行整合,但在执行中这两个司仍然沿用整合前的管理办法。④ 2016 年,有 94 个专项转移支付项目实际细分为 279 个明细项目,部分专项尽管进行了整合,但实际分配和管理仍按原渠道、原办法。⑤

四是多部门、多渠道向同类专项转移支付项目或支出注资。2016 年,同是水污染防治等 4 个相同或类似专项,财政部、发改委分别安排专项转移支付 276.8 亿元和 80.7 亿元。林区、垦区配套基础设施投资补助包含污水和垃圾处理设施建设补助。2016 年,发改委投资司、农经司已安排转移支付,但地区司、环资司又重复安排专项补助。⑥ 2017 年,一般公共预算和政府性基金预算同时对旅游基础设施建设等事项分别安排 24.6 亿元、29.76 亿元;财政部、发展改革委对 11 类具体事项分别安排 1570.6 亿元、472.6 亿元;两部委对高标准农田建设,各安排两个专项转移支付投资;发改委对同一地区重大项目前期工作经费安排两个专项投资 1950 万元。⑦ 2018 年,财政部通过预算安排补助和两项转移支付对同

① 2013 年《国务院关于中央预算执行和其他财政收支的审计工作报告》。
② 2013 年《国务院关于中央预算执行和其他财政收支的审计工作报告》。
③ 2013 年《国务院关于中央预算执行和其他财政收支的审计工作报告》。
④ 2015 年《国务院关于中央预算执行和其他财政收支的审计工作报告》。
⑤ 2015 年《国务院关于中央预算执行和其他财政收支的审计工作报告》。
⑥ 2015 年《国务院关于中央预算执行和其他财政收支的审计工作报告》。
⑦ 2017 年《国务院关于中央预算执行和其他财政收支的审计工作报告》。

一地方项目分别安排 17.73 亿元和 96.88 亿元；财政部与发改委的 11 项转移支付 1552.55 亿元、7 个投资专项 1431.47 亿元的投向相同或类似；在发改委的 6 个投资专项中，投向重叠的部分有 165.29 亿元。① 又如，对一个实际造价仅 711.51 万元的老旧小区改造项目，先后通过投资专项和专项转移支付注资 300 万元、1212 万元。②

(2) 专项转移支付管理制度不健全

一是地方政府编报转移支付预算滞后。由于国务院部门握有专项转移支付审批权，地方政府难以事先预计资金划入情况，往往在本级财政预算中不能列入专项转移支付款项。这部分资金就无法接受本级人代会审议和监督，导致资金体外运行，脱离监管。③ 2010 年，抽审的 90 个县中仅编报了转移支付数额的 50%，其中只有 30 个县编报了专项转移支付。2012 年，中央对 18 个省的转移支付额中的 34%未编入省本级年初预算，未编入预算的专项转移支付占比 53%。④ 造成这种问题的原因是，全国人大审批中央预算的时间晚于地方预算编报时间，上级没有在地方政府编制预算时及时将转移支付预算和项目安排到地方。⑤ 又如，2016 年，在 94 个专项转移支付中，年初预算全部未细化到地区的专项转移项目有 27 个达 2023.11 亿元，年初预算全部未提前分解到地方的有 29 个专项，有 37 个提前下达的专项转移支付，其资金比例也未达 70%。⑥

二是专项转移支付管理办法缺位。2011 年，在 287 项专项转移支付项目中，未制定管理办法的有 33 项，在已经建立管理办法的 254 项中，未建立绩效评估制度的有 180 项，有 74 项建立了绩效评价制度，但未将资金使用绩效作为分配依据的有 19 项。⑦ 2012 年在 285 项专项转移支付项目中，未制定管理办法的有 31 项，2019 年分别有 3 个投资专项和 3 项转移支付

---

① 2018 年《国务院关于中央预算执行和其他财政收支的审计工作报告》。
② 2018 年《国务院关于中央预算执行和其他财政收支的审计工作报告》。
③ 侯可峰：《改革我国财政专项转移支付制度的思考》，《中国资产评估》2015 年第 3 期，第 17—18 页。
④ 2012 年《国务院关于中央预算执行和其他财政收支的审计工作报告》。
⑤ 2010 年《国务院关于中央预算执行和其他财政收支的审计工作报告》。
⑥ 2016 年《国务院关于中央预算执行和其他财政收支的审计工作报告》。
⑦ 2011 年《国务院关于中央预算执行和其他财政收支的审计工作报告》。

项目没有管理办法或需要完善分配标准,涉及资金524.5亿元。①

三是部分专项分配较随意。许多专项在没有经过申报、评审、论证程序下,就由主管部门直接下拨,专项支付的效用难以保证。2014年,未经农业部提出分配意见,财政部就自行分配"农林业科技成果转化与技术推广"专项41.04亿元、"农民培训"专项9000万元;未经评审和论证,财政部就下达"国家重点文物保护"9个项目5714万元;未经江苏省申报和评审,财政部就将"文化体育与传媒事业发展"专项332万元分三个项目直接下达给苏州吴中区金庭镇东村。在安排"残疾人康复和托养设施建设"时,同是两个西部项目,安排补助占项目总投资的比例却是一个为80%,另一个是18%;专项补助"畜禽水产良种工程"的124个项目中,补助占比超过50%规定上限的项目有101个,最高97%;超出建设规划,将"农户科学储粮设施"51.6万套下达给8个省,最高超出90%。② 有的专项项目未严格按规定方法和标准分配,2019年有7项专项转移支付和4个投资专项共671.5亿元资金。③ 有些项目审核不严格,就草率下达款项,如2014年某公司已因非法集资被调查,财政部由于了解情况不及时,仍向该公司下达"中小企业发展"专项190万元。④

四是多项专项转移支付项目未规定实施期限,定期评估不严格。2017年,76项专项转移支付项目中的52项(占比近69%)未明确规定实施期限或退出条件,支出项目只增不减的问题越发严重;专项转移支付定期评估覆盖面较窄,2017年仅对70项专项转移支付项目中的27项进行评估,其中11项内容不完整。⑤ 2018年,有4个投资专项和24项专项转移支付共15105.69亿元资金,未明确退出条件、实施期限或因素权重等。⑥

(3)专项资金多头申报、套取、骗取和挪用问题严重

从表6-4看出,责任主体主要是县级政府、企业和个人,也有部分省

① 2019年《国务院关于中央预算执行和其他财政收支的审计工作报告》。
② 2014年《国务院关于中央预算执行和其他财政收支的审计工作报告》。
③ 2019年《国务院关于中央预算执行和其他财政收支的审计工作报告》。
④ 2014年《国务院关于中央预算执行和其他财政收支的审计工作报告》。
⑤ 2017年《国务院关于中央预算执行和其他财政收支的审计工作报告》。
⑥ 2018年《国务院关于中央预算执行和其他财政收支的审计工作报告》。

表6-4 2010至2019年专项转移支付资金多头申报、套取和挪用情况不完全统计表

年份\项目	2010①	2011②	2012③	2014④ 某些企业、个人						2014④ 8个省的财政等部门	2015⑤	
责任主体及侵害客体	90多个县	144户取得"淘汰落后产能奖励资金"的企业中的44户	拨付到项目单位的资金	关闭小企业中央财政补助	国际服务外包业务发展专项	产业化经营中央财政补助	产业振兴和科技术改造	农机具购置补贴	产业化经营中央财政补助	8个省的财政等部门	中央投资补助的41个目中的13个项目	69个县的农事务水补助
采取方式	多头申报、套取和挪用财政资金	虚假申报套取资金	虚报冒领、挤占挪用	伪造社保证明、签订虚假合同、虚报职工人数、重复申报等						挤占、挪用或出借资金、用于楼堂馆所建设、发放补贴或招商引资奖励等	骗取、侵占或损失浪费	
受损金额(亿元)	3.32	2.41	7.73	1.03	0.918124	0.71	2.13	7.38	0.421	29	0.8637	13.83
合计(亿元)				12.6							69.75	

数据来源: 2010、2011、2012、2014、2015 国务院关于中央预算执行和其他财政收支的审计工作报告。

① 2010年《国务院关于中央预算执行和其他财政收支的审计工作报告》。
② 2011年《国务院关于中央预算执行和其他财政收支的审计工作报告》。
③ 2012年《国务院关于中央预算执行和其他财政收支的审计工作报告》。
④ 2014年《国务院关于中央预算执行和其他财政收支的审计工作报告》。
⑤ 2015年《国务院关于中央预算执行和其他财政收支的审计工作报告》。

财政部门,主要涉及"三农"、部分产业领域,采取的方式主要是多头、虚假、重复申报,伪造证件材料骗取套取,挤占挪用等。2014年最为严重,侵害资金达41.6亿元,4年共计69.75亿元。

（4）专项资金结存沉积严重

2010年底,下达给90个县的专项转移支付总额,其20%计116.27亿元,未及时使用安排。[1] 2012年底,对下达给18个省的可再生能源、能源节约利用和资源综合利用专项转移支付款使用情况进行抽查,发现其收到的420.92亿元专项资金的42%计177.45亿元结存在各级财政或主管部门,并未实际到位。[2]

（5）一些专项转移支付干预竞争性领域

政府为了扶持新兴产业如新能源汽车业快速成长,就通过专项转移支付方式向新兴产业投资。然而,这些产业最终是依靠市场自行调节立足,专项转移支付注资是政府干预市场的表现,实质是政企不分。负面的影响不仅破坏市场在资源配置中的决定性作用,助长市场主体的惰性,使一些政府背景深厚的市场主体仅仅关注政府的补贴而不关心自身核心竞争力的培养,形成政策性市场垄断地位,而且还会导致大量骗补现象。如,2014年审计发现,一些市场主体采取伪造社保证明、重复申报、虚报职工人数、签订虚假合同等方式,骗取中央投资"产业振兴和技术改造"等专项项目2.13亿元,占抽查企业总数的81%、金额的63%。[3]

（三）规范转移支付与中央、地方关系态势

6-1表显示,中央财政转移支付结构逐步完善并优化,特别是一般性转移支付,占比上升至2020年转移支付总量的78.43%;专项转移支付下降至8.98%;税收返还下降平缓,占比降至2020年转移支付总量的12.59%。中央财政转移支付结构问题已基本解决。

将表6-1与表6-2结合考察会发现:表6-1中,中央一般性转移支付从2010年至2020年逐年递增,到2020年达到70875.12亿元,占转移支付总额的78.43%。表6-2显示,地方支出与收入之比从2008年的

① 2010年《国务院关于中央预算执行和其他财政收支的审计工作报告》。
② 2012年《国务院关于中央预算执行和其他财政收支的审计工作报告》。
③ 2014年《国务院关于中央预算执行和其他财政收支的审计工作报告》。

1.791％升至 2.016％,从支出与收入比率来看,地方是中央的 5 倍左右。说明伴随包括中央转移支付在内的地方收入的增加,地方支出(事权)也在增加,这已经成为中央与地方关系的常态,并将会持续。

表 6-2 显示,地方政府支出与收入比值从 2014 年的 1.713 提高到 2015 年的 1.811,并从 2016 年至 2019 年持续升高,达到 2019 年的 2.016。这段时期,是从十八大以来我国为实现第一个百年奋斗目标——全面建成小康社会而努力奋斗的时期。再考察这一时期中央转移支付特别是专项转移支付的资金用项,会发现绝大多数的事项均属于市场调节的范围,政府不应越位干预。但是,转移支出则是指财政资金的单方面的、无偿性的转移,体现的是政府非市场性的分配关系。[①] 这说明,在国家决胜全面建成小康社会战略下,政府对市场的干预是必需的、必要的,同时,也要尊重市场经济规律。

政府与市场的边界划分以国家发展战略为转移。

事实证明,转移支付并不能优化中央与地方关系,或者说,并不能有效调整中央与地方事权范围。规范转移支付的意义在于有效发挥转移支付特别是专项转移支付的作用,专项转移支付的问题不在于缩减而在于规范化。

学界围绕公共服务均等化对中央财政转移支付的研究成果,从中央深入推进“放管服”改革来看,有些已经从研究成果转化为改革措施,有的已进入法制建设层面,使中央对地方转移支付更加科学化。但从政府职能转变层面和进一步优化中央与地方关系来看,还应加强以下措施。

1. 加强转移支付法制建设

目前,我国关于转移支付的法律方面的规范分散于《预算法》《监督法》《国务院关于改革和完善中央对地方转移支付制度改革的意见》以及部门规章和一些规范性文件中,相关法律规范条文位阶低、内容零散。长期以来由于缺乏财政转移支付部门法,致使目前转移支付存在的支付结构不合理、项目类别设计粗糙、计算标准不科学等弊端痼疾难除。我国现行转移支付的调整效力主要产生于一些部门规章和规范性文件,而这些

[①]　胡志民编:《经济法》,上海财经大学出版社 2006 年版,第 269 页。

部门规章和规范性文件既缺乏法律规范结构和法律规则模式,又往往带有部门利益倾向。由此带来两种后果,一是财政转移支付缺乏民主性和透明度,国务院部门的财政转移支付权力过大、随意性太强;二是损害了转移支付的政策性。同时,我国转移支付立法迟缓。早在 2004 年 10 月,十届全国人大常委会就提出了财政转移支付法立法规划。2007 年 6 月,《国务院关于规范财政转移支付情况的报告》提出要进行财政转移支付法规法律体系的立法研究,《转移支付法》已经纳入全国人大立法计划,12月,财政部起草《财政转移支付暂行条例(讨论稿)》。2018 年开展财政转移支付条例等法律、行政法规的制定和修订,但截至 2020 年,财政转移支付立法仍处于立法研究状态。然而,在 2004 年 10 月十届全国人大常委会提出的《科学技术进步法》《传染病防治法》以及《固体废物污染环境防治法》立法规划,已分别在 2008 年 7 月 1 日、2013 年 6 月和 2016 年 11 月实施和修订。财政转移支付法缘何难产? 不仅有立法技术方面的原因,更重要的是财政体制机制方面的原因。

如,由于缺乏明确、科学的分配制度,决定专项转移支付项目部委的权力非常大,部长对专项转移支付的分配至关重要。范子英通过对部长与其来源地政治关联对专项转移支付划拨的影响严格科学的统计分析,得出结论:新增一个部长会使得部长出生地的地级市获得的专项转移支付增加 2 亿,如果是最重要的 6 个部委,该效应增幅为 130%,上升至 9.4亿。这种现象说明主管专项转移支付的部门没有正确贯彻国家转移支付政策,这种政治关联使专项转移支付难以实现国家层面的战略目标。所以,要削弱部长对专项转移支付的干预,更重要的是要建立科学的专项转移支付运行机制。[1]

2. 强化审计,预防和打击转移支付领域腐败

表 6-5 是 2008—2018 年《国务院关于中央预算执行和其他财政收支的审计工作报告》和 2008—2018 年《国务院关于中央预算执行和其他财政收支审计查出问题整改情况的报告》显示的数据。此表与历年《审计工

---

[1] 范子英:《中国财政转移支付制度的成就与弊端》,《深化财税改革,重塑中央与地方关系》,中国会议 2016 年,第 51 页。

作报告》披露的向有关部门移交的重大违纪违法案件特点相联系,得出如下分析:

(1)违法违纪主体绝大部分是国家公职人员,高层、中层及基层均有参与。这些违法违纪主体主要以非法占有为目的,要么是独立作案,要么是相互串通、内外勾结,搞内幕交易;要么是以树立"道德"形象、捞取政治利益,搞权钱交易远期化;或者自己"隐居",借道若干非公单位等"中介服务"之名,搞权钱交易之实。并且有公职人员参与的"窝案"、团伙作案呈上升趋势。近年来,随着政府向民生领域转移支付的增加,出现民生领域"小官贪腐""微腐败"问题,涉案人员多为基层公职人员。

(2)侵害客体主要是侵占或转移国有资产。主要有政策性金融机构、国有资源、公共资金以及国有资产等公共权力集中领域。一般转移支付中的专项资金和专项转移支付资金是受侵害的重点。

(3)违法违纪方式多样。一是利用审批权,搞权力"设租""寻租",或培植亲信代理人,通过审批、决策、信贷发放和招投标,直接收受贿赂或斡旋贿赂,搞权钱交易。利用权力设租寻租是公职人员严重违法违纪的主要方式。二是利用内幕信息,内外勾结,沆瀣一气,牟取私利。三是滥用职权,以创办社会公益事业、落实国家政策为名,搞暗箱操作。

表6-5 2008—2018年审计移送的重大违纪违法案件、涉及人数及处置情况

项目 年	案件(起)	涉案人员(人)	依法依纪处置(人)
2008	119	221	91
2009	104	473	1198
2010	139		780
2011	112	300	660
2012	175	630	1200
2013	314	1100	1400
2014	718[①]	2200[②]	5500

① 不完全统计。
② 不完全统计。

续 表

年 项目	案件(起)	涉案人员(人)	依法依纪处置(人)
2015	433		3229
2016	600	1100	8123
2017	300	500	3200
2018	478	810	1580①
合计	3492	7334	26961

数据来源：2008—2018《国务院关于中央预算执行和其他财政收支的审计工作报告》、2008—2018《国务院关于中央预算执行和其他财政收支审计查出问题整改情况的报告》。

说明：2010年、2015年的《国务院关于中央预算执行和其他财政收支的审计工作报告》及《国务院关于中央预算执行和其他财政收支审计查出问题整改情况的报告》，未统计涉案人数。

（4）深化转移支付简政放权改革，加强转移支付审批反腐败力度。通过对发生在转移支付领域中重大违法违纪案件的分析，为加强国家资金安全，使国家转移支付政策发生应有的绩效，要在以下几方面进一步强化措施：

一是将防范和审计重点集中于掌握国有资产的公职人员。转移支付作为一种非市场性分配关系，留给了管理国有资产公职人员太大的自由裁量权。依据经济人理性理论，这部分公职人员是审计与防范的重点群体。

二是深化转移支付审批权改革。部分公职人员以非法占有为目的，侵害国有资产，无论采取什么形式，均是以手中掌握一般性转移支付和专项转移支付审批权为前提，凭地方官员的"活动能力"决定支付项目的去向和专项资金的用向。2014年5月26日，习近平在中央政治局第15次集体学习时，强调政府要把该管的事管好管到位，该放的权力一定要放足放到位②，重申了十八届三中全会前政府职能转变的"放""管"。2015年5月12日，李克强总理在全国推进简政放权放管结合职能转变工作电视电

---

① 不完全统计。

② 中共中央宣传部：《习近平总书记系列重要讲话读本（2016年版）》，学习出版社、人民出版社2016年版，第177页。

话会议上指出,深化行政体制改革、转变政府职能的总要求是"放管服"三管齐下,并全面诠释了"放管服"改革内涵。在 2015 年 5 月本届政府承诺减少 1/3 审批权共 537 项的目标已经完成。但是,从表 6 - 5 看,从 2014 年以来涉及国计民生的转移支付重大违法违纪案件却不断上升。表 6 - 1 和表 6 - 3 显示,从 2010 年以来中央转移支付特别是涉及民生的额度逐年增加,覆盖面宽广,用项庞杂。行政管理事务分解越细,国家监督监察力量越是薄弱。监督监察不可能延伸到每一个审批或拨付终端。一些相关公职人员将转移支付特别是专项转移支付项目分解为若干子项,再将子项细化,就衍生出了众多的行政审批权限,也就产生了减不完、放不完的审批权,权力寻租设租腐败便会滋生。因此,深化"放管服"改革,要对国务院下放的行政审批权的类别、权限范围、审批事项及其去向特别是对层层拆解后形成的子项目、"孙子项目"审批权进行严格审查。

三是使审计机关隶属于人民代表大会,代表人大行使监督权。目前审计署隶属于国务院,与掌握国家财政大权的财政部和国民经济社会发展规划的国家发改委及其他重要职能部门具有相同的行政层级与法律位阶,从发挥监督职能上来讲,位阶较低。审计署作为国务院职能部门之一,审查监督国务院其他兄弟职能部门,不利于审计职能的真正发挥。查阅审计署从 2008 年至 2019 年审计报告,每年审计出的财政方面的问题触目惊心,每年都进行整改,但是下年仍有大量类似问题重复出现,而且每年报告的格式及话语官样特点明显,原因之一就是审计署的位阶与身份和审计职能不对称,话语难以做到掷地有声,铿锵有力,难以树立审计权威。

审计署每年向全国人大常委会汇报审计工作,全国人大常委会既具有通过审计报告监督国务院部门的性质,也有对审计署本身进行监督的属性。这种监督模式形成了人大监督审计署、审计署监督国务院部门两层监督,既增加了行政监督成本,又降低了监督的效力。既然全国人民代表大会具有最高监督权,具有监督"一府两院"工作的职责,那么,为了降低监督成本,增强监督效力,理顺监督秩序,同时提高审计署宪政位阶,改变审计署现行隶属关系,使之为全国人大监督部门,使其独立于政府机关之外,作为独立监管机构,真正意义上代表人民行使审计职责。

四、2013 年、2018 年国务院机构改革

中共十八大重申我国政府职能:"推动政府职能向创造良好发展环境、提供优质公共服务、维护社会公平正义转变。"①贯彻十八大精神,中共十八届三中全会就政府与市场的作用指出:"使市场在资源配置中起决定性作用和更好发挥政府作用。"②因为"经济体制改革仍然是全面深化改革的重点,经济体制改革的核心问题仍然是处理好政府和市场关系"③。这是改革开放以来中国共产党关于市场与政府关系理论探索的重大突破,这为政府职能转变、机构改革、政府治理、社会管理确定了根本指导原则。这一根本指导原则,要求政府全面转变职能,通过构建政府与市场、社会的新型关系,激发与挖掘市场与社会的内在活力,促进经济与社会的可持续发展。十八大以来政府机构改革都贯穿了这一理念。

新时代以来,政府职能转变以简政放权、深化行政审批制度改革为抓手,将"放管服"改革视为政府刀刃向内的革命,是革自己的命、简自己的权、去自己的利。至此,政府职能转变实现了从改革开放以来单纯通过调整政府机构促进职能转变到通过改革政府职权来促进职能转变的转变。

(一) 2013 年以抓住重点问题、破解重大难题为主要内容的国务院机构改革

2008 年大部制改革遇到的一个重要问题,就是政府职能尚未完全实现有机统一,形聚而神散,深层原因就是部分官员利益、部门利益作祟。改革进入深水期,触及坚冰层。中共十八大提出,到 2020 年全面建成小康社会,中共十八届三中全会提出国家治理体系与治理能力现代化目标,这一方面说明本次政府机构改革的紧迫性与重要性,另一方面也使本轮

---

① 中共中央文献研究室:《十八大以来重要文献选编》(上),中央文献出版社 2014 年版,第 22 页。

② 中共中央宣传部:《习近平新时代中国特色社会主义思想学习纲要》,学习出版社、人民出版社 2019 年版,第 114 页。

③ 习近平:《论坚持全面深化改革》,中央文献出版社 2018 年版,第 29 页。

机构改革在已经面临深水区、攻坚区形势下显得格外艰难,同时担当了时代重任。本轮机构改革以下放和减少行政审批权改革为"先手棋""当头炮",以刀刃向内、自我革新之精神推进。

1. 改革的指导思想和原则

政府机构改革以加快和完善社会主义市场经济体制为中心,从我国基本国情出发,与新时代经济社会发展和改革开放历史特点相一致,稳中求进,为全面建成小康社会提供体制机制保障。

(1)人民主体地位原则

这是政府机构改革历程中首次将人民主体地位作为原则,是对中共十八大"坚持人民主体地位",实现人民当家作主的宪政权利科学阐述的落实。具体就是使人民在国家和社会事务、在经济和文化事业管理中,依法享有公民权利,形成由政府主导、市场主体共同参与的社会治理体系;加强社会建设,从体制机制上保障和改善民生。

(2)精简、统一、效能原则

这一原则体现了一直以来政府机构改革所遵循和追求的价值目标。本轮改革更加突出政府职能转变,使其在更广范围、更大力度和更深层次上推进。

(3)法治原则

对行政权力的制约监督采取强化措施,确保政府权力运行的法制轨道,政府权力不越位、不缺位,权力运行程序法定。

(4)创新制度机制原则

完善和创新制度机制,规范政府权力,把权力关进制度的笼子里,领导干部位高不擅权、权重不谋私。创新制度机制和管理方式,加强宏观管理,减少微观事务干预,严格事后监管,激发与释放市场社会活力,为经济社会发展提供可持续资源。

2. 改革的主要内容:重点解决职能交叉问题(见表6-6)

总之,这次国务院机构改革更加突出职能转变,着力解决政府与市场、社会的关系问题、中央与地方关系问题、职能交叉问题、国务院部门管得过多过细问题。改革的过程突出了五个"减少",两个"改革",四项"加强"。

表6-6　2013年国务院机构改革简况

组建部门	整合职能	撤销部门
国家铁路局、中国铁路总公司（属交通运输部）	原铁道部拟定铁路发展和政策的行政职能划归交通运输部。成立国家铁路局，承接铁道部除拟定铁路发展和政策的行政职能以外的职能；成立中国铁路总公司，承担原铁道部企业职能	铁道部
国家卫生和计划生育委员会（下属国家中医药管理局）	原卫生部与原国家人口与计划生育委员会合并组建国家卫生和计划生育委员会。原国家计委计划生育管理和服务职能划归国家卫生和计划生育委员会。原国家计委拟定人口发展战略、规划及人口政策职责划归国家发展和改革委	国家人口与计划生育委员会
国家食品药品监督管理总局	原国务院食品安全委员会办公室、国家食品药品监督管理局的职能划归新组建的国家食品药品监督管理总局，加挂国务院食品安全委员会办公室的牌子。国家质量监督检验检疫总局的食品生产环节监督管理职责、国家工商行政管理总局的食品流通环节安检职能划归组建后的国家食品药品监督管理总局	国务院食品安全委员会办公室、国家食品药品监督管理局
国家新闻出版广电总局	原国家新闻出版总署、国家广播电影电视总局职能划归新组建的国家新闻出版广电总局，加挂国家版权局的牌子	国家新闻出版总署、国家广播电影电视总局
国家海洋局（属国土资源部）、国家海洋委员会	原中国海洋局的海监职能、公安部边防海警职能、农业部中国渔政职能以及海关总署海上缉私警察职能划归国家海洋局	
国家能源局（隶属国家发改委）	国家电子监管委的职能划归国家能源局	国家电子监管委

来源：依据2013年国务院机构改革情况自绘（时间：2020年10月）

　　说明：1.原铁道部的企业职能划归新成立的中国铁路总公司。国家铁路局和中国铁路总公司直属交通运输部，不再保留铁道部。铁路政企分开，可以分清政府与企业关系，政府安全监管责任与企业安全生产主体责任得以明确，促进铁路建设和运营可持续发展，还可以加快推进综合交通运输体系建设。

　　2.组建国家食品药品监督管理局。食品药品监管部门多，监管边界难界定，重复监管与监管盲点并存，监管责任模糊，且监管力量分散、监管资源综合利用率低，整体执法效能不高。

　　3.组建国家新闻出版广电总局。职能调整后，有利于厘清责任、提高管理效率，提高文化传播能力，增强文化整体实力和提高公共文化服务能力。

　　4.组建国家海洋局。为重点解决海上执法力量分散问题，综合运用海上行政资源，统筹规划和综合协调海上经济、科技、资源、环境等方面而组建该部门。

　　五个"减少"：关于行政审批方面的 2 个"减少"：生产经营活动审批，把这些审批权下放给地方；资质资格许可和认定。转移支付方面 1 个"减少"：减少专项转移支付，增加一般性转移支付。"减少"收费。部门之间职能交叉方面 1 个"减少"：减少部门职能交叉、分散，整合国务院部门相同或相似的职能。

　　两个"改革"：改革工商登记制度；改革社会组织管理制度，遵循政社分开、权责明确、依法自治的原则，建立现代社会组织体制。

　　四项"加强"：一是加强基础性制度建设，重点强化机构、职能和运行方式制度化建设；二是加强政务诚信制度建设；三是加强法治政府建设，强化依法行政；四是加强全局性事项统筹管理、统筹协调。

　　改革后，除国务院办公厅外，有 25 个组成部门。

　　3. 改革的特点

　　(1) 突出顶层设计科学性

　　2013 年 12 月 30 日，中央全面深化改革领导小组(深改组)成立，习近平任组长。截至 2017 年 8 月 29 日，习近平主持深改组会议达 38 次，审议通过 360 多个重大改革方案。中央深改组在第二次会议上，确立了"坚持以影响经济社会发展的重大问题为导向，立足于经济社会发展的瓶颈制约、群众反映强烈的突出问题，努力破除体制机制障碍"[①]，以重大问题、瓶颈制约、突出问题和体制机制障碍为改革对象，进行顶层科学设计。截至十九大召开前，深改组讨论审议的议题主要有：中央与地方财权事权划分、政企分开和政事分开、依法治国与反腐败斗争、社会组织承接政府转移职能，政府与市场，国务院机构改革，服务型政府，社会监督，职能转变等，并制定审议通过相关《方案》《意见》《办法》《规定》《建议》及纪要共 36件。习近平在每次会议上，均对全面深化改革特别是政府机构改革作出重要指示，突出顶层设计的科学性和重要性。

　　(2) 强调"放管服"改革完整性

　　"放管服"改革包括简政放权、放管结合、优化服务三个方面，是一个系统工程，三个方面必须统筹安排、整体推进。实行"放管服"改革以来，

---

① 张树军编：《十八大以来全面深化改革纪事(2012—2017)》，河北人民出版社 2017 年版，第 222 页。

国务院坚决推行五个"再砍掉一批",共撤销或下放行政审批权力1000余项和大批窒息市场经济活力的管理方式、繁文缛节。为了保证这些下放的权力发挥效益,也为了保证免于审批的市场主体依法有序从事生产经营,中央适时推出"双随机、一公开"监管手段,构建以信用监管为基础的新型监管机制,为建设"服务型政府"提供体制机制基础。实行"三减一降一补",推广基层服务创新经验,"一站式、一个窗口、一次办结"等方式正在从局部向全国范围推广铺开,政府的公共服务效率正在全面提升。

(3) 在深化改革中加强反腐败斗争

部分政府官员的腐败变质与权力的滥用直接相关,而政府职能转变的关键就是下放、减少、转移、约束政府权力,改革是刀刃向内的自我革命,是割掉自身行业利益与特权的革命。那些在思想上将权力视为寻租资源的政府官员便是政府机构改革、政府职能转变的障碍,他们在作风表现上即是腐败变质。在全面深化改革过程中,要加强反腐败力度,铲除改革的阻力。

习近平指出,党的十八大以来,中央高度重视党风廉政建设和反腐败工作,坚定不移惩治腐败。今后除了加强制度建设外,对腐败继续保持高压严打态势。① 在历次深改组讨论的议题中,审议最多的是依法治国与反腐败斗争(用10次会议)。把难啃的硬骨头、要闯的难关、要蹚的险滩标出来,势如破竹地将改革难点攻下来,要"聚焦体制机制顽疾,敢于突破部门利益的藩篱"②,坚决斩断寻租的黑手。为实现中央纪委全面派驻,强化党内监督,深改组第七次会议审议通过《关于加强中央纪委派驻机构建设的意见》。2015年1月30日,深改组第九次会议审议通过《省(自治区、直辖市)纪委书记、副书记提名考察办法(试行)》《中央纪委派驻纪检组组长、副组长提名考察办法(试行)》《中管企业纪委书记、副书记提名考察办法(试行)》,要求各级党委、纪委和组织部门认真落实上述办法。为保持司法公正、制约领导干部干预司法、抑制司法腐败,中央又划出"红线",建

① 习近平:《更加科学有效地防治腐败,坚定不移把反腐倡廉建设引向深入》,《人民日报》2013年1月23日,第1版。
② 中共中央党史研究室编:《中国共产党历史大事记2015》,中共党史出版社2017年版,第20页。

立防止司法干预的"隔离带""防火墙",深改组第十次会议审议通过《关于
领导干部干预司法活动、插手具体案件处理的记录、通报和责任追究规
定》《深化人民监督员制度改革方案》《上海市开展进一步规范领导干部配
偶、子女及其配偶经商办企业管理工作的意见》。实行政企分开,为防止
国有企业负责人"四风"危险,2014 年 8 月,深改组第四次会议审议了《中
央管理企业主要负责人薪酬制度改革方案》《关于合理确定并严格规范中
央企业负责人履职待遇、业务支出的意见》。

(4) 注重调查研究、问题导向

"地方是推进改革的重要力量",基层政府改革中遇到的问题就是改革
措施调整的方向。本次机构改革注重在时效上下功夫,深改组深入改革实
际,调查研究,尊重基层和群众的首创精神,挖掘、总结与推广基层改革经
验,使改革措施入木三分、切中时弊。李克强通过调研,发现有些地方政府
"上动下不动""头转身不转""假改革""虚晃枪"。受部门利益影响,"错放、
空放、乱放"权,"含金量"高的权力留下,放权"注水""干货"不多;国务院有
些部门、有些地方政府缺乏全局观念,改革中"打小算盘""搞小九九""走过
场""变戏法",简政放权措施难到位、无实效。在政府与市场的关系上,李
克强总理强调,政府的责任不是当"司机",而是管好"绿灯"和"红绿灯",当
好"警察"。有些地方政府管制措施太多太滥,出现审批"当关"、公章"旅
行"、证明"围城"和公文"长征"等等。针对种种改革乱象,2015 年 5 月 12
日,李克强在全国推进简政放权放管结合职能转变工作电视电话会议上提
出"简政放权、放管结合、优化服务、深化行政体制改革,切实转变政府职
能"的"放管服"改革总体思路。

4. 改革的成效与存在的问题

2014 年是全面深化改革的开局之年,2015 年是关键之年,2016 年是
搭建改革框架之年。这 3 年是夯基垒台、立柱架梁的 3 年。2017 年以后
的 3 年是施工高峰期,并把 2017 年视为全面深化改革向纵深推进的关键
一年。①

---

① 《习近平主持召开中央全面深化改革领导小组第三十七次会议》,http://www. gov. cn/
xinwen/2017—07/19。

2013 年以来,习近平亲自主持深改组会议达 38 次之多,审议通过 360 多个重大改革方案。中央和国家有关部门共出台 1500 多项改革举措。①

2015 年 5 月 13 日,李克强在阐述简政放权重要性时指出,中国政府只有改变行政审批,才能对接与适应外部世界的规则,中国的企业才能走出去到世界各国去"吃饭"②。

中共中央、国务院关于改革的顶层设计,党和国家领导人关于改革的具体思路,使本轮机构改革从国务院到地方政府扎实有效地推进开来。"放管服"改革破解了一些长期存在的深层次问题并积累了经验。

(1)激发、解放了社会活力,催生了大量新的市场主体

截至十九大召开前,全国各类市场主体比 2012 年底增加 60%,就业充分。最终消费对经济增长贡献率从 2013 年的 50%提高到 60%以上。在国内经济下行压力增大的情况下,"放管服"改革带来的内需扩大,有效对冲了外需放缓,中国经济运行在合理区间,保持中高速增长。根据 2016 年 9 月中国行政体制改革研究会课题组所做的问卷调查,24.3%的被调查者(包括党政干部、企事业单位人员以及普通民众近 500 人)认为,"放管服"改革在应对经济下行压力中的作用明显;31.8%的被调查者认为减轻了企业负担、提升了企业效益。两者占比 56.1%。这说明,绝大部分人对"放管服"改革在减轻经济下行压力方面给予肯定。③

(2)新动能成长加快

"放管服"改革助推创新驱动发展战略,与"互联网 +""大众创业、万众创新"等载体融合发力,使中国战略性新兴产业以约 10%的速度快速增长,科技经济对经济增长的贡献率从 51%提高到 56%以上。截至 2016 年,新动能产业成为全部新增城镇就业的主产业、主业态和主模式,贡献率达到 70%左右。中国经济结构进一步优化,转型升级呈现新业态。调查显示,26.4%的被调查者认为"放管服"改革对大众创业、万众创新有明

① 林兆木:《党的十八大以来党和国家事业发生历史性变革》,《经济日报》2017 年 11 月 6 日,第 3 版。
② 《简政放权"当头炮"打向谁》,http://www.gov.cn 2015—05/13。
③ 汪玉凯:《放管服改革如何深化——社会各界对简政放权、放管结合、优化服务的评价》,《中国党政干部论坛》2017 年第 9 期,第 48 页。

显促进作用,特别是促进了商事制度改革。41％的人认为有一定作用。二者占比 67.4％。[1]

(3) 国际竞争优势迈上新台阶

"放管服"改革作为构建开放型经济新体制的重要组成部分,使中国新一轮高水平对外开放迈出新步伐。上海等自贸试验区最主要的改革开放举措就是大力度简政放权。2017 年世界银行发布全球营商环境报告,从 2015 年至 2017 年中国营商便利度在全球排名跃升了 18 位,其中开办企业便利度大幅上升 31 位。[2] 截至 2018 年,中国营商环境指标的排名已升至第 78 位。

2016 年 8 月 30 日,习近平在深改组第 27 次会议上讲:"改革真刀真枪、大刀阔斧,涉险滩、动奶酪、啃硬骨头,突破了一些过去认为不可能突破的关口,也解决了一些多年来想解决但一直没有很好解决的问题。"[3]

几年来的改革,为下一步深化改革创造了良好条件,但也存在一些需要着力克服的困难。

(4) 存在的问题

一是"放"的方面:简政放权还不彻底,市场准入限制仍然较多,有些下放的权力单兵突进,不成体系,仍然存在变相审批,体制机制性交易成本较高。如,就"放管服"改革配套措施满意度的调查,45.3％的被调查者认为配套措施跟不上,"放管服"改革在一些地方已经流于形式。[4]

二是"管"的方面:事中事后监管缺失,非规范检查、执法等问题时有发生,对一些领域的市场秩序混乱持放任态度。对新产业、新业态和新模式等创新驱动产业的培育、监管持何种标准经验不足。

三是"服"的方面:某些部门服务意识仍然淡漠,效率低、推诿扯皮、

---

[1] 汪玉凯:《放管服改革如何深化——社会各界对简政放权、放管结合、优化服务的评价》,《中国党政干部论坛》2017 年第 9 期,第 48 页。

[2] 《李克强在全国深化简政放权放管结合优化服务改革电视电话会议上的讲话》,http://www.gov.cn/xinwen/2017—06/29。

[3] 《中国政策汇编 2016》编写组编:《中国政策汇编 2016》,中国言实出版社 2017 年版,第 117 页。

[4] 汪玉凯:《放管服改革如何深化——社会各界对简政放权、放管结合、优化服务的评价》,《中国党政干部论坛》2017 年第 9 期,第 48 页。

"霸王条款"等痼疾依然存在,一些中介机构俨然成为"二政府""红顶中介",群众办事由"跑几个地方、部门"变成"跑几趟、多趟",仍受办事难、办事慢之苦。调查显示,34.1%的被调查者认为从"门难进,脸难看、事难办"变成"门好进,脸好看,事不办",27.8%的被调查者认为变化不够明显。8%的人认为,"放管服"改革使得原来找政府能办的事转给中介组织后,办事更麻烦了,是新瓶装旧酒。三者合占比69.9%。认为变化明显,办事效率明显提高的,占30.1%。① 这说明,社会对"放管服"改革的总体评价不容乐观。

李克强指出,"放管服"改革"差不多""歇歇脚"的松懈思想绝不能要,必须奋发有为、一鼓作气、一抓到底,创新"放管服"改革方式,发挥更大效力。

(二) 2018 年以综合推进党和国家机构职能优化协同高效为着力点的改革

新时代以来,全面深化改革着力于推进国家治理体系和治理能力现代化,其内涵极大地拓展了"中国特色行政管理体制"的含义。十九届三中全会认为,深化党和国家机构改革是一场深刻革命,关系着推进国家治理体系与治理能力现代化的进展。《深化党和国家机构改革方案》,明确把党的机构与政府机构的职能统一整合,形成国家治理体系与治理能力的有机统一体,提高政府综合治理能力。这是不同于以往历次改革的特点,这也是在新时代加快建设社会主义市场经济体制下机构改革发生的又一次质的飞跃。

两个"百年目标"内涵着国家治理体系和治理能力现代化方略,是这次深化党和国家机构改革的重要出发点。深化党和国家机构改革,目标是建立适应新时代要求的党和国家机构职能体系、党的领导体系、政府治理体系、武装力量体系、群团工作体系,以此全面提高国家治理能力和治理水平。

---

① 汪玉凯:《放管服改革如何深化——社会各界对简政放权、放管结合、优化服务的评价》,《中国党政干部论坛》2017 年第 9 期,第 48 页。

1. 改革的基本原则

(1) 坚持党的全面领导原则

党的领导是中国特色社会主义制度的根本特征,是全面深化改革的根本保证。确保把党的全面领导贯穿于改革方向、改革大局、改革政策各方面和全过程,才能使改革沿着正确的方向深化。增强"四个意识"、坚持"四个自信",坚决维护党中央权威和集中统一领导,是在党和国家机构改革中坚持党的全面领导的根本保证。

(2) 坚持"以人民为中心"原则

党的根本宗旨是全心全意为人民服务,包括人民群众的物质文化生活、政治权利。"以人民为中心",就是通过改革,体现最广大人民群众的根本利益,使广大人民群众更好依法行使管理国家事务和社会事务的权利,提高人民群众的物质文化生活水平,为人民群众更好行使当家做主权利提供有力保障。

坚持党的全面领导与坚持"以人民为中心"是高度统一的。

(3) 坚持优化、协同、高效原则

党和国家机构设置、职能配置和权力责任设计优化,部门各司其职又运转协同一致,实现整体效能最佳。切准体制机制弊端是深化改革的基点。优化、协同、高效既是党和国家机构改革的原则,也是重要标准。

(4) 坚持全面依法治国原则

改革与法治是车之两轮。在改革中贯彻法治原则是国家治理体系与治理能力现代化题中应有之义,是党领导人民治理国家的基本方式的重要体现。在党和国家机构改革中坚持改革与法治的统一,在法治下推进改革,能够保证改革有序进行,避免部门利益法制化等再生弊病,在改革中完善和强化法治。

2. 改革的主要内容(见表6-7)

3. 改革的主要特点

(1) 成立中共中央全面深化改革委员会

为加强全面深化改革顶层设计,保证改革突破"深水区""险滩区""攻坚区",下决心解决党和国家机构设置和职能配置中存在的突出矛盾和问

表6-7 2018年党和国家机构改革情况简表

党和国家机构		整合	目的意义	改革后部门数量
党中央机构	贯彻党内监督	国家监察委员会同中央纪委合署办公,履行纪检、监察职责。	实现对国家公职人员、全覆盖监察。事关全局的重大政治体制改革,具有鲜明的中国特色,展现了我们党自我革命的勇气和担当,意义重大而深远。	党中央机构共减少6个(正部级机构4个,副部级机构2个)。
	决策议事协调机构	按主要战线,主要领域适当归并党中央决策议事协调机构,并将其设置干相关国家机构。	加强党中央的集中统一领导,确保党的更加坚强有力的领导。如、新组建的中央全面依法治国委员会的办公室设在司法部;中央教育工作领导小组的秘书组设在教育部。	
	直属机构	党中央直属机关党建、教育事培训、党史研究等机构。	职能相同或相近、统一归并。中央党校和国家行政学院合并组建新的中央党校,作为中央直属事业单位。	
	职能部门统一归口调管理	中央组织部统一管理公务员工作和中央编办;由中央宣传部统一管理新闻出版工作、电影工作,归口中央宣传部统一管理新闻电视总局,中央广播电视总台;中央统战部统一管理国家宗教事务、国务院侨务工作,归口中央统战部统一管理国家宗教事务局,国务院侨务办、国家民族事务委员会。	补齐缺位职责,厘清职责权限、提高工作效率。	

续　表

党和国家机构	整合	目的意义	改革后部门数量
国务院机构	新组建或重新组建自然资源部、生态环境部、农业农村部、文化和旅游部、国家卫生健康委员会、退役军人事务部、应急管理部、科学技术部、司法部、水利部、审计署；撤销监察部、国土资源部、环境保护部、农业部、文化部、国家卫生和计划生育委员会。	机构设置体现现代化社会治理理念，机构数量精减，行政效率提高。	共减少15个部门（正部级8个，副部级7个），含国务院办公厅，国务院设置部门组成部门26个。
全国人大、政协机构	全国人大社会建设委员会，全国人大内务司法委员会、全国人大法律委员会更名为全国人大宪法和法律委员会。组建全国政协农业和农村委员会，全国政协文化文史和学习委员会更名为全国政协文化文史和学习委员会，全国政协教科文卫体委员会更名为全国政协教科卫体委员会。	与党和国家机构改革相适应，体现了改革的统一性、协调性和整体性。	全国人大和全国政协各增加一个专门机构。

来源：依据2018年国务院机构改革情况自绘（时间：2020年10月）

题,根据《深化党和国家机构改革方案》,2018 年 3 月中共中央成立决策议事协调机构——中共中央全面深化改革委员会,代替原全面深化改革领导小组。

(2) 建立新型的党政关系模式

在同一领域不再重复设置党和国家管理机构,在党的领导下,一件事情由一个部门而不是多个部门管理。党的有关机构可以同职能相近的其他国家机构实行合并设立或合署办公。党和国家机构有机设置,不再提党政分开,而是将党政机构整合优化,在体制上全面落实党的领导。

(3) "先立后破,不立不破"

"编随事走、人随编走""先立后破,不立不破"①,整体设计改革方案,分步落实,最大限度地克服了历次机构改革特别是大部制改革中出现的"夹生饭"问题,稳定了人心和队伍,改革顺利进行。除中央明确规定外,允许地方政府积极探索设置适合本地需要的机构并配置职能②,改变中央与地方"上下一般粗"的职责同构惯性。

(4) 全方位统筹党政军群机构改革

尊重中央与地方政府职能重点,理顺、整合、协调发挥各类机构职能作用,形成适应新时代发展要求的党政群、事业单位机构新格局③。中央部门加强宏观事务管理,地方政府建设简约高效的基层管理体制,充分调动"脖子"上下两个积极性。

本次改革是一场系统性、整体性、重构性的变革,规模大、范围广、触及利益深,当下的"改"与长久的"立"统一于党和国家机构改革中,体现了比较全面、比较彻底、比较可行的改革顶层设计。④

4. 改革的成效

(1) 体现新的执政理念

如山水林田湖草等自然资源资产所有权、国土空间用途管制权、空间

---

① 董克用:《关于新时代党和国家机构改革特点的探讨》,《中国机构改革与管理》2018 年第 8 期,第 9—10 页。
② 张力:《关于深化党和国家机构改革的认识》,《中国机构改革与管理》2018 年第 9 期,第 8—9 页。
③ 习近平:《论坚持全面深化改革》,中央文献出版社 2018 年版,第 446 页。
④ 习近平:《论坚持全面深化改革》,北京:中央文献出版社 2018 年版,第 446 页。

规划管理等职能分散于不同部门。为统一实行对自然资源资产保护、修复、治理,将分散于国土资源部、国家发改委、住房和城市建设部等8个部门的职责整合,组建自然资源部。将原属国土资源部、水利部、农业部国家海洋局、国务院南水北调委员会关于水资源保护、开发、综合利用等职能整合,组建生态环境部。又如,将原属水利部、农业部、国土资源部、财政部、国家发改委涉农管理职责整合,组建农业农村部。这些部门的组建,是对"绿水青山就是金山银山"、建设社会主义新农村和美丽中国职能转变理念的落实。

（2）改革体现"以人民为中心"的发展理念

本次改革以中国社会主要矛盾的解决为出发点,新组建的机构凸显民生问题的解决。如医疗保障局、国家移民管理局、退伍军人事务部、国家卫生健康委员会、农业农村部以及文化和旅游部,这些新机构的组建都是为了满足人民日益增长的美好生活的需要。

（3）全面合理配置宏观管理部门职能

合理配置宏观管理部门职能是优化政府机构设置和职责配置的重要任务。在政府机构设置上着眼于建设现代化经济体系,在职能配置上侧重于抓重点、补短板、强弱项、防风险的宏观职能,在调控体系上强化前瞻性、针对性和协同性,均体现"宏观"效能。全面深入调整优化相关机构职能,建立现代金融监管框架、构建全国统一大市场、创新驱动发展战略、实施乡村振兴战略、落实互利共赢开放战略、推进法治政府建设,以推动国民经济高质量发展。[①]

五、对本阶段政府机构改革的评述

政府职能转变是一个具体的历史的过程。

（一）"放管服"改革——走向现代政府的努力

从2004年2月温家宝提出建设服务型政府以来,政府在公共服务以

---

① 张纪南:《合理配置宏观管理部门职能》,《中国机构改革与管理》2018年第5期,第6页。

及公共产品的提供和均等化方面成绩斐然。但是,政府在经济发展与公共服务发生冲突时,仍习惯性地选择经济发展,并且政府主导市场经济发展的模式依然强劲;政社分开,培育社会组织并使其发挥政府不能代替的作用,结果是很多社会组织成为"红顶"中介或"二政府";公民权利屡遭公权力侵害,极大地损害了政府公信力;政府资源配置中的不公平、不公正引发了严重的社会矛盾。① 这些问题的存在,几乎抵消了服务型政府建设的成效。剖析其原因,政府在推进政府职能向经济调节、市场监管、社会管理、公共服务的过程中,孤立、片面地转变单一职能而忽视了整体性。

围绕实现国家治理体系和治理能力现代化,中共中央确定"五位一体"总体布局②和"四个全面"战略布局③,整体推进政府职能转变。对政府而言,在其履行政府职能时必须力戒注重单一职能,而整体性地、系统性地履行政府职能,其宗旨就是获得"五位一体"总体布局、"四个全面"战略布局的整体效应和战略效果,就是不断促进人的全面发展和全体人民共同富裕。

整体性履行政府职能并实现其宗旨的路径就是建设现代政府,通过机构改革,实现有限、法治、透明、责任和高效的价值追求。改革通常包括结构和流程两方面。④ 改革开放以来的政府机构改革,往往侧重于政府权力运作流程方面,不仅诸如政企分开、政社分开等改革受部门利益拖拽而陷入泥淖,还不断产生类似官员腐败、公权力侵害民权等问题。

2013 年以来逐渐推进的"放管服"改革,从政府职能的具体现实要素逐步转向政府职能的职权本质⑤,把行政审批制度改革作为突破口和抓手。开始从通过确立权力清单来刮骨疗毒式地厘清权力结构背后的政府、市场与社会的关系问题,并以此整体性推动政府职能转变,从而为构建现代政府奠定体制基础。

深化政府职能转变、努力构建现代政府的前提,是对政府与市场主体

① 竺乾威:《服务型政府:从职能回归本质》,《行政论坛》2019 年第 5 期,第 98 页。
② "五位一体":经济建设、政治建设、文化建设、社会建设和生态文明建设五位一体,全面推进。
③ "四个全面":全面建成小康社会、全面深化改革、全面依法治国、全面从严治党。
④ 竺乾威:《服务型政府:从职能回归本质》,《行政论坛》2019 年第 5 期,第 101 页。
⑤ 王浦劬:《论转变政府职能的若干理论问题》,《国家行政学院学报》2015 年第 1 期,第 34 页。

之间、中央政府与地方政府之间的关系作出理论上的厘清。只要正确地界定了政府与各类市场主体各自的组织目标和功能属性,那么,政府与各类市场主体的事务边界、权责边界就能划分清楚,而对政府的组织属性、事务边界和权责边界的划分则是关键。① 中共十八届三中全会关于使市场在资源配置中起决定性作用和更好发挥政府作用的论断,是把握好这一关键的准则。

政府职能转变是刀刃向内的革命。政府自身的革命体现在三个方面:一是突出权力清单的科学性和完整性。权力清单,标志着政府转变职能的革命性进步。但是,由于全国统一的权力清单标准和体系的缺失,导致各地政府之间对自身权力的规范度参差不齐,政府对自身究竟掌握哪些权力不明晰,这是政府随意插手市场主体事务的根本原因。科学性、完整性是权力清单的内核②,是使政府遵循市场规律行使权力的保障。权力清单的科学性是将政府制权的依据统一纳入权力法定原则下,杜绝部门规章、地方性法规和红头文件成为部门利益、地方保护主义的保护伞,使纵向上各级政府权阈清晰、横向上各地政府权值一致;权力清单的完整性是指权力和责任的统一、放权和监管的一致,并不是列举式规定政府可以行使哪些权力。

二是行政审批制度改革要从行政审批权产生的根源上动土。政府独断对市场主体的资源配置权,是一直以来政府职能难以发挥作用的根本的绝对的原因。③ 深化行政审批制度改革,必须从审批权力的"合法性"来源上切入,以法律法规为准绳,对审批权的来源——"三定方案"进行合法性审查,彻底根除放轻不放重、放虚不放实和放小不放大的痼疾。否则,以往行政审批制度改革事项的"数字统计"宿病又会在新一轮改革中重现。从目前下放的权力统计数字不一致来看,上述担忧不无道理。实时检查整改政府清理权力的体量和制定政府新设权力申报制度是克服过去

---

① 石亚军:《当前推进政府职能根本转变亟需解决的若干深层问题》,《中国行政管理》2015 年第 6 期,第 9 页。

② 石亚军:《当前推进政府职能根本转变亟需解决的若干深层问题》,《中国行政管理》2015 年第 6 期,第 10 页。

③ 石亚军:《当前推进政府职能根本转变亟需解决的若干深层问题》,《中国行政管理》2015 年第 6 期,第 13 页。

审批制度改革痼疾的有效途径。

三是政府作为改革的主体要有足够的内生动力。政府既是改革的主体又是改革的客体是政府机构改革的二律背反。能否具有改革动力,取决于政府官员是否有决心排除和制约部门利益的诱惑;能否推动改革,取决于改革主体与客体的角色博弈成败。作为改革的客体,如果压制了政府作为改革主体的角色,会对既得利益、部门利益、地方利益和习惯势力具有本能性的保护,从而成为改革的阻力。在这种情势下进行的改革,只能是机构"膨胀——精简——再膨胀——再精简"的怪圈循环。处理好政府作为改革主体与作为改革客体的矛盾关系,要有一个更权威的主体,比如由人民代表大会为推进政府职能转变进行顶层设计。

推进政府职能转变的政府外部的现实问题有两方面。一是市场主体对政府转移出来的职能如何行使的问题。政府转移给市场主体的职能是管理职能,是还权于民。由于政府与市场主体在市场经济规律面前是平等的,政府对于市场主体承接的政府转移出来的管理职能如何监督没有相应的制约,法律也没有相关规定,于是就出现了市场主体将承接下来的管理职能当作管理职权行使,由此导致了"红顶中介"和"二政府"的出现。"戴市场的帽子、拿政府的鞭子、收企业的票子、供官员兼职的位子",这是媒体对"红顶中介"的形象描述。"新瓶装旧酒,原来找政府能办的事转给了中介服务等组织,办事更麻烦了"①。产生这一问题的原因在于政府监管缺位。在市场经济体制中,构建有限型和责任型政府,必须把监管而不是审批作为政府的主要职能。建立科学的监管权责体系是保证放权与监管并重,避免事中事后管理缺位和政府职能转变"行百里者半九十"效应的制度保证。

二是增强市场主体的承接能力。市场主体的接收能力问题的核心是市场主体在国家治理体系与治理能力现代化中的法律地位而不是人才问题。只有赋予其适格的法律地位,它才会享有国家赋予的相关政策,其承接政府转移职能的能力才会相应地提高。

---

① 汪玉凯:《放管服改革如何深化——社会各界对简政放权、放管结合、优化服务的评价》,《中国党政干部论坛》2017年第9期,第47页。

　　推进政府职能转变面临的这两个现实问题,必须要有一个超越政府的高位阶主体来解决。由这个主体来确定各类市场主体在国家治理体系格局中的法律地位,并赋予其相应的权利和义务。这个适格的主体就是全国人民代表大会和地方各级人民代表大会。

　　中国社会主要矛盾的特点是政治、经济、历史、文化、社会发展不平衡不充分,特别是区域间发展的不平衡不充分。这造成了中国政府职能转变以国务院为核心的政令一元化和地方行政多元化的状态,这是中国政府职能转变所处的政治生态。基于此,构建全国一盘棋式的各地各级政府协同推进模式是不现实的。很难想象,适用于深圳、上海地区的政府机构改革措施会推广于广大的西北西南发展落后地区。必须从实际出发,尊重区域发展的不平衡性,根据不同区域内政治、经济、历史、文化、社会等发展的近似性或共同性,在全国分片划分"政府机构改革协同推进区域",在区域内一盘棋式地推行政府机构改革,不同区域可采取双重甚至多重机构改革标准。

(二) 由单一政府机构改革向党和国家机构整体改革转变

　　1980 年 8 月 18 日,邓小平发表《党和国家领导制度的改革》的重要讲话。这篇讲话主要是针对建国以来特别是"文革"期间暴露出来的党和国家政治生活中存在的封建主义和小资产阶级思想——各种非无产阶级思想表现,阐述对党和国家领导制度改革的绝对必要性。一是针对国务院负责人权力过分集中问题,兼职、副职过多问题和党政不分、以党代政等问题,提出国务院负责人人选的调整,进而提出政府机构改革要解决的问题。二是针对党和国家政治生活中出现的官僚主义现象、权力过分集中的现象、家长制现象、干部领导职务终身制现象和形形色色的特权现象,提出通过进行党和国家具体的领导制度、干部制度改革,消除上述种种弊端。邓小平指出,国务院领导成员的变动,是改善政府领导制度的第一步;改革并完善党和国家的领导制度是改革并完善党和国家各方面制度的关键,这是一项艰巨而长期的任务。①

　　1978 年 12 月邓小平的《解放思想,实事求是,团结一致向前看》的讲

---

① 　中共中央文献编辑委员会:《邓小平文选(1975—1982)》,人民出版社 1983 年版,第 301 页。

话,拉开了中国政治体制改革的序幕;1980 年 8 月的《党和国家领导制度的改革》重要讲话,阐明了政府机构改革的根本指导原则。适应当时改革开放国家发展战略的需要,1982 年的改革展开了对不适应生产力发展的方面和环节等政治体制的强力改革,重点是解决党政不分问题。

1982 年开始的改革,撬动了冰封般的政治体制。但受当时生产力发展水平的制约,一是对当时各级政府的改革定位是建立"强有力的工作系统"①,尚未从国家治理体系和治理能力理念来确定政府机构改革的目标;二是对《党和国家领导制度的改革》提出的种种弊端,只是通过制度安排进行了体制性否定,解决了"文革"结束之后的现实性问题,注重了党政分开,却对如何继续探索通过党政分开来加强党的领导、提升执政能力未再深入推进。

1992 年以来的改革,把以政府职能转变为核心的行政体制改革作为政治体制改革的重点来推进,而没有从整体上对政治体制改革进行顶层设计。几十年来政府机构改革的经验教训说明,只进行政府机构改革而不对政治体制进行整体性改革,就会出现政治体制改革的木桶效应,政府机构改革也难以深入,政府职能难以转变;对根源于封建思想和各种非无产阶级思想的种种腐败现象,必须加强反腐力度,通过反腐来扫除政治体制改革的障碍。

政府与市场边界划分问题的出现,标志着中国政治体制发展的滞后,其原因之一就是长期以来只偏重于政府机构改革而没有整体推进政治体制改革。政府对资源配置干预过多和不当,导致市场功能发挥孱弱,是当前经济发展中不可持续的重要原因。②

2003 年,中共十六届二中全会通过《关于深化行政管理体制和机构改革的意见》,开始把行政管理体制改革作为推动政治体制改革的重要内容而没有着眼于政治体制的整体化改革。中共十八届三中全会提出了国家治理体系和治理能力现代化理念,使行政管理体制改革成为整个政治体制改革协同推进的组成部分,是对一直以来将行政管理体制改革仅仅

---

① 中共中央文献编辑委员会:《邓小平文选(1975—1982)》,人民出版社 1983 年版,第 281 页。
② 林兆木:《使市场在资源配置中起决定性作用》,《人民日报》2013 年 12 月 4 日,第 6 版。

作为政治体制改革部分的历史性突破。改革"涉及利益关系和权力格局调整"①,在政府职能转变从单向度向全方位多向度"五位一体"建设转向的新时代背景下,政治体制改革如果不能随着行政管理体制改革协同推进,行政管理体制改革自身也难以达到改革目的。

　　中共十九届三中全会专门将深化党和国家机构改革问题并重研究,突出"全面"和"深化"两个关键词。"全面"就是党政军群统筹考虑,不仅仅局限于政府机构改革;"深化"就是下决心解决党和国家机构职能中存在着的一些深层次体制难题。改革实践证明,只有通过全面深化改革,才能在治国理政若干重要领域和关键环节取得重大突破。既然能够取得重大突破,证明全面深化改革战略适应时代发展需要。

　　2018年党和国家机构改革不再提党政分开,而是把党政关系的理顺纳入国家治理体系的构建中,以此增强党的领导力和政府执行力。国家治理体系构建有党的机构、政府机构统筹改革之义,这为党和国家机构进行全国统筹、上下联动改革提供了广阔的历史视野。

---

① 中共中央文献研究室:《习近平总书记重要讲话文章选编》,中央文献出版社、党建读物出版社2016年版,第216页。

第七章　结语

改革开放以来,中国政府机构改革立足国情,坚持正确的指导思想,在不断解决政府公共治理存在的突出问题和矛盾的过程中,在组织机构设置、科学民主决策、依法行使权力、提高行政效率等方面取得基本成效;在逐步克服权力高度集中的计划经济体制束缚、逐步解决可持续发展问题、积极建设服务型政府过程中,以简政放权为主要任务,以政府职能转变为关键,以行政法制建设为根本保障,深化行政审批制度改革,理顺政企、政事、政社间关系,同时借鉴国际政府治理理论成果,在构建中国特色社会主义行政管理体制方面,积累了宝贵经验。

一、改革开放以来政府职能转变取得的基本成效

改革开放以来的政府机构改革,每次改革既是对前一次改革成果和经验的继承,同时也是在当时形势下的发展。经过 40 多年的改革,已形成了与经济社会发展要求相适应的政府设置模式和格局,进而形成了比较有效的行政管理体制,为经济社会发展提供了有力的体制机制支撑。

(一) 政府组织机构对经济社会发展的适应性逐步提高

政府组织机构是通过不断进行自身改革来逐步适应经济社会发展要求的,政府机构的增加或精简,是服从、服务于经济社会发展要求的,这是一个具体的历史的过程。改革开放以来,从有计划商品经济到社会主义市场经济的社会发展过程也是政府组织机构不断改革以增强其适应性的

过程。

在有计划商品经济发展阶段：1982年政府机构改革精简了机构，国务院机构从100个裁并为60个，改革力度前所未有；划清部门间职责，重点改革领导多头、业务分散、效率低下的部门；重新核定人员编制，大批精简副职干部，精干了领导干部队伍，废除领导干部职务终身制等。尽管这次改革存在不全面不彻底性，但在改革开放之初，对适应经济社会发展、促进经济体制改革起到了重要的促进作用。1988年政府机构改革，在政府职能转变改革思路指导下，下放、转移了部分政府职能，撤并了一些专业经济部门，并新组建综合管理部门，进一步提高了政府机构适应有计划商品经济的发展要求。

在逐步建立社会主义市场经济体制阶段：1993年政府机构改革是围绕推进经济体制改革、建立市场经济目标，构建适应社会主义市场经济体制发展要求的行政管理体制而进行的。因此，国务院机构改革将对综合经济部门、工业专业经济部门、社会管理部门、直属机构、办事机构的改革作为重点。在机构改革过程中普遍推行了"三定"工作，机构编制工作得到进一步规范，成效是比较明显的。1998年政府机构改革力度之大、人员精简之多历史罕见。这次改革抓住了一个重点：整合组建宏观调控部门，精简调整工业专业经济管理部门，提高了政府机构对市场经济的适应性；突出了一个难点：人员定岗分流，消除了改革后机构反弹的现象，政府组织机构的适应性逐步增强。

建立社会主义市场经济体制以来：2003年政府机构改革以适应市场经济体制要求、遵循WTO规则，将职能相近的部委或部委中职能相近的部门进行整合，组建新的综合性的部委，使政府组织机构具有与市场经济发展要求相适应的大部门制特点，并为建设服务型政府创造了条件。2008年政府机构改革为提高行政效率、行政职能专业化，建设服务型政府，探索实行决策权、执行权和监督权既相互制约又相互协调的机制，进一步使政府组织结构得以优化，行政运行机制得以完善，使政府机构改革在新的探索中更加贴近市场经济的发展要求。

改革开放以来，在我国社会主义市场经济体制的培育、建立和发展过程中，在全球经济一体化进程中，中共中央、国务院始终坚持精简、统一、效能的原则,经过 8 次政府机构改革,在政府机构设置更加合理基础上,人员编制逐步科学化和法制化,政府整体适应性逐步提高。

(二) 政府决策科学化、民主化、法治化水平逐步提升

改革开放以来,中国共产党高度重视政府决策科学化、民主化、法治化问题,通过建立和完善行政决策体制,使政府决策科学化、民主化、法治化水平逐步提升。改变了过去那种权力高度集中、一言堂、家长式行政决策的弊病。政府决策科学化、民主化、法治化取得了大的成效。

首先,稳步推进大部制改革。2003 年政府机构改革便开始了大部制改革的探索,经 2008 年的政府机构改革,中国已经初步建立了大部制行政管理体制。大部制的行政功能是简化行政程序和环节,增强部门之间的沟通与协调,切实改变政府部门职责同构、政出多门、权能交叉和效率低下的问题,以提高政府行政效率和执政水平。"大部制改革是一种权力结构的重构,政府运行体系和运行机制的一种重新确立"[1]。大部制是市场经济成熟国家普遍采用的一种行政管理体制,在这种行政管理体制下,可以实现政府决策权、执行权和监督权的相互分离和制约,稳步推进的大部制改革正是政府决策科学化、民主化、法治化的体现和保证。

其次,实施《中华人民共和国政府信息公开条例》(下称《条例》)和颁行《关于推行地方各级政府工作部门权力清单制度的指导意见》。2007年 4 月,国务院颁布《条例》,使政府信息公开迈向法制化道路。为保证《条例》的落实,从 2008 年以来国务院发布《关于实施〈中华人民共和国政府信息公开条例〉若干问题的意见》等一系列通知和指导意见,要求各级政府进一步做好信息公开工作,提升政府公信力。如《条例》第九条第一、二款规定:涉及公民、法人或者其他组织切身利益的以及需要社会公众广泛知晓或者参与的信息,应当公开。《条例》和这些规范性文件,是宪法确定的"人民依照法律规定,通过各种途径和形式,管理国家事务,管理经济和文化事业,管理社会事务"的权利,不断完善吸收人民群众参与国家管理的制度化途径的重要体现。[2]

① 董荣英:《大部制语境下的地方政府管理创新——富阳专委会制度的实践与探索》,《甘肃行政学院学报》2008 年第 4 期,第 67 页。
② 童之伟、殷啸虎编:《宪法学》,上海人民出版社 2009 年版,第 219 页。

再次，实行行政决策听证制度。《中华人民共和国价格法》于 1998 年5 月 1 日实施，该法规定："制定关系群众切身利益的公用事业价格，公益性服务价格、自然垄断经营的商品价格等政府指导价、政府定价，应当建立听证会制度，由政府价格主管部门主持，征求消费者、经营者和有关方面的意见，论证其必要性、可行性。"①从此，听证程序进入中国行政决策领域。《立法法》于 2000 年 3 月 15 日由九届全国人大三次会议通过，该法第三十四条规定，列入议程的法律案，立法机关应当听取各方面的意见。听取意见可以采取座谈会、论证会、听证会等多种形式。"我国听证制度由此正式进入立法领域，立法听证开始逐渐成为我国民主政治生活尤其是公共决策民主化进程中的普遍事件"②。

复次，公众参与公共事务管理的途径增多。改革开放以来，公民自身对于参与公共决策的认知度大大提高，各级政府也通过职能转变为公民参与行政决策提供了各种平台和机会，特别是政府在培育和发展社会组织方面，起了重要的推动作用。在公共决策的实践层面，逐步扩大公众参与成为推进决策民主化、科学化的重要措施。③公民除了通过网络、政府新闻发布会、电子政务平台参与政府决策外，主要是通过社会中介组织与政府合作，共同参与社会治理。

最后，围绕法治政府建设要求，推进政务公开标准化、规范化，各级政府内设内部咨询机构，并鼓励设置各种民间政策研究咨询机构，这为全面提升政务公开平台，常态化、多形式地解读政策工作起到推进作用。这些机构是政府决策科学化、民主化、法治化的表现，也是政府决策科学化、民主化、法治化的重要组织保障。

在看到政府行政决策科学化、民主化、法治化取得比较大的成效时，也要对政府现行决策体制存在的问题有清醒的认识。如现行政府决策体制设置不够成熟、决策制度不健全以及决策过程规范化、法治化程度不高等等。这些问题必须随着改革的深入发展而逐步得以解决。

①　国务院法制办公室：《中华人民共和国工商行政管理法典》，中国法制出版社 2014 年版，第421 页。
②　唐兴霖：《听证制度在我国的产生和发展》，《人大研究》2004 第 7 期，第 10 页。
③　黄小勇：《决策科学化民主化的冲突、困境及操作策略》，《政治学研究》2013 年第 4 期，第 3 页。

（三）政府工作透明度和行政效率不断提高

改革开放以来，中国政府不断深化政府职能转变，逐步推进行政审批制度改革，极大地促进了政府工作的透明度。新世纪以来中国政府又积极实行电子政务、公民听证制度等措施，进一步提高工作透明度。

中共十七大报告提出，"让权力在阳光下运行"[1]，有力地促进了中国政府工作的透明度。2008 年 5 月《中华人民共和国政府信息公开条例》的施行，把信息公开法制化，从根本上促进了政府工作的透明度。[2] 十八大以来，政府深入推进"放管服"改革，通过实行"五个'再砍掉一批'"、向社会公示"三个清单"和"两随机，一公开"措施，进一步消解了阻碍政府职能转变的"硬骨头"。政府工作透明度和行政效率的提高，不仅提高了便民服务质量，还预防了权力寻租，增强了政府公信力。

（四）政府依法执政能力稳步提升

改革开放以来，中国政府高度重视法制建设。截至 2008 年，中国的法律已经涵盖宪法、行政法、民商法、刑法、经济法、社会法、诉讼程序法等 7 个法律部门，初步形成了比较完备的法律体系[3]，对政府依法行政能力的提高起到了保障作用。

为实现建设法治政府的目标，国务院于 2004 年 3 月印发了《全面推进依法行政实施纲要》，作为建设法治政府的战略规划，明确提出了"权责统一"的基本原则，同时也对决策责任追究、行政责任制等作了明确规定。为了进一步规范国务院工作规程，建设服务型政府，2005 年 2 月，国务院印发了《国务院工作规则》。为了建设一支高素质的国家公务员队伍，依法规范和约束政府公务员公务行为，十届全国人大常委会第十五次会议于 2005 年 4 月通过《中华人民共和国公务员法》，按照有权必有责、用权受监督、侵权要赔偿、违法要追究的要求规范行政行为，公务员依法行政的意识和能力进一步提高。2008 年 5 月《中华人民共和国政府信息公开条例》的施行以及中共中央办公厅、国务院办公厅印发的《关于实行党政

---

① 《中国共产党第十七次全国代表大会文件汇编》，人民出版社 2007 年版，第 32 页。
② 俞可平编：《中国政治发展 30 年(1978—2008)》，重庆出版社 2009 年版，第 186 页。
③ 全国人民代表大会常务委员会办公厅公报编辑室：《中华人民共和国全国人民代表大会常务委员会公报》2008 年第 3 期，第 336 页。

领导干部问责的暂行规定》(2009 年 6 月 30 日),对于进一步提高依法行政能力、加强反腐倡廉制度建设、不断提高党的执政能力和执政水平具有重要意义。

中共十八届四中全会通过了全面依法治国的决定,与党的十八届三中全会通过的全面深化改革的决定形成了姊妹篇。[①] 2016 年 1 月中央全面深化改革领导小组召开第二十次会议,一是通过《关于全面推进政务公开工作的意见》,强调通过制度安排把政务公开贯穿政务运行全过程,对政务公开的内容、标准和方式要依法依规明确。加快制定并公开权力清单、责任清单和负面清单;二是通过《关于完善国家工作人员学法用法制度的意见》,贯彻依法治国方略,国家工作人员要自觉学法用法,提高法治素养和依法办事能力。从严制定、落实权责清单,从源头上杜绝、减少执法风险,贯彻行政执法"三项制度",持续用法治精神优化营商环境。

二、改革开放以来政府职能转变取得的主要经验

政府机构改革是政治体制改革的重要内容,是发展社会主义市场经济和建设社会主义民主政治的必然要求。改革必须坚持党的集中统一领导,坚持科学执政、民主执政和依法执政。政府机构改革 40 多年实践证明:办好中国的事情,关键在党,关键在党要管党、从严治党。特别是十八大以来,中国共产党坚定不移推进党的伟大自我革命,敢于清除侵蚀党的健康肌体的病毒,营造了海晏河清的政治生态。[②] 在党的领导下,改革开放以来 8 次政府机构改革,尽管每次的内容、任务等各不相同,但在改革的理念、组织及实施上,积累了弥足珍贵的经验。

(一)"精简、统一、效能"是政府机构改革的主要原则

建国以来,"精简、统一、效能"逐渐成为中国精简机构、加强政权建设一直坚持的重要原则和政府治理理论。这一原则,既是机构改革的价值

---

① 中央社会主义学院中国政党制度研究中心:《中国政党制度年鉴 2014》,中央文献出版社 2015 年版,第 412 页。
② 习近平:《习近平谈治国理政》第 3 卷,外文出版社 2020 年版,第 188 页。

追求,同时也是重要的改革措施,内涵丰富,适应性强,是贯穿于机构改革历史过程活的灵魂。

精简的含义包括行政机构的规模和数量的精简、领导者职数的精简和行政程序的精简;统一的三种含义是领导体制统一,政府机构完整统一,权责对应统一;效能是行政管理所追求的终极目标,就是效能的提高。效能是行政机构设置和改革的核心问题,是行政机构综合素质的体现。

纵观中国政府机构改革的历史,"精简、统一、效能"原则一直贯穿其中。从中共十二届三中全会首次正式将其作为中国政府机构改革的原则以来,"精简、统一、效能"原则的精神品质就贯穿于政府机构改革的实践之中。在这一过程中,由于当时经济社会发展状况对政府机构改革提出的要求不同,对精简、统一、效能原则的三个方面有不同的侧重,并不是三项并举,但同时精简、统一、效能又具有密切联系性。

1988年以来的7次机构改革,统一性原则始终是机构改革的重要指导原则,又具体体现为机构的统一和指挥命令的统一。这一方面说明通过改革政府机构、追求功能完整统一的机构体系以及加强国务院权威、形成令行禁止的以国务院为中心的行政体系这两方面目标,是中国政府机构改革的价值追求;另一方面也反映出通过改革,在逐步消除部门权力与职责不统一,或是权力缺乏约束,形成权力滥用,或是只承担责任而没有赋予权力,无法履行职责等弊病方面所做的努力。目前中国正处于社会转型关键期、全面深化改革期,社会矛盾比较集中和突出,在复杂的社会变迁中加强统一性,更显其紧迫性和必要性,这也使中共十七届二中全会决议中提出的"维护国家法制统一、政令统一和市场统一"得到充分体现。①

(二) 政府职能转变是政府机构改革的关键

改革开放以来,政府职能转变的进展大体经历了三个节点:

一是与中共十一届三中全会确定的党和国家工作重心战略转移相适应,政府职能也实现了从抓阶级斗争到抓经济建设的根本转变。②

---

① 魏礼群编:《中国行政体制改革报告 2012NO. 2》,社会科学文献出版社 2013 年版,第 88 页。
② 周天勇等:《中国行政体制改革 30 年》,格致出版社 2008 年版,第 67 页。

二是 1992 年邓小平南方谈话和中共十四大召开,确立了建立社会主义市场经济体制的改革方向,对政府职能转变提出了新要求。要围绕建设社会主义市场经济体制的目标,改革行政管理体制和机构,切实做到转变职能、理顺关系、精兵简政和提高效率。从此,政府职能转变具有了适应社会主义市场经济要求的新内涵。

三是 2003 年"非典"之后,中共中央根据中共十六大对政府职能转变"经济调节、市场监管、社会管理和公共服务"的科学概括进行重要部署,实现政府职能从过分注重经济建设向社会管理和公共服务的转折。

在基本消除计划经济体制的机构职能后,中共十六大总结改革开放以来中国政府机构改革的经验教训,将政府职能转变表述为"经济调节、市场监管、社会管理和公共服务",这是中国政府职能在新形势下的重大突破,同时也指出了政府职能转变的方向。从经济建设型职能转向公共服务型职能,政府职能转变的内涵不断更新;从中共十四大提出职能转变的根本途径是政企分开,到中共十七大提出政企分开、政资分开、政事分开、政府与市场中介组织分开,再到中共十八大提出政企分开、政资分开、政事分开、政社分开,政府职能转变的途径不断拓展;从中共十六大提出经济调节、市场监管、社会管理、公共服务到中共十七届二中全会提出创造良好发展环境、提供优质公共服务、维护社会公平正义,政府职能转变的理念不断升华。

新世纪以来政府职能转变围绕政府与市场的关系,转变的路径和模式渐渐明晰和成熟起来:2008 年国务院机构改革提出探索实行职能有机统一的大部门体制,中共十七届二中全会明确提出到 2020 年建立起比较完善的中国特色社会主义行政管理体制,说明中国行政管理体制和机构改革改变了过去 5 年为一周期的惯例,而进入一个适时改革、不断完善,具有长远规划的行政管理体制建设过程。市场经济体制改革越深入,政府职能转变越显其重要性。在此形势下,中国政府机构改革更应紧紧抓住政府职能转变这个关键,采取有效措施,切实推动政府机构改革。新时代以来,中国共产党以深化行政审批制度改革为"先手棋",以构建人民满意的政府为核心内涵,把人民性作为执政党治国理政的根本价值追求,

"把人民对美好生活的向往"作为奋斗目标①。

改革开放 40 多年来中国在政府职能转变实践探索过程中,逐步形成一种相对固定的转变模式。这个模式的主要架构是:以积极建设服务型政府为中心,以深入推进政企分开、政资分开、政事分开、政社分开"四个分开"为路径,以深化行政审批制度改革为重点,逐步实现从无限政府向有限政府转变,从"以政府为中心"向"以人民为中心"转变②,并由此带动了政府治理主体、治理方式、治理手段等方面的转变。

(三)"三定"是落实政府机构改革方案的重要环节

"三定"是政府机构改革中"定职能、定机构、定人员编制"③的简称,既是机构改革的措施,也是机构改革的制度。"三定"始于 1988 年,当时称作"三定"方案,1998 年机构改革改称"三定"规定,沿用至今。"三定"规定是具有法律效力的规范性文件,也是部门履行职责的重要依据。④ 其功能主要是:政府机构改革方案的组织实施,其主要内容和中心环节体现在"三定"规定中,同时也是积累和巩固机构改革成果的必然要求;便于厘清各部门的职能,为监督和考量各部门职能的履行提供了明确的依据,从而为政府职能法定化积累了经验。1988 年以来的几次(1982 年除外)国务院机构改革方案,均是按照中央总体部署和机构改革的原则要求,通过制定部门"三定"规定来细化和落实的。"三定"规定已形成政府机构改革的长效机制。

(四)区别情况分类指导是政府机构改革的有效方法

在纵向上,中国中央与地方事权的划分特点成倒金字塔型,由此决定上层政府机构设置数量相对较多,下层则逐级减少,而且不同层级的权责范围、管理幅度有所不同;在横向上,地域差异很大,发展极不平衡。鉴于此,自改革开放以来中国政府机构改革坚持具体问题具体分析,坚持矛盾统一性与特殊性的辩证统一,注重从各地各级政府所承担的实际任务和

---

① 《中国共产党第十九次全国代表大会文件汇编》,人民出版社 2017 年版,第 17 页。
② 周光辉:《构建人民满意的政府:40 年中国行政改革的方向》,《社会科学战线》2018 年第 6 期,第 18 页。
③ 房宁、杨海蛟:《中国政治发展报告 2013》,社会科学文献出版社 2013 年版,第 265 页。
④ 王澜明:《改革开放以来我国六次集中的行政管理体制改革的回顾与思考》,《中国行政管理》2009 年 10 期,第 11 页。

地域实际出发,实事求是,因地制宜,区别情况,分类指导,在纵向上不搞"上下对口",在横向上不搞"一刀切"①,并贯穿于从中央到地方各级政府机构改革中:国务院是最高国家行政机关,其机构设置注重国家经济社会事务的宏观调控。地方政府包括省级及以下各级政府。地方政府中省、自治区、直辖市政府机构设置全面,对经济社会调控具有宏观性,在机构改革中可参照国务院设置所属机构。地市级政府是省级与县(区)级政府之间的一级政府,其主要面对市民和企业,在机构设置上应以城市管理为主。县(区)级政府的服务对象是农业、农村、农民、基层,因其社会治理事务具体复杂,故机构设置齐全、功能完整。乡(镇)政府是中国基层政府,机构设置、职能配置要因地因时因事制宜,体现为民服务特点。

根据以上分类指导原则,改革开放以来的 8 次政府机构改革,区别对待,允许各地在与中央保持统一原则的情况下,不搞上下一般粗,在改革步骤、途径和方法上因地制宜。

这种区别情况分类指导的做法,有利于各地选择其合适、合理的机构设置模式,对中国后续行政管理体制改革具有积极的借鉴意义。

(五) 行政法制建设是政府机构改革的根本保障

改革开放以来,中国行政法制建设经历了三个发展阶段:第一阶段,从中共十一届三中全会召开到 1989 年,是以创建行政实体法为特征的行政法制恢复发展时期;第二阶段,从 1989 年到 1999 年,是以创建行政监督法为特征的行政法制繁荣发展时期;第三阶段,从 2000 年以来,是以创建行政程序法为特征的行政法制体系形成发展时期。

经过 40 多年的艰苦努力,中国已经在行政组织法制方面、行政实体法制方面和行政程序法制方面基本形成体系,在政府机构改革历程中,发挥了重要的保障作用。

1. 执政党依法执政的观念逐步确立

从建国后到改革开放前,我党在发展社会主义民主、健全社会主义法制方面积累了宝贵经验。但在探索和总结如何处理好与宪法,法律的具体关系方面,由于没有成功的经验可资借鉴,曾经付出过艰辛的努力,宪

---

① 沈荣华:《政府大部制改革》,社会科学文献出版社 2012 年版,第 11 页。

法和法律没有起到应有的作用,并且也产生了法制特别是行政法制很不
健全的状况。改革开放后,中国共产党认真总结历史教训,尊重宪法和法
律,加强法制建设,自觉依法执政。1982 年修改后的中国共产党章程将
"党必须在宪法和法律的范围内活动"作为总纲内容纳入,中国共产党依
法执政的理念逐步形成。正如中共十五大报告所指出,实行依法治国,逐
步实现社会主义民主的制度化、法律化,使这种制度和法律不因领导人的
改变而改变,不因领导人看法和注意力的改变而改变①。这是改革开放
40 多年来法制建设取得成就的宪政指导思想。②

2. 政府依法行政意识和依法行政能力不断提高

政府依法执政意识的提高不仅表现在自觉以法律为准绳,而且还表
现在部门立法积极性和立法水平的提高上。改革开放以来,由于部门积
极立法,行政法已基本满足各级政府、各部门行政管理的需要。在依法执
政方面,建立了严格的问责制和监督体制,建立了以党内监督为主导包括
人大、政协、社会各界参与的监督体制,完善了社会参与机制,实施行政执
法社会监督员制度。依法执政能力显著提高。近年来,国务院高度重视
行政法制体制建设和落实,要求各级政府严格按照法定权限和程序行使
职权,通过过错责任追究制提高行政机关的依法行政水准。

3. 形成了政府也要做被告的进步法治理念

这一进步理念体现在《行政诉讼法》第二条规定中,公民、法人或者其
他组织认为行政机关和行政机关工作人员的具体行政行为侵犯其合法权
益,有权依照本法向人民法院提起诉讼。这里,将政府及其工作人员与公
民、法人或其他组织一样列为适格的被告,这对促进中国公民意识的提
高、加快建设法治社会、加强法治理念的社会素养、加强依法治国,均具有
重要意义,也是中国法治化的进步。

4. 程序正义逐步受到重视

中国传统法律思想一直存在重实体轻程序的法律意识倾向,这种倾
向使建国后中国行政程序法的建设一直被忽视。即使正确掌握实体法,

---

① 中共中央文献研究室:《十五大以来重要文献选编》(上),人民出版社 2000 年版,第 687 页。
② 俞可平编:《中国政治发展 30 年(1978—2008)》,重庆出版社 2009 年版,第 145 页。

如果不遵守程序,也不能避免法官恣意妄为。程序正义是实现实体正义的前提。《行政诉讼法》第 70 条明确规定,对行政机关违反法定程序的具体行政行为,人民法院判决撤销或部分撤销。从而实现了对程序违法与实体违法给予同等待遇的处置,改变了中国长期以来重实体轻程序的传统做法,是中国法制文明的一大进步。

三、改革开放以来政府职能转变的反思与启示

由于中国社会特定的政治经济现实,使中国政府机构改革具有自己的特色,这要求客观评价政府在推动市场发育和经济发展中的作用。部分政府官员私利已成为深化改革的阻力,在市场经济条件下,"经济人"理性具有一定的必然性。努力实现政府职能"两个根本性转变",深化行政审批制度改革是社会主义市场经济体制下政府机构改革的重要内容。新时代政府职能转变必须以推进国家治理体系与治理能力现代化为导向,以建设高水平社会主义市场经济体制为核心,以建设人民满意的服务型政府为宗旨。

(一) 中国政府机构改革有其特定的内涵

就政府职能设置本质来讲,政府职能设置及职能类别是政府对社会诉求的回应方式。针对不同的诉求采取不同的回应方式,就相应地产生不同的职能类别。当现有的政府机构和人员无法应对新出现的社会诉求时,增设政府机构、增加政府工作人员以及裁减合并不适应经济社会发展的政府机构就成为必然。历史地看,伴随职能产生而引起的政府机构改革,具有特定的内涵。这是由中国市场经济发展过程和政府主导的全方位社会变革决定的。

1978—1992 年政府机构改革,就政府与市场的关系而言,一方面是逐步建立市场机制并且不断扩大调节范围,二是政府的职能从全能型向效能型转变。[①] 中共十一届三中全会之后,全国工作的重心转移到社会主义

---

① 武力:《新中国政府与市场关系的历史和未来》,《理论视野》2014 年第 4 期,第 7—8 页。

现代化建设上来之后,国务院第一位的任务是领导经济建设。[①] 但是,当时政府管理经济的方式是领导多头,分散管理,效率低下,严重地妨碍了国家经济建设。由于改革开放之初中国经济体制仍然以计划经济体制为主,所以在政府机构改革中,在体现市场化取向的同时,仍然注重计划经济体制的作用。在 1982 年国务院机构改革中,为了"搞好经济战略性的长期规划,国家计划委员会的工作必须进一步加强。国家日常经济活动的指挥必须集中统一"[②]。所以,重新组建国家经委并扩大其职权和业务范围。同时,为了适应对外开放、市场化的需求,合并组建商业部、对外经济贸易部并强化其功能。

农村家庭联产承包责任制的成功产生了巨大的示范效应,推动了城市经济体制改革。在这个阶段,单一公有制和计划经济条件下的政府原有经济职能的逐渐消解主要是通过放权让利和让市场机制发挥调节作用两个方面来实现的,反映出政府越来越多地将原来由其直接管理的领域让渡给市场的趋势[③],在这一计划与市场的相互调适中,体现出计划的退却、市场的挺进。这一特征反映了 1988 年国务院机构改革的内容与 1982 年不同。

1988 年国务院机构改革提出政府职能转变的改革理念,改革的目标是增强政府机构的宏观调控能力,提高行政效率,使改革后的机构能够比较适应经济体制改革和发展社会主义商品经济的要求。[④] 改革的重点是专业经济管理部门和综合部门内的专业机构,这实际上是对计划经济体制的改革。如,合并了经委和计委,重新组建国家计委,明确其职能定位是高层次的宏观管理机构,不再承担微观管理与行业管理的职能。对于其他部门的改革,要求其必须转变职能、下放权力。

1992 年中共十四大之后,为适应建立社会主义市场经济体制的要

---

① 国家行政学院编:《中华人民共和国政府机构五十年》,党建读物出版社、国家行政学院出版社 2000 年版,第 478 页。

② 中共中央文献研究室:《三中全会以来重要文献选编》(下),中央文献出版社 2011 年版,第 494 页。

③ 武力:《新中国政府与市场关系的历史和未来》,《理论视野》2014 年第 4 期,第 8 页。

④ 国家机构编制委员会办公室:《中国政府机构 1990 年》第 1 卷,中国经济出版社 1990 年版,第 84 页。

求,国有企业改革、资金市场和劳动力市场改革、转变政府职能,成为三大主要改革任务。[1] 1993 年国务院机构改革将改革的中心定位于宏观经济调控体系的关键部门,即国家计委、财政部、中国人民银行、国家经贸委等综合经济部门。重点调整专业经济部门,在原 18 个专业经济部门中,撤销 7 个,新组建 5 个。这些机构是适应职能转变而变化最大的部门。随着政府职能转变和国有企业股份制改革的逐步深化,越来越凸显大批专业经济管理部门以及行政性公司对政企分开的阻碍作用。为顺应市场经济发展要求,1998 年国务院机构改革,全国撤销了一大批专业经济管理部门和行政性公司,结束了中国长期在计划经济条件下依靠设置专业经济管理部门管理的历史。[2] 各级政府通过政府职能转变,初步改变了传统管理观念及管理方式,逐步转向运用经济手段、法律手段和必要的行政手段管理社会经济事务。

新世纪之初,中国已初步建立社会主义市场经济体制,政府既面临宏观经济管理职能的挑战,又面临因一系列社会问题如社会保障、住房、就业、医疗、环境、公共安全等而产生的社会管理和公共服务的巨大挑战。因此,中国政府的职能不是减少了而是增加了,而不适应市场经济发展的职能则逐渐萎缩。另外,正处于社会转型时期的中国政府,为维护社会秩序、整合社会利益、增强社会转型中的稳定性,就必须及时、有效、廉价地向社会提供公共服务和公共产品,这又是一个严峻的挑战。因此,建设"服务型政府"成为政府职能转变的重要内容。这些时代特征在政府机构改革中的体现就是大部制体制改革的不断深入推进。

中国是后发现代化国家,不论是市场经济体制的建立及其健全过程,还是社会力量的成长及其培育过程都不是自发的,而是政府培育和推动的过程。作为一种制度安排,中国市场经济体制的产生和发展不是一个伴随现代经济发展的自发演变过程,而是一个以人为设计和政府被动干

---

[1] 武力:《新中国政府与市场关系的历史和未来》,《理论视野》2014 年第 4 期,第 8 页。
[2] 上海社会科学院当代中国政治研究中心:《中国政治发展进程 2009 年》,时事出版社 2009 年版,第 339 页。

预为主导的制度创新和突变过程。[①] 这是中国政府与市场关系中的特殊性。"政府搭台,经济唱戏""不找市场找市长""这是某某市长亲自抓的引进项目"等街头巷议正是这种特殊性的反映。因此,较之发达市场经济国家的市场经济体制的形成过程,中国市场经济体制的产生和发展具有自己独特的初始状态和约束条件,这一特点导致政府必须承担起很多额外的职能。

在把市场机制作为经济转型和经济发展基本工具的同时,由于中国市场化程度远落后于成熟市场经济国家,同时还面临紧迫的改革、发展任务,这意味着中国政府不仅要履行现代市场经济下政府的一般职能,而且因市场力量发育不健全还必须承担具有中国特色的特殊经济职能。中国正处于从传统社会向现代社会的转变之中,这一现代化过程是政府主导的全面的全方位同步进行的现代化过程。

在这一过程中,政府根据新的管理职能设置新的政府机构,而对不适应经济社会发展的机构进行精简、裁撤。政府机构作为服务社会和公民的行使公共权力的机关,由于其特定的服务对象在不断发展变化,政府机构就会始终根据中国特殊的经济社会的发展状况进行改革。

(二)逐步实现政府职能的两个根本性转变

划清政府与市场的关系问题,是政府由全能型政府向有限政府转变的前提条件。市场经济体制建立之后,作为政府机构改革主要任务的简政放权,其内涵便从计划经济条件下简单的机构撤并和人员精简转变为科学划分政府与市场的关系,解决政府如何更好地"掌舵"的问题。由"经济建设型"政府向"公共服务型"政府的转变,是政府职能价值观念上的变化,是实现社会公平正义政府价值追求的物质体现。

1. 从全能型政府向有限政府转变

中国政府职能转变的历史基础是高度集中的计划经济体制下的全能型政府。中国政府职能的转变既不同于先行工业化国家成熟市场经济基础上的转变,也不同于前苏联与欧洲国家发达工业化基础上的转变,而是

---

① 刘长波:《国务院行政机构改革研究(1982—2005)》,华东师范大学硕士学位论文,2007年,第57页。

"工业化和市场化在同一时间、空间聚焦在中国社会,这就构成了中国社会经济增长和发展的一个极大特殊性"①。这一极大特殊性使中国政府一方面通过职能结构的重塑培育市场经济这只无形的手,另一方面还必须通过行政力量发展经济,完成工业化。所以,在中国政府与市场的关系中,天生就具有如何划清各自边界的问题。

在改革开放以前中国就是靠全能型政府治国理政的。改革开放以来,政府靠行政力量发展经济的职能必然带有全能型特点,而且,"无论是旧体制的'消亡'还是新体制的完善,都不会按照某种主观'设计'一蹴而就。就现实性而言,在经济关系乃至社会关系没有发生根本性变化之前,原有的部分政府职能在一定时期内有必要继续发挥作用,不可能也不应该提前'消亡'"②。因此,中国一直以来由政府而不是市场主导经济发展、直接参与市场竞争、深度干预市场运行,成为组织和推动国民经济发展的强力推手。

政府主导只是从计划经济向市场经济转轨过程中的一个阶段性特征。在转轨初期计划经济极度扭曲的情况下,政府在促进经济社会发展、实现公平效率、建设和谐社会等方面发挥了重要作用。当初步建立了社会主义市场经济体制后,政府应该发挥自觉性,主动退出市场,逐步实现市场对资源配置的基础性作用,进而实现决定性作用。政府主要是为市场经济的健康发展创造良好的环境。但现实情况是,由于长期以来政府主导经济发展,反而强化了政府干预经济的动机,简政放权,步履维艰。

所以政府的权力必须收缩,建设"有限"政府。③

"有限"政府,是相对计划经济体制下的"万能政府"而言的。新世纪之初,中国已初步建立社会主义市场经济体制,市场经济要求政府的权力必须是有限的。凡是市场主体能够解决的问题就应交予市场解决。从国务院 2003 年、2008 年机构改革方案可以看出,这几次改革所要解决的主要问题,就是政府揽权过多的问题。全面推行政府权责清单,是进一步明

① 刘伟:《改革与发展的经济学分析》,北京大学出版社 2005 年版,第 158 页。
② 高尚全:《深化政府改革是贯彻科学发展观的关键》,《中国改革》2004 年第 10 期,第 13 页。
③ 厉以宁、林毅夫、周其仁等:《读懂中国改革:新一轮改革的战略和路线图》,中信出版社 2014 年版,第 275 页。

确政府职能边界,防治政府权力运行失范的有效措施。

改革开放以来,中国政府始终将简政放权作为机构改革的主要任务。简政放权的实质就是进一步改变权力高度集中的状况,实现国家权力逐步向社会转移。政府职能转变的基本理念就是通过变革权力过分集中的行政管理体制,创造条件使社会力量能够在现代发展的意义上收回国家权力,构建公共权力在政府和社会之间科学、合理的配置机制,逐渐建立社会自我管理、自我发展的机制以及约束国家权力的机制。但是,目前中国现行行政权力一直定位不准,根本原因就是权力高度集中,国家权力与社会严重脱离。那么,如何实现国家权力与社会力量的对接呢? 社会力量的发展与壮大能够承接原来由政府承担的职能,这为政府职能转变提供了现实可能性,从而为政府机构改革创造了良好的社会条件。当行业协会、商会和中介组织等社会力量成为依法自治的现代社会组织时,当政府将一部分职能转移给这些社会力量后,便能够更为从容地处理好“掌舵”与“划桨”的关系,为社会发展掌好舵。从这个意义上讲,社会力量是政府机构改革十分重要的社会资源,任何时候都不能忽视这种社会资源对机构改革所具有的特殊意义。

中国能否建成比较完善的中国特色社会主义行政管理体制,中心环节是政府职能能否根本转变。改革开放 40 多年来,中国政府职能的边界从全能向有限转变,政府与市场、社会之间的边界越来越清晰:政府与市场、企业的关系从微观管理逐渐转向宏观管理,由直接管理逐渐转向间接管理,政府主要为市场、企业的运行提供良好服务;与社会、公民关系也逐渐从管制与被管制关系转向由政府为社会、公民提供公共产品和公共服务,并通过逐渐与社会、公民建立合作共治社会治理机制,向逐步实现善治转变。

同时,也应该看到,政府与社会力量存在的矛盾是,一方面政府机构改革需要社会力量的支持,要大力培养社会力量发展壮大;另一方面,由于全能型政府模式的残余影响还比较强大,严重压抑了社会力量的成长,社会力量的发育又比较孱弱。政府挤占社会空间的情况相当严重。

2. 从经济建设型政府向公共服务型政府转变

经济建设型政府是改革开放以来,政府在运用行政力量发展经济、逐步完成工业化过程中形成的。在这个过程中,政府产生了"越位"和"缺位"问题。"越位":当市场经济体制初步建立后,政府没有及时退出,反而代替市场成为经济发展的主体力量;"缺位":本应由政府承担并提供的公共卫生、医疗、教育、社保等公共产品,没有担当起来,反而推向了市场和社会。政府的"两位失策"在一定程度上造成了比较严重的社会问题,如社保、教育、就业、环保、社会治安、收入差距等社会问题,对公民信仰和价值观的养成也产生了不利影响。

深入推进"放管服"改革,建立市场主体经营许可事项清单,以督导政府深入简政放权改革,加强事中事后监管,建立全过程、全链条式监管体系,特别是对新产业、新业态、新商业模式实行包容审慎监管。随着市场经济机制在经济运行中的主导地位的逐步确立,政府培育市场、替代市场的必要性呈现出不必要性。中国建设服务型政府的社会经济基础已经具备,也符合社会愿景。从经济建设型政府向公共服务型政府转变是解决中国经济社会中突出矛盾的根本措施,政府不仅要有"壮士断腕"的决心,更要有实际行动,让人民有"改革获得感"。

(三)政府机构改革中利益因素阻力具有一定的必然性

根据公共选择理论关于"经济人"理性观点,官员在行使行政权力过程中会追求个人利益,并使之最大化。官员的这种行为是"经济人"理性的客观表现,具有一定的必然性。这种与社会公共利益不可调和的个人利益如果与不健全的行政机制相苟合,便会肆无忌惮地膨胀起来。这种私利性的满足主要是通过部门利益和权力寻租来实现。这正是政府机构改革过程中利益阻力因素的根源。

部分官员私利性追求在现实中的表现,一是部门利益。客观地讲,部门立法在构建中国完整的行政法制体系方面作出了一定贡献,但另一个不容忽视的现象是一些部门在法律法规和规章的起草、制定过程中,为获取部门利益,将部门权力灌入其中,使部门利益法定化。长期以来,由于一直对这个问题重视程度不够,导致产生部门利益并固化进而形成各色利益势力。这些利益势力是对包括行政体制改革在内的全面深化改革产生阻力最大的障碍。背后的作祟者正是部分官员个人的私利性追求。二是官员权力寻租。由于中国权力监督机制尚需进一步健全,还不能完全做到将权力关在制度的笼子里,很大一批官员就通过手中掌握的政策制定权、立法权和行政权搞寻租获利。

政府机构改革的阻力正是这些官员为获取非法利益而把持部门权力不放,致使机构改革难以深入推进。

尽管"经济人"理性观点提供了分析官员追求个人利益的理论视角,但政治权力运行过程不能机械地类比经济过程,更不能把商品交换原则无限制地嵌入政治领域,完全否定政治领域"公共人"理性。中国国家公务人员,遵守职业操守、殉守职业伦理、忠于人民信任是其主要方面。如果过分强调理性"经济人"观点,把政府官员一概以"经济人"(或经济动物)理性论之,就会全面否定公务人员职业素质,造成官员职业道德、人民信任边缘化,这不仅在道义上有失公允,在实践中也会腐蚀和瓦解政府执政能力。倘如此,何谈治理能力现代化?

中国政府机构改革不仅是一个渐进式改革的过程,同时也是一个异常艰难的过程。其成因既有政治体制因素,也有官员个人利益因素,还有旧的计划经济体制影响的因素。要突破这些因素对政府机构改革产生的羁绊,就必须加强政治文明建设,依法治权,进一步深化政治体制改革,做好顶层设计。

铲除权力资本和权力寻租滋生的土壤,杜绝其腐蚀中国共产党的执政能力。依法治权,是消除政府机构改革阻力、防止权力行使的非理性以及由此产生的贪腐问题的有效措施。

(四)依法治权,杜绝权力寻租,消除政府机构改革阻力

政府机构改革的关键是政府职能转变,政府职能转变的根本途径是政企分开,而政企分开首先是政资分开。政资分开的最大阻力是与企业利益捆绑在一起的行政权力,行政权力又直接与部分官员个人利益结合在一起。同样,政事分开、政社分开所遇到的阻力也无不指向官员个人利益,而在行政审批制度改革方面,直接的最大阻力就是官员个人利益。因此,所有这些问题所涉及的核心就是利益问题,实质是政府官员利益问题。

政府机构改革,政府职能转变的实质就是权力的重新调整和组合,当政府官员的利益可能要受到损失时,他们就会阻碍改革的进程。对此,邓

小平指出："不要原则赞成，一涉及本身的利害，问题就来了。"①政府官员获取利益的手段通常是权力寻租，获取的利益有的直接中饱私囊，有的成为部门利益，但二者的实质都是个人利益。权力寻租对党的国家治理体系和治理能力会产生极大的腐蚀性，并且要警惕权力与资本苟合的特殊利益集团的出现。如果出现了这种组织，必须坚决予以铲除，因为它不仅会严重阻碍政府机构改革，而且会成为中国全面深化改革的阻力，甚至危及政权稳定。权力寻租是对人民根本利益的侵害，必须坚决予以铲除，进而消除改革的阻力。所以，消除政府机构改革阻力的关键在于杜绝权力寻租，而杜绝权力寻租的关键是切断权力与政府官员利益的链条，坚持依法行政，建设社会主义法治政府，让权力在阳光下运行。通过建设"阳光政府"，公开权力清单，让权力运行在人民的监督之下，使官员不能搞权力寻租；杜绝权力寻租的根本措施是依法行政，依法治权，依法规范权力，将权力关在制度的笼子里，遏制政府官员私欲膨胀，使官员不敢搞权力寻租；而杜绝权力寻租的长效机制则是加强政治文明建设，端正官员的世界观、人生观、价值观，不断提高其党性修养，形成正确的利益观，使官员不想搞权力寻租。做到法定职责必须为，法无授权不可为，全面提高政务人员依法行政能力。

（五）责任担当：人民代表大会可承担政府机构改革的重任

这是由两方面的原因决定的：一方面，政府机构改革是政府的自我革命，核心的问题是政府交割自身利益，具体表现就是政府官员通过职能转变、机构设置、职责配置、人员编制来进行涉及自身利益的调整。简政放权是政府机构改革的历史主线，这不能保证绝大部分官员受益，但绝大部分官员的利益将遇到调整和限制，甚至损失。此种情况下靠政府官员设计改革方案，深化政府机构改革，特别是目前改革已逼近"最后一公里"的现实条件下，改革的难度可想而知。改革的推动者与改革的对象为同一主体，这是改革的一大悖论。② 中央将改革的难度喻为深水区、攻坚期，的确预见到了改革的艰难，没有丝毫的夸张。

① 中共中央文献编辑委员会：《邓小平文选》第2卷，人民出版社1994年版，第398页。
② 孙立平：《确立社会转型新思维》，《经济观察报》2013年3月4日，第42版。

另一方面,从现实观察,改革开放以来,政府机构改革呈现出三个比较严重的循环怪圈:"精简-膨胀-再精简-再膨胀"怪圈、"合并-分立-再合并-再分立"怪圈和"上收-下放-再上收-再下放"怪圈,这些怪圈的产生固然有计划经济体制原因,但部分政府官员私利作祟却是根本原因,使中国多次进行的政府机构改革充满艰辛。[①] 随着改革的全面深化,后续的政府机构改革难免会遇上"险滩""深水区"。有鉴于此,有必要探索另一种政府机构改革机制。

宪法规定,国务院由全国人民代表大会产生,对全国人民代表大会负责并受全国人民代表大会监督。政府职权源自人民代表大会,当国务院机构改革难以深入推进遇到瓶颈之时,作为其产生机关的全国人民代表大会有法理、责任、权能承担起对国务院机构的改革重任。而且这样做,对国务院机构改革自身来讲会比以前超脱,使改革更加彻底;对于中国共产党执政党来说,能够更好地加强对人大工作的领导,更好地将党的意志通过人民代表大会转变为国家意志;对全国人民代表大会来讲,能够充分体现国家最高权力机关的权威,真正体现人民当家做主的宪政精神。按照依法治国原则转变政府职能,切实贯彻和遵循宪法的相关规定和宪法精神。

---

① 刘智峰编:《第七次革命——1998—2003 中国政府机构改革问题报告》,中国社会科学出版社 2003 年版,第 92 页。

参考文献

一、资料编辑类

1. 全国人民代表大会常务委员会办公厅：《中华人民共和国第五届全国人民代表大会第三次会议文件》，人民出版社 1980 年版。
2. 中共中央文献研究室：《三中全会以来重要文献选编》（上），人民出版社 1982 年版。
3. 中共中央文献研究室：《十二大以来重要文献选编》（上），人民出版社 1986 年版。
4. 中共中央文献研究室：《十二大以来重要文献选编》（中），人民出版社 1986 年版。
5. 中共中央文献研究室：《建设有中国特色的社会主义》（增订本），人民出版社 1987 年版。
6. 国家机构编制委员会办公室：《中国政府机构 1990 年》第 1 卷，中国经济出版社 1990 年版。
7. 中共中央文献研究室：《十三大以来重要文献选编》（上），人民出版社 1991 年版。
8. 国务院办公厅秘书局、中央编委办公室综合司：《中央政府组织机构》，中国发展出版社 1995 年版。
9. 王维澄、滕文生编：《中国改革开放经济政策法律全书》第 2 卷，吉林人民出版社 1995 年版。
10. 中共中央文献研究室：《十一届三中全会以来党的历次全国代表大会中央全会重要文件选编》（下），中央文献出版社 1997 年版。
11. 潘宗白编：《中共中央文献选编》，人民出版社 1999 年版。
12. 中共中央党校教务部编：《十一届三中全会以来党和国家重要文献选编》（下）（修订本），中央党校出版社 2003 年版。
13. 中共中央文献研究室：《十六大以来重要文献选编》（上），中央文献出版社 2005 年版。
14. 《中国共产党第十七次全国代表大会文件汇编》，人民出版社 2007 年版。
15. 全国人民代表大会常务委员会办公厅公报编辑室：《中华人民共和国全国人

民代表大会常务委员会公报》2007 年第 5 期。

16. 全国人民代表大会常务委员会办公厅公报编辑室：《中华人民共和国全国人民代表大会常务委员会公报》2008 年第 3 期。

17. 中共中央文献研究室：《十七大以来重要文献选编》（上），中央文献出版社 2009 年版。

18. 国务院办公厅秘书局、中央机构编制委员会办公室综合司：《中央政府组织机构 2003》，党建读物出版社 2009 年版。

19. 国务院办公厅秘书局、中央机构编制委员会办公室综合司：《中央政府组织机构 2008》，党建读物出版社 2009 年版。

20. 中共中央文献研究室：《三中全会以来重要文献选编》（下），中央文献出版社 2011 年版。

21. 中共中央文献研究室：《十四大以来重要文献选编》（上），中央文献出版社 2011 年版。

22. 中共中央文献研究室：《十五大以来重要文献选编》（下），中央文献出版社 2011 年版。

23. 中共中央文献研究室：《十二大以来重要文献选编》（下），中央文献出版社 2011 年版。

24. 《中国共产党第十八届中央委员会第三次全体会议文件汇编》，人民出版社 2013 年版。

25. 中共中央文献研究室：《十八大以来重要文献选编》（上），中央文献出版社 2014 年版。

26. 国务院法制办公室：《中华人民共和国工商行政管理法典》，中国法制出版社 2014 年版。

27. 中共中央文献研究室：《习近平关于全面深化改革论述摘编》，中央文献出版社 2014 年版。

28. 全国人大常委会办公厅、中共中央文献研究室：《人民代表大会制度重要文献选编》（四），中国民主法制出版社 2015 年版。

29. 国务院办公厅政府信息与政务公开办公室：《国务院取消和调整的行政审批项目等事项目录（2013 年 5 月—2015 年 7 月）》，人民出版社 2015 年版。

30. 中央社会主义学院中国政党制度研究中心：《中国政党制度年鉴》，中央文献出版社 2015 年版。

31. 中共中央文献研究室：《习近平总书记重要讲话文章选编》，中央文献出版社、党建读物出版社 2016 年版。

32. 中共中央宣传部：《习近平总书记系列重要讲话读本（2016 年版）》，学习出版社、人民出版社 2016 年版。

33. 国家发展和改革委员会：《"十三五"国家级专项规划汇编》（上），人民出版社 2017 年版。

34. 《中国共产党第十九次全国代表大会文件汇编》，人民出版社 2017 年版。

二、国内著作、编著类

1. 中共中央文献编辑委员会：《邓小平文选（1975—1982）》，人民出版社 1983 年版。

2. 中共中央文献研究室：《关于建国以来党的若干历史问题的决议（注释本）》，人民出版社 1983 年版。

3. 罗豪才编：《行政法论》，光明日报出版社 1988 年版。

4. 陈昌智编：《中华人民共和国经济简史》，四川大学出版社 1990 年版。

5. 孙健编：《中华人民共和国经济史（1949—90 年代初）》，中国人民大学出版社 1992 年版。

6. 中共中央文献编辑委员会：《邓小平文选》第 2 卷，人民出版社 1994 年版。

7. 中共中央文献编辑委员会：《邓小平文选》第 3 卷，人民出版社 1994 年版。

8. 张文寿编：《中国行政管理体制改革——研究与思考》，当代中国出版社 1994 年版。

9. 中国地方政府机构改革编辑组编：《中国地方政府机构改革》，新华出版社 1995 年版。

10. 世界银行《1997 年世界发展报告》编写组编：《1997 年世界发展报告：变革世界中的政府》，蔡秋生等译，中国财政经济出版社 1997 年版。

11. 《瞭望》周刊编辑部：《国务院机构改革概览》，新华出版社 1998 年版。

12. 辛向阳：《红墙决策　中国政府机构改革深层起因》，中国经济出版社 1998 年版。

13. 乌杰编：《中国政府与机构改革》，国家行政学院出版社 1998 年版。

14. 张文明等：《精简统一效能：中国政府机构及行政管理体制改革》，广西师范大学出版社 1998 年版。

15. 任晓：《中国行政改革》，浙江人民出版社 1998 年版。

16. 张弘力编：《中国过渡期财政转移支付》，中国财政经济出版社 1999 年版。

17. 武力编：《中华人民共和国经济史》（下），中国经济出版社 1999 年版。

18. 国家行政学院编：《中华人民共和国政府机构五十年》，党建读物出版社、国家行政学院出版社 2000 年版。

19. 中国行政管理学会编：《新中国行政管理简史（1949—2000）》，人民出版社 2002 年版。

20. 杨雪冬：《市场发育、社会生长和公共权力构建：以县为微观分析单位》，河南人民出版社 2002 年版。

21. 刘智峰编：《第七次革命——1998—2003 中国政府机构改革问题报告》，中国社会科学出版社 2003 年版。

22. 毕监武：《社团革命：中国社团发展的经济学分析》，山东人民出版社 2003 年版。

23. 中国（海南）改革发展研究院编：《建设公共服务型政府》，中国经济出版社 2004 年版。

24. 李军鹏：《公共服务型政府》，北京大学出版社 2004 年版。

25. 刘伟：《改革与发展的经济学分析》，北京大学出版社 2005 年版。

26. 谢庆奎：《政府学概论》，中国社会科学出版社 2005 年版。

27. 谢斌编：《行政管理学》，中国政法大学出版社 2006 年版。

28. 胡志民编：《经济法》，上海财经大学出版社 2006 年版。

29. 陈泰锋：《WTO 与新一轮行政体制改革》，人民出版社 2006 年版。

30. 王邦佐编：《新政治学概要》，复旦大学出版社 2006 年版。

31. 陶学荣编：《公共行政的变革》,江西人民出版社 2007 年版。

32. 周天勇等编：《攻坚:十七大后中国政治体制改革研究报告》,新疆生产建设兵团出版社 2007 年版。

33. 周天勇等：《中国行政体制改革 30 年》,格致出版社 2008 年版。

34. 何东君编：《中华人民共和国改革开放 30 年年鉴》,新华出版社 2008 年版。

35. 李晓西编：《中国经济改革 30 年 1978—2008 市场化进程卷》,重庆大学出版社 2008 年版。

36. 武力编：《中华人民共和国经济简史》,中国社会科学出版社 2008 年版。

37. 汪玉凯：《中国行政体制改革 30 年回顾与展望》,人民出版社 2008 年版。

38. 俞可平编：《中国政治发展 30 年(1978—2008)》,重庆出版社 2009 年版。

39. 童之伟、殷啸虎编：《宪法学》,上海人民出版社 2009 年版。

40. 钱冠林、王力编：《中国税收 30 年 1978～2008》,中国税收出版社 2009 年版。

41. 刘国新、贺耀敏、刘晓、武力编：《中华人民共和国史长编(第八卷)大事记卷》,天津人民出版社 2010 年版。

42. 王浦劬、[美]萨拉蒙：《政府向社会组织购买公共服务研究——中国与全球经验分析》,北京大学出版社 2010 年版。

43. 吴爱明、刘文杰：《政府改革:中国行政改革模式与经验》,新华出版社 2010 年版。

44. 刘华：《经济转型中的政府职能转变》,社会科学文献出版社 2011 年版。

45. 马立、马西恒编：《中介组织与社会运行》,上海交通大学出版社 2012 年版。

46. 高尚全：《改革只有进行时　对 3 个三中全会改革决定的回顾》,人民出版社 2013 年版。

47. 魏礼群编：《中国行政体制改革报告 2012NO.2》,社会科学文献出版社 2013 年版。

48. 孙学玉：《公共行政学论稿》,人民出版社 2013 年版。

49. 迟福林编：《中国改革开放全纪录　1978—2012》,五洲传播出版社 2013 年版。

50. 中华人民共和国国家统计局：《中国统计年鉴 2013》,中国统计出版社 2013 年版。

51. 厉以宁、林毅夫、周其仁等：《读懂中国改革:新一轮改革的战略和路线图》,中信出版社 2014 年版。

52. 习近平：《习近平谈治国理政》,外文出版社 2014 年版。

53. 张树军编：《十八大以来全面深化改革纪事(2012—2017)》,河北人民出版社 2017 年版。

54. 习近平：《习近平谈治国理政》(第 2 卷),外文出版社 2017 年版。

55. 中共中央党史研究室：《中国共产党历史大事记 2015》,中共党史出版社 2017 年版。

56. 国务院研究室：《十三届全国人大一次会议〈政府工作报告〉学习问答》,中国言实出版社 2018 年版。

57. 习近平：《论坚持全面深化改革》,中央文献出版社 2018 年版。

58. 习近平：《习近平谈治国理政》(第 1 卷),外文出版社 2018 年版。

59. 习近平：《在庆祝改革开放 40 周年大会上的讲话》,人民出版社 2018 年版。

60. 中共中央宣传部:《习近平新时代中国特色社会主义思想学习纲要》,学习出版社、人民出版社 2019 版。
61. 习近平:《习近平谈治国理政》(第 3 卷),外文出版社 2020 年版。
62. 泰安市伊斯兰教协会编:《泰安市伊斯兰教志》,宗教文化出版社 2021 年版。

三、译著、外文文献类

1. [英]洛克:《政府论》(下),叶启芳等译,商务印书馆 1964 年版。
2. [美]塞缪尔·P·亨廷顿等:《难以抉择——发展中国家的政治参与》,汪晓寿等译,华夏出版社 1989 年版。
3. [美]詹姆斯·罗西瑙:《没有政府的治理 世界政治中的秩序与变革》,张胜军、刘晓林译,江西人民出版社 2001 年版。
4. [韩]咸台炅:《中国政党政府与市场》,经济日报出版社 2002 年版。
5. [美]约瑟夫·奈、约翰·唐纳胡编:《全球化世界的治理》,王勇、门洪华等译,世界知识出版社 2003 年版。
6. [美]弗朗西斯·福山:《国家构建——21 世纪的国家治理与世界秩序》,黄胜强等译,中国社会科学出版社 2007 年版。
7. [美]塞缪尔·P·亨廷顿:《变化社会中的政治秩序》,王冠华、刘伟译,沈宗美校,上海人民出版社 2008 年版。
8. [法]托克维尔:《论美国的民主》(上),董果良译,商务印书馆 2009 年版。
9. [美]罗纳德·哈里·科斯、王宁:《变革中国——市场经济的中国之路》,徐尧、李哲民译,中信出版社 2013 年版。
10. [新加坡]郑永年:《中国的"行为联邦制"——中央地方关系的变革与动力》,邱道隆译,东方出版社 2013 年版。
11. Dennis C. Mueller, *Public Choice II*, Cambridge: Cambridge University Press, 1989.
12. Perri6, Diana Leat, Kinbery Selter, Gerry Stoker. Towards Holistic Governance: The New Reform Agenda [M]. New York: Palgrave, 2002.
13. Christopher Pollitt. *Joined-up Government: a Survey Political* [J]. Studies Review, 2003, 1(1).
14. David Shambaugh, *China's Communist Party: Atrophy and Adaptation*, Woodrow Wilson Center Press, 2008.

四、手稿类

1. "中华人民共和国政治史",李正华主持撰写,中国社会科学院当代中国研究所政治研究室。
2. "转变经济发展方式与深化政府改革研究",郭丽岩撰写,国家发改委宏观经济研究院。

五、期刊、报纸类

1. 张国庆:《行政管理体制改革及其与政治体制改革的异同》,《中国行政管理》1994 年第 4 期。
2. 陈伯庚:《政企分开的难点剖析》,《学术月刊》2001 年第 10 期。

3. 高尚全：《深化政府改革是贯彻科学发展观的关键》，《中国改革》2004 年第 10 期。

4. 范恒山：《关于事业单位改革的思考》，《学习月刊》2005 年第 1 期。

5. 吴江：《我国政府机构改革的历史经验》，《中国行政管理》2005 年第 3 期。

6. 苏长和：《世界政治的转换与中国外交研究中的问题》，《教学与研究》2005 年第 11 期。

7. 张馨：《政资分开是解决国有企业问题的核心思路》，《中国财政》2006 年第 12 期。

8. 杨天宇：《对现行"国资委"模式缺陷的理论思考》，《华北电力大学学报（社会科学版）》2007 年第 1 期。

9. 张康之、张乾友：《对"市民社会"和"公民国家"的历史考察》，《中国社会科学》2008 年第 3 期。

10. 周放生：《国有资产管理体制改革的历史沿革》，《国有资产管理》2008 年第 11 期。

11. 邱霈恩：《目前我国行政管理体制中存在的突出问题及相关分析》，《甘肃行政学院学报》2009 年第 5 期。

12. 王澜明：《改革开放以来我国六次集中的行政管理体制改革的回顾与思考》，《中国行政管理》2009 年 10 期。

13. 朱健刚：《论基层治理中政社分离的趋势、挑战与方向》，《中国行政管理》2010 年第 4 期。

14. 蔡立辉、龚明：《整体政府：分割模式的一场管理革命》，《学术研究》2010 年第 5 期。

15. 杨志勇：《"十二五"时期的财政体制改革》，《经济研究参考》2011 年第 4 期。

16. 王栋：《社团政社分离改革问题与对策研究》，《黑龙江社会科学》2013 年第 1 期。

17. 黄小勇：《决策科学化民主化的冲突、困境及操作策略》，《政治学研究》2013 年第 4 期。

18. 牛占华：《深刻把握十八届三中全会精神　加快推进事业单位分类改革》，《中国机构改革与管理》2014 年第 4 期。

19. 武力：《新中国政府与市场关系的历史和未来》，《理论视野》2014 年第 4 期。

20. 彭健：《分税制财政体制改革 20 年：回顾与思考》，《财经问题研究》2014 年第 5 期。

21. 李保民、刘勇：《十一届三中全会以来历届三中全会与国企国资改革》（下），《产权导刊》2014 年第 11 期。

22. 王浦劬：《转变政府职能的若干理论问题》，《国家行政学院学报》2015 年第 1 期。

23. 侯可峰：《改革我国财政专项转移支付制度的思考》，《中国资产评估》2015 年第 3 期。

24. 石亚军：《当前推进政府职能根本转变亟需解决的若干深层问题》，《中国行政管理》2015 年第 6 期。

25. 汪玉凯：《放管服改革如何深化——社会各界对简政放权、放管结合、优化服务的评价》，《中国党政干部论坛》2017 年第 9 期。

26. 胡德巧：《坚持市场化改革，处理好政府与市场的关系》，《中国发展观察》2017年第18期。

27. 马宝成：《党的十八大以来政府职能转变的重要进展与未来展望》，《行政管理改革》2017年第10期。

28. 包雅钧：《十八大以来政府职能转变改革进展与成效评估》，《新视野》2017年第1期。

29. 郭道久：《新时代对服务型政府建设提出更高要求》，《中国机构改革与管理》2018年第1期。

30. 张纪南：《合理配置宏观管理部门职能》，《中国机构改革与管理》2018年第5期。

31. 董克用：《关于新时代党和国家机构改革特点的探讨》，《中国机构改革与管理》2018年第8期。

32. 张力：《关于深化党和国家机构改革的认识》，《中国机构改革与管理》2018年第9期。

33. 李永辉：《从全球治理视角看党和国家机构改革》，《中国机构改革与管理》2018年第10期。

34. 刘进田：《论以国家治理现代化为核心的新理论体系及其价值旨趣》，《社会科学辑刊》2018年第1期。

35. 黄蓉：《中国财政转移支付制度改革研究》，《金融经济》2019年第20期。

36. 竺乾威：《服务型政府：从职能回归本质》，《行政论坛》2019年第5期。

37. 龙永图：《入世后最大任务是转换政府职能》，《扬子晚报》2001年11月7日。

38. 周天勇：《公务机构事业化和收费化的六大危害》，《中国经济时报》2007年12月18日。

39. 刘世昕：《国家审计署审计长李金华委员：部委的"儿孙"部门也该减减了》，《中国青年报》2008年3月13日。

40. 习近平：《更加科学有效地防治腐败，坚定不移把反腐倡廉建设引向深入》，《人民日报》2013年1月23日。

41. 马凯：《关于国务院机构改革和职能转变方案的说明》，《人民日报》2013年3月11日。

42. 林兆木：《使市场在资源配置中起决定性作用》，《人民日报》2013年12月4日。

43. 习近平：《习近平在十八届中共中央政治局第十五次集体学习时的讲话》，《人民日报》2014年5月28日。

44. 中共中央办公厅、国务院办公厅：《关于推行地方各级政府工作部门权力清单制度的指导意见》，《人民日报》2015年3月25日。

45. 周为民：《落实五大发展理念重在全面深化改革》，《长江日报》2015年11月23日。

46. 林兆木：《党的十八大以来党和国家事业发生历史性变革》，《经济日报》2017年11月6日。

47. 连维良：《加快完善社会主义市场经济体制》，《人民日报》2019年1月21日。

六、互联网数据类

1. 胡锦涛：《扎扎实实推进服务型政府建设　全面提高为人民服务能力和水

平》,http://news. cctv. com/xwlb/2008-02/23。

2. 《2007 年科技统计资料汇编》,http://www. sts. org. cn. 2008-03/27。

3. 《我国行政审批改革十年来取消调整六成审批项目》,http://www. gov. cn/jrzg/2012-01/06。

4. 舒泰峰:《国务院第 6 次改革行政审批项目 权力被指仍过大》,http://business. sohu. com/2012-10/11。

5. 李克强:《本届政府下决心要削减三分之一以上国务院行政审批事项》,http://news. sina. com. cn/o/2013-03/17。

6. "我们要有壮士断腕的决心",http://news. sina. com. cn/o/2013-03/18。

7. 《李克强在国务院机构职能转变动员电视电话会议上的讲话》,http://finance. people. com. cn/n/2013-05/15。

8. 《李克强在地方政府职能转变和机构改革工作电视电话会议上的讲话》,http://www. gov. cn/ldhd/2013-11/08。

9. 《国务院再取消 82 项审批 专家:改革越深入阻力越大》,http://news. xinhuanet. com/politics/2014-02/16。

10. 《王岐山批地方书协"官气"重,部分兼职官员名单曝光》,http://news. ifeng. com 2015-01/19。

11. 《权力清单》,http://baike. baidu. com/link? url. 2015-03/24。

12. 《简政放权"当头炮"打向谁》,http://www. gov. cn 2015-05/13。

13. 李克强:《简政放权 放管结合 优化服务 深化行政体制改革 切实转变政府职能》,http://www. xinhuanet. com/politics/2015-05/15。

14. 习近平:《坚决贯彻全面深化改革决策部署 以自我革命精神推进改革》,http://politics. people. com. cn/n1/2016-10/11。

15. 《总理力督,国务院取消下放 618 项"审批权"》,http://www. gov. cn/xinwen/2017-02/10。

16. 《"十三五"推进基本公共服务均等化规划》,http://www. gov. cn/xinwen/2017-03/03。

17. 《李克强在全国深化简政放权放管结合优化服务改革电视电话会议上的讲话》 http://www. gov. cn/xinwen/2017-06/29。

18. 《习近平主持召开中央全面深化改革领导小组第三十七次会议》,http://www. gov. cn/xinwen/2017-07/19。

19. 《关于取消一批行政许可事项的决定》,http://www. gov. cn/xinwen/2017-09/29。

20. 《中国共产党第十九届中央委员会第四次全体会议公报》,http://politics. gmw. cn/2019-10/31。

七、学位论文类

1. 韦广存:《一般性转移支付制度研究》,东北财经大学硕士学位论文,2006 年。

2. 刘长波:《国务院行政机构改革研究(1982—2005)》,华东师范大学硕士学位论文,2007 年。

3. 杨紫翔:《全球治理视野下的国内政府机构改革——以中国为例(1978—2008)》,上海外国语大学硕士学位论文,2010 年。

附　　录

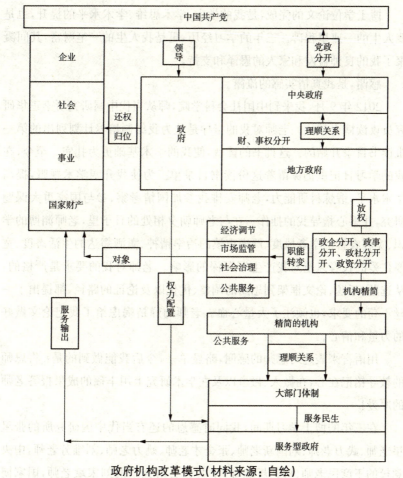

政府机构改革模式(材料来源：自绘)

后　记

　　博士学位论文的完成,是我的学力、学术思维、学术水平的提升,也是我人生的一座里程碑。三年的学习经历,更是我人生的一笔财富,其间凝聚了我的良师益友和家人的恩泽和支持。

　　感谢,是我真情实感的流露。

　　2012年9月,我来到中国社会科学院,师从当代中国研究所李正华研究员攻读博士学位。老师对我的指导是从为我编制培养计划列出的第一批读书目录开始的。这批书的读就,使我的学术基础更为扎实。至今,在我的学习日记里仍保留着这份读书目录单。为使我开阔学术视野,提高学术水平,锻炼科研能力,老师安排我参加国情考察、参与国家重大课题研究,并悉心指导我的拙作。在与老师朝夕相处的日子里,老师渊博的学识、宽容睿智的学者风度、严谨审慎的治学精神、潇洒豁达的生活态度、宽厚仁爱的长者风范对我产生了深深的影响。老师对我的要求是严格的:从选题、开题、论文框架到思路的调整、优化以及论证的路径,都提出了一丝不苟的要求,也倾注了大量心血。老师的殚精竭虑给了我把论文做好的力量和信心。

　　用语言来表达对恩师的感谢,略显单一,今后我能做到的是:将恩师的教导铭记在心,在做人、做事以及在学术研究上用丰硕的成果报答老师的厚爱!

　　在三年的博士学习期间,我同时感恩的还有当代中国研究所的张星星老师、武力老师、刘国新老师、张金才老师、姚力老师、刘维芳老师,中央党校的王彦民老师、柳建辉老师,中共党史研究室的刘宋斌老师,国家博物馆的马英民老师,研究生院我的班主任李长生老师。感谢各位老师对我学习上的帮助、学术上的指导和生活上的关心。

我的中学同学高玮为我提供了条件良好的写作间,使我能够集中精力完成论文写作,非常感谢他的帮助。还有研究生院其他同学的帮助。

博士学习期间三年,也是我的爱人贺红霞默默奉献的三年。她的付出是多重的,一个人撑着家,照料着孩子,却从未影响工作,每年都被单位考核优秀并被评为先进工作者;从小自信的女儿孙佳音也在去年顺利考上了高中。孙佳音对我的鼓励是极大的,一天夜间,写作间隙,我从院子里回到书房,看到一张上面写着"爸爸,加油!"并画有一个笑脸的纸条。我的疲劳顿失,热泪盈眶,精神抖擞。这张纸条将是我永远的加油站!

还有 80 岁的母亲和在农村的大姐,在我写作期间,从外地赶来给我送吃的,仍然是那份浓浓的亲情。

应该感谢的人还有很多,请接受我默默的祝福!

2015 年 3 月 19 日

家

图书在版编目(CIP)数据

改革开放以来政府职能转变研究/孙明杰著. —上海:上海三
联书店,2022.10
ISBN 978 - 7 - 5426 - 7652 - 8

Ⅰ.①改…　Ⅱ.①孙…　Ⅲ.①政府职能－研究－中国
Ⅳ.①D630.1

中国版本图书馆 CIP 数据核字(2022)第 003565 号

改革开放以来政府职能转变研究

著　　者 / 孙明杰

责任编辑 / 郑秀艳
装帧设计 / 一本好书
监　　制 / 姚　军
责任校对 / 王凌霄

出版发行 / 上海三联书店
　　　　　(200030)中国上海市漕溪北路 331 号 A 座 6 楼
邮　　箱 / sdxsanlian@sina.com
邮购电话 / 021 - 22895540
印　　刷 / 上海惠敦印务科技有限公司

版　　次 / 2022 年 10 月第 1 版
印　　次 / 2022 年 10 月第 1 次印刷
开　　本 / 640 mm×960 mm　1/16
字　　数 / 275 千字
印　　张 / 19
书　　号 / ISBN 978 - 7 - 5426 - 7652 - 8/D・527
定　　价 / 68.00 元

敬启读者,如发现本书有印装质量问题,请与印刷厂联系 021 - 63779028